Policy-Making Process of Higher Education

高等教育の政策過程

アクター・イシュー・プロセス

Koichi Hashimoto
橋本鉱市

玉川大学出版部

はじめに——本書のねらいと課題

　2000年代後半に入ってから，高等教育政策研究について様々なレビューがなされるようになっている。たとえば，金子（2006），塚原（2007），濱中（2009），村澤（2010），大桃（2013）などである。こうした動向は，この分野の研究・調査が着実に蓄積されてきたことを裏書きしているとも言えよう。
　しかしながら，分析対象としての「政策」については，金子（2006）が指摘するように高等教育に関する研究は何らかの意味で政策に関わってはいるものの，その政策そのものを正面から対象としたものはむしろきわめて少ない（同, 223頁）。またその分析方法やアプローチについても，非常に多岐にわたっている。濱中（2009）はこうした状況に鑑みて，「高等教育政策の研究」と「高等教育の政策研究」とを弁別する必要があると指摘している。濱中が提唱する「高等教育の政策研究」とは，高等教育領域における様々な分析対象を社会科学的なアプローチによって分析する研究と解釈でき，一方で前者は高等教育に関する政策についての研究なので，この修辞技法が指示するようには両者を同じレベルで論じられるものではないが，しかし「高等教育政策の研究」が各種の答申類を先行研究のように扱うといったように政策を無批判に認めてしまっている，また検討領域を高等教育領域に狭隘化してしまっている，といった論点は重要である。
　したがって，高等教育に関する政策についてその社会科学的な研究を目指す場合，高等教育という政策領域にとどまらず，他の公共政策との連関を視野に入れながら，社会科学で培われてきた方法論によって政策そのものを分析することが求められていると言えよう。
　ただし，ここで言う「政策（policy）」とは，「個人ないし集団が特定の価値を獲得・維持し，増大させるために意図する行動の案・方針・計画」（大森1981, 130頁）であり，高等教育の場合，政府による政策はもちろんのこと，たとえばアドミッションポリシーなどの例のように個々の大学などのレ

ベルもあり、政策の範疇、主体、内容はきわめて広範にわたっている。また社会科学的な方法論といっても、政治学、行政学、社会学、経済学など様々な領域で培われてきたモデルやアプローチが援用可能である。

　こうした多層的な分析対象と多様な分析アプローチが想定される中で、市川（2000）は高等教育政策研究をその視角・方法から規範的研究と実証的研究に大別し、さらに前者を政策の内容および過程の批判・評価、後者を政策の内容および過程の客観的な記述・説明とに分類している（同、26頁）。分析対象から捉え直すと、政策内容と政策過程の2つのカテゴリーが措定されていると理解できるだろう。さらに市川は、後者の政策過程の研究課題を政策主体（アクター）と形成・実施過程（プロセス）に区別している（同、32-35頁）。

　この市川の整理を踏まえると、図0-1のように、高等教育政策研究は4つのカテゴリーが想定できる。各象限は峻別はできないにしてもそれぞれに分析対象とアプローチがあり得るわけだが、本書ではこのうち第1象限の政策過程に関する実証的研究に焦点を絞りたい。政策過程（論）では、一般的に、政策には始まりと終わりがあり、他の政策とは独立であるという意味で自律的な一つの過程であると見なされる（大嶽 1990、6頁）。そしてその過程は、潜在的な問題群の中から認知・統合されたイシュー（討議の焦点になる問題）がアジェンダ（政策課題）に設定され、政策形成と決定を経て実施・評価の段階に至り、そして終結するという過程をたどるものと想定されている。高等教育政策も同様の過程に従うと考えられるが、そこには高等教育という領域に特有の構造とロジックが内在しており、それらはイシュー・政策の性質やそれを取り巻くアクターの行動を枠づけているはずである。したがって、高等教育政策の過程分析は、単にそのプロセスを記述するだけでなく、イシューの特徴やその変容、アクターの属性やその影響力に着目することで、高等教育（という政策領域）に孕む政治的構造と制度的制約の解明にもつながる視座を持っている。

　こうした高等教育における政策過程（論）については、すでに橋本（2008）においてその方法論とアプローチ・モデルを検討し、専門職（医師）養成政策を事例に取り上げてその形成・決定の過程分析を試みた。詳し

くは前著を参照いただきたいが，本書はそこでの作業を踏まえつつ，研究蓄積の厚みが増してきた2000年代後半以降の動向をレビューしながら，戦後70年にわたる高等教育領域におけるイシューとアクターを俯瞰し，これまで手薄であった実施段階ならびに各種政府委員会における審議過程を取り上げ，この研究分野のさらなる深化と拡張を目的とするものである。

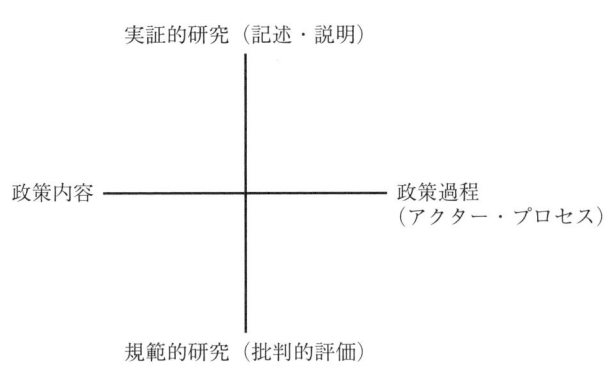

図 0-1　高等教育政策研究のカテゴリー
注）市川（2000, 26-27頁）をもとに筆者作成。

本書の構成は，以下の通りである。

第1部では，高等教育研究が制度化される中で，政策研究が対象としてきたテーマや課題について，その内容分析を行う。またアメリカとわが国における2000年代以降の高等教育の政策過程（論）をレビューした上で，方法論的な課題と展望を指摘する。

第2部では，戦後における高等教育領域のイシューとアクターを，主に国会会議録を利用した計量的分析に依りながら，その俯瞰を試みる。影響力を及ぼしてきた主要なアクターを抽出し，また戦後70年近い期間の中でイシューがどう変容してきたのかを跡づける。

第3部では，実施過程までを含めた政策過程全体を包摂する考察，ならびにブラックボックス化されてきた各種の政府審議会における議論などに焦点を絞りながら，4つのイシュー（エリア）を対象として，その政策過程（審議過程）を考察する。

そして最後に，高等教育という「（業）界」におけるより幅広い問題群と参加者に視野を広げる必要性を指摘しつつ，高等教育政策の過程分析の課題と展望に触れる。
　本書は高等教育のある特定のイシューや政策（たとえばガバナンスや財政政策など）を重点的に分析したものでもなければ，一つのモデル（第3章にそのいくつかをレビューしている）の適用具合を検証しようとするものでもない。高等教育研究における政策（過程）研究の位置づけと動向を踏まえた上で，戦後70年近くに及ぶ高等教育に関する様々なイシューとそれに絡むアクターなどを新旧交えた方法論によって俯瞰し，さらに4つのケースを取り上げてこれまで手薄だった政策過程の側面を浮き彫りにしようとするものである。その意味で，問題提起的，課題摘出的な色調が濃いものと言えるかもしれない。しかしその本意は今後の本格的な高等教育の政策過程研究のマイルストーンになれば，という思いである。本書がより多くの方を触発することがあれば，この上ない幸せである。

目　次

はじめに──本書のねらいと課題 ─────────────── *1*

第1部　高等教育政策と高等教育研究
　　　　研究テーマと方法論 ─────────────── *9*

第*1*章　高等教育研究の制度化と変容 ─────────── *11*

　　1. はじめに　*11*
　　2.「学会」とは何か　*12*
　　3. 日本高等教育学会の設立背景　*14*
　　4. 学会の活動──集団レベル　*17*
　　5. 学会の機能──知識レベル　*25*
　　6. おわりに　*34*

第*2*章　高等教育研究における政策分析 ─────────── *37*

　　1. 日本高等教育学会における「政策」テーマ発表の趨勢　*37*
　　2. 高等教育政策ならびに大学政策に関する論文の趨勢　*38*
　　3. 高等教育政策に関する書籍の趨勢　*42*
　　4.「改革」と「課題」の政策研究　*43*

第*3*章　高等教育政策の過程分析 ─────────────── *47*

　　1. アメリカにおける研究動向　*47*
　　2. 日本における研究動向　*58*
　　3. 課題と展望　*61*

第2部　高等教育政策におけるアクターとイシュー ——— 65

第4章　戦後日本における高等教育関連議員の構造分析 —— 67

    1. はじめに　67
    2. 資料とデータ　68
    3. 分析結果　70
    4. 考察　80

第5章　戦後日本の高等教育関連議員と政策課題
国会における発言量と内容分析 ——————————— 86

    1. はじめに　86
    2. 先行研究——方法論と資料　87
    3. 分析手続きとデータ　89
    4. 分析結果　90
    5. 考察と課題　100

第3部　高等教育政策のプロセス
4つのケーススタディ ——————————————— 105

第6章　高等教育政策と私立大学の拡大行動
池正勧告を中心として ———————————————— 108

    1. はじめに——問題と視点　108
    2. 私大各団体の成立　109
    3. 拡張期における高等教育政策と私立大学　110
    4. 私立大学の拡大行動　120
    5. おわりに——課題と展望　130

第7章 1980年代における抑制・削減政策
医学部の入学定員政策を事例に ———— *133*

1. はじめに　*133*
2. 厚生省の認識転回とアジェンダ・セッティング　*134*
3. ディクリメンタルな政策形成・決定　*138*
4. 大学側の政策対応　*148*
5. おわりに　*157*

第8章 高等教育懇談会による「昭和50年代前期計画」の審議過程
抑制政策のロジック・アクター・構造 ———— *164*

1. はじめに　*164*
2.「昭和50年度報告」に至る政策背景　*165*
3.「50年度報告」(50年代前期計画)の審議過程　*168*
4. 考察　*193*
5. おわりに　*197*

第9章 専門職養成の「質」保証システム
医師と法曹の教育課程を中心に ———— *201*

1. はじめに　*201*
2.「質」保証に関する政策動向　*204*
3. 医師養成の質保証システム　*210*
4. 法曹養成の質保証システム　*219*
5. 考察　*231*
6. おわりに　*235*

おわりに——あとがきにかえて ———— *243*
参考文献 ———— *249*

第1部

高等教育政策と高等教育研究
研究テーマと方法論

第1部では，高等教育研究の制度化とその変容の過程と，その中での「高等教育政策研究」の位置づけとテーマ内容の分析，さらに「高等教育政策研究」の方法論としての過程分析ならびにその研究成果について考察する。
　まず第1章では，教育学分野における高等教育研究の成り立ちとその発展・変化を概観する。その際，制度化の決定的なインパクトとなった専門学会，特に日本高等教育学会の創設（1997（平成9）年）に着目し，その役割と活動内容について，集団（組織）編成と知識形成の2つのディメンションから考察する。具体的には，現在までの15有余年を対象としつつ，他の学会（同時期に設立された大学教育学会と大学行政管理学会や，教育学領域の他の諸学会など）との比較を軸に，人的なネットワークや大会発表の内容分析を行い，その変化を追いかける。
　次に第2章では，高等教育研究の中でも，政策に焦点を当てたいわゆる「高等教育政策研究」の動向について，学会大会発表や関連論文・書籍類を対象として考察する。特に文献データベース（CiNii Articles など）や計量テキスト分析の手法を利用して，大会発表・関係論文などで取り上げられてきたテーマ・内容やその時代ごとの変化を解明する。
　さらに第3章では，高等教育政策研究の中でも「政策の形成・決定過程」に焦点を絞り，その様々な社会科学的なアプローチの中で特に政治学で発展してきた方法論とモデルを中心に，研究の厚みが増してきた2000年代後半からの新たな潮流を概観する。具体的には，アメリカとわが国の研究動向を踏まえて，それぞれの対象と方法論のレビューを行った上で，今後の課題と展望を整理する。

第1章
高等教育研究の制度化と変容

1. はじめに

　日本高等教育学会（以下，高等教育学会）は1997（平成9）年に設立されてから，すでに16年を経ている。同じ年，大学教育学会，大学行政管理学会も改組・新設されて，高等教育系の学会はまさにブームと言われるほどの盛況を呈した。高等教育研究は1970年代からの発展の末に，現在すでに「念願の制度化を遂げた」（有本2006, 19頁）と総括されているが[1]，その長い歩みの中でこうした高等教育系諸学会の設立は，制度化への決定的なインパクトとなったことは疑う余地がない。特に，様々な既存のdisciplineから発しつつも，それらをクロスオーバーして「独立の学会の成立」（日本高等教育学会1997）を目指した高等教育学会の場合，学会の組織化というイベントはそれまで「論」にとどまっていた高等教育研究を，専門的な「学」の模索・形成へと離陸させ（有本2006, 13頁），また様々な学会に分属していた高等教育研究者を集結させて，その準拠集団の役割を担うこととなったのである。
　では高等教育学会は，この15有余年の歩みの中で高等教育研究に関する知識をどのように蓄積・精錬し正統化してきたのか，またそれに携わる研究者あるいは若手院生，さらには現場の大学職員層といった集団をどのように組織化，育成してきたのか。本章は，これまでの高等教育学会の活動と役割を，他の高等教育系2学会ならびに教育学系4学会との比較を軸としつつ，知識と集団という2つの側面から分析し，高等教育研究の制度化と変容につ

いて考察することを目的とする。

2.「学会」とは何か

　本題に入る前に，まず「学会」とは何か，その活動機能と役割は何かを押さえておく必要があろう。

　わが国のいわゆる「学会」と呼ばれる学術団体が結集する日本学術会議では，その傘下の協力学術研究団体の第一「要件」として，「1. 学術研究の向上発達を図ることを主たる目的とする団体であって，かつその目的とする分野における学術研究団体として活動しているものであること。2. 個人会員である構成員の数が，100名以上であること」と規定している（日本学術会議　2006）。しかしこうした定義では，学会が担う「学術研究」の活動や機能は不明確である。

　学術・研究に関して，これまでこうしたテーマを分析の俎上に載せてきたのは科学史，科学哲学，科学社会学などといった「科学論」である。ただし，学術知識の生産やその内容（discipline），あるいは科学者集団についての分析が科学論の主たる分析対象であり，学会がテーマとして取り扱われることはけっして多くはなかった。そうした中で，「ジャーナル共同体」論を展開している藤垣（2003）は，学会の役割と機能を考える際に大きな手がかりを与えてくれる。

　藤垣は研究という営為を知識生産論の立場から説き起こし，それは先行する知見との差異の特徴を発見し新たな予算・人員・環境を生産すること，と定義づける。そして，こうした研究の知識―社会的側面を「ジャーナル共同体」（専門誌の編集・投稿・査読活動を活動の中核とするコミュニティ）という概念を利用して説明する。研究者の業績は専門誌に印刷され公刊されて初めて評価されるため，このジャーナル共同体が研究者の重要な活動単位となり，また生産された知識は，信頼ある専門誌に掲載許諾されることによって妥当性が保証され，専門分野における「正統性」が確保される。さらに後継者養成もこうした専門誌論文を作成する教育・育成から始まり，それとと

もに，研究予算の獲得や研究スタッフ・環境といった社会的側面の獲得も，ジャーナル共同体に掲載許諾された論文に記された業績リストをもとに行われるようになる。こうした理由から，ジャーナル共同体こそ現代の研究者の研究の判定，蓄積，後進育成，社会資本の基盤にクリティカルな役割を果たしているとするのである。

このジャーナル共同体論は，マートン以来の「科学者集団の社会学」とクーン派らの「科学知識の社会学」という，集団と知識という2つの相反する流れを統合しつつ，科学者（研究者）集団の社会的状況と日々生み出される知識の認識論的側面の双方を説明しようとする試みであり，学会よりも範疇が広くかつ高次の概念装置として提起されている。しかし，知識レベルと集団レベルのカテゴリー化とジャーナルをテコとした両者の連携というアイディアは，本章が対象とする学会の役割と機能にも援用することができるだろう。その際，定期的な大会発表などもジャーナルと同様の役割を果たすと考えられる。

そこで，ジャーナルや学会発表をコアとした共同体として，具体的に学会の機能と役割を捉えてみよう。まず知識レベルでは，学会は専門誌（ジャーナル）や大会を定期的に発刊・開催し，投稿論文を査読して掲載する。また大会発表であれば定期的に開催して会員の質疑応答や批判・評価を経る。これらを通して学会は知識の在り方を精錬・正統化し，またそれを蓄積・共有化することで discipline へと統合・形成していく。また集団レベルでは，ジャーナルや大会発表への投稿・参加を奨励・誘導することで，特に若手・院生の後継者養成を行うとともに，相互のネットワーク化を進めて凝集性の高い一定の研究者集団を形成させながら，研究者としての行動・倫理の準拠枠（フレームワーク）を提供する。さらに学術会議などの上位の科学者コミュニティへの参加単位となり，社会的・政治的に一定のプレゼンス（発言権）を備え，研究資金（科研費など）の専門領域（分科・細目）として認知されて，ジャーナル発行の補助金（研究成果公開促進費など）の採用対象となる。

以下では，こうした視点に基づいて，学会の機能と役割を知識―集団という2つのレベルにカテゴライズした上で[2]，高等教育学会がそれぞれの領域でこの15有余年間にどのような活動を行ってきたのかを分析してみたい。

第1部　高等教育政策と高等教育研究

3. 日本高等教育学会の設立背景

　さて，学会の知識—集団レベルでの機能と役割について分析する前に，高等教育学会設立の時代状況と，当初から学会に埋め込まれたダブルバインド的な初期条件について触れて，次章以降の分析課題を明らかにしておこう。

(1) 戦後における教育学系学会

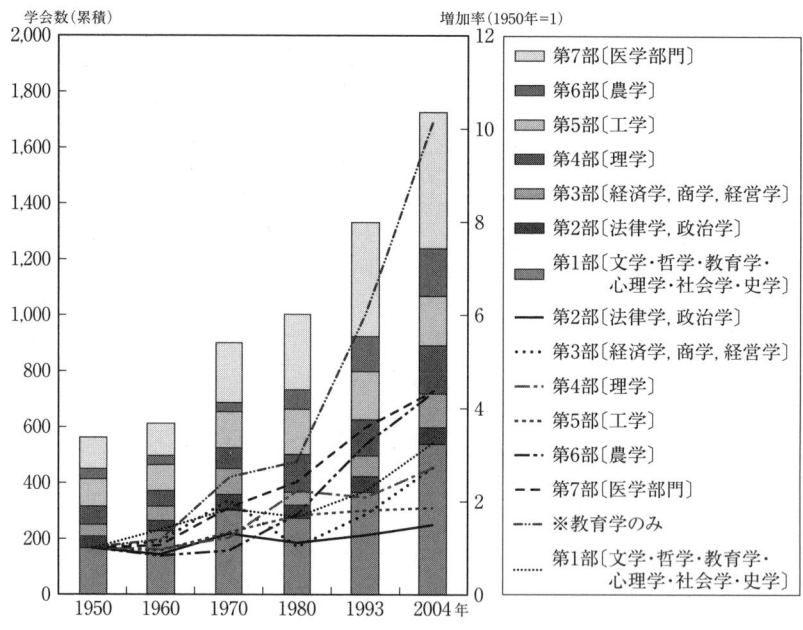

図 1-1　戦後における「学会」数の推移

　まず，高等教育学会の設立時点の時代背景を，学会全体の趨勢の中で位置づけておきたい。図1-1は，戦後日本における「学会」（協力学術研究団体）数をトレースしたものだが（丸山2005から作成），理科系を中心としてどの分野においても増加傾向が見て取れ，戦後間もない頃に比べて現在ではその

数は 3 倍ほどになっていることがわかる。そうした中で，特に「教育学」系の学会数の増加率は目を見張るものがある。1950 年当時と比べて現在の学会数は 10 倍以上にも膨れ上がっているのである。冒頭に触れたように 1997 年の高等教育学会をはじめ関連 2 学会の改組・新設は，いわば高等教育の「ブーム」といった印象が多くの論者から寄せられているが（たとえば天城 1998, 103 頁），しかし戦後のこうした流れからすれば，学会の簇生は戦後間もない頃からの教育学領域における一種のトレンドでもあったのであり，高等教育の領域に限定されたことではなかったと言えよう。

　ではなぜこれほどまでに増加し続けてきたのか。本来的な意味から言えば，学会数の増加は，新たな科学知識が生成されそれを支える研究者集団の形成が連綿として続いてきたことを表すものである。しかし教育学系の場合，学術会議員の選出方式が学会推薦方式になり推薦母体を増加させる傾向が強まったこと[3]，90 年代以降の大学改革に伴って業績評価の量的生産を目指す傾向が強まったこと，研究目的・対象・方法の細分化が進んで類似学会の新設が相次いでいることなど，より現実的な理由が大きいとされる（高倉 1998, 112 頁）。「学会栄えて教育学滅ぶ」（同）との言葉に示唆されるように，こうした学会数の激増という事実自体，戦後の教育学の在り方を考える上で興味深い分析視点を提供してくれているが，本章ではその考察に踏み入れる余裕はない。

　ただ本章の目的に引きつけて，こうした林立する教育学系学会群の中で高等教育学会の存立意義を考えてみるならば，近接あるいは類似する諸学会との関係性が問題となってこよう。黒羽は創設当時，「人文・社会科学に多い群小学会の 1 つにならないかどうか」と危惧しているが（黒羽 1998, 113 頁），教育学系の諸学会（日本教育学会・日本教育社会学会・日本比較教育学会・日本教育行政学会）や，同じ年に結成された他の高等教育系の学会（大学教育学会・大学行政管理学会）とどのような関係を保つか（保ってきたか）は大きな課題である。つまり，学会間での「棲み分け」（同）が重要な問題としてクローズアップされてくるのであり，以下の分析ではこうした他学会との比較を軸としながら，高等教育学会の集団—知識レベルでの機能と役割を考察する必要がある。

第1部　高等教育政策と高等教育研究

　そこでまず，高等教育学会の設立時点に立ち戻って，その結成の背景と目的について再検討を集団―知識双方のレベルで加え，この15有余年間の活動と機能を振り返る上での分析課題を明らかにしておきたい。

(2) 設立目的の2つの志向性

　高等教育学会の設立趣意書にはこうある（日本高等教育学会1997）。「大学研究や実践・運営のためのセンター等が相次いで設立され，また大学院に高等教育関係の研究者養成あるいは専門職養成のためのプログラムが開設されるなど，教育研究体制の整備の動きが本格化し」たこと，また既存の「学問領域の違いをこえた研究者等の結集と交流をはか」ることが必要となったとの認識を示している。つまり，まず集団レベルに関して言えば，高等教育研究を専攻として養成されつつある若手や大学現場に密着した専門職員らの宿り木な意味とともに，様々なdisciplineを持つ中堅以上の研究者のネットワーク化という2つの目的が設定されていた。では，若手養成の体制が整備されつつあるとしても，彼らは高等教育学会に軸足を置いて高等教育に特化した研究活動を行っている（きた）のか，あるいは他の学会と掛け持ちをしている（きた）のか，またどのような大学でこうした若手が養成されている（きた）のか，など解明すべき点は多い。また大学業務に知悉した関係者の入会・参加が期待されながらも，「大学教育学会や大学行政管理学会の方が柔軟で幅広い運営の可能性をもっているようにもみえる」と設立当初から懸念されているように（黒羽1998, 113頁），研究畑以外の人々が実際にどれだけ入会している（きた）のか検証する必要がある。さらに，学問背景の異なる中堅以上の研究者のネットワーク化については，どのような学会から参入してきたのか，またどのような身分・属性を有しているのか，またそうした内訳はこの10年で変容したのかあるいは変わらないのか，などについても重要な課題としてあげられよう。

　また同じく趣意書には次のように記されている。「高等教育研究は，対象とする高等教育のシステムとしての複雑性や，問題としての多様性から，社会科学や人文科学，さらには自然科学にも及ぶ大きさと広がりをもっており，そのことがこれまで独立の学会の成立を妨げて」きたが，「変動の時代をむ

かえて明らかになった高等教育研究に係わる諸問題とその研究の重要性を考えるとき，……研究の理論的，方法的基礎を強化し，研究の一層の深化発展をめざすとともに，その研究成果の普及を図り，実践的，政策的課題の解決に寄与するため」に，高等教育学会を設立するとしている。ここから明らかなのは，知識レベルに関して，コアとなる知識の理論的・基礎的な地固めの必要性とその現実的・社会的な応用・実践，という2つの志向性について言及しているという点である。よく知られているように，モード論は学術知識を既存の専門分野（discipline）の内的論理に基づく生産（モード1）と，そうした分野を取り巻く外的な社会的要請という文脈での生産（モード2）とに区分している（ギボンズ 訳書 1997）。高等教育学会はこのモード1的なコアな discipline を構築する必要性があると同時に，モード2的な実践的・政策科学的な志向性も併せ持つことを目指していたのである。ではこの15年の間，ジャーナルや大会発表を通じて，高等教育学会はどのような知識を生産・蓄積し，また精緻化・正統化してきたのか。具体的にはどのような研究テーマが取り上げられ，どのような方法論によって分析されてきたのか。

　以上のように，高等教育学会は集団―知識双方における2つの志向性をどのように調整を図り，また実現してきたのか。次節以降では，他学会との比較を通じて，上記にあげた知識―集団の両レベルでの課題を中心として，高等教育学会の15有余年間の活動を分析していこう。主に利用するデータ・資料は，集団レベルでは『会員名簿』（1997年，2000年，2004年の各版），知識レベルでは『高等教育研究』と『大会要旨収録』などである。他学会に関しても同様の資料を使用した。ただし会員名簿についてはここ数年来，記載事項が希薄になっていることなどデータ上の問題もあり，集団レベルの分析は2000年代半ばまでの草創期に限定している。

4. 学会の活動――集団レベル

(1) 会員数の推移と内訳

　高等教育学会の会員数は，設立時の1997年には264名を数えるだけであ

ったが，3年後の2000年には370名に，さらに2004年には530名に倍増した。1997年に同じく改組・新設された大学教育学会と大学行政管理学会については，前者は749名（2004年5月現在），また後者については1,044名（2006年7月現在）であったから，高等教育関係の3学会の中では一番小規模であった。

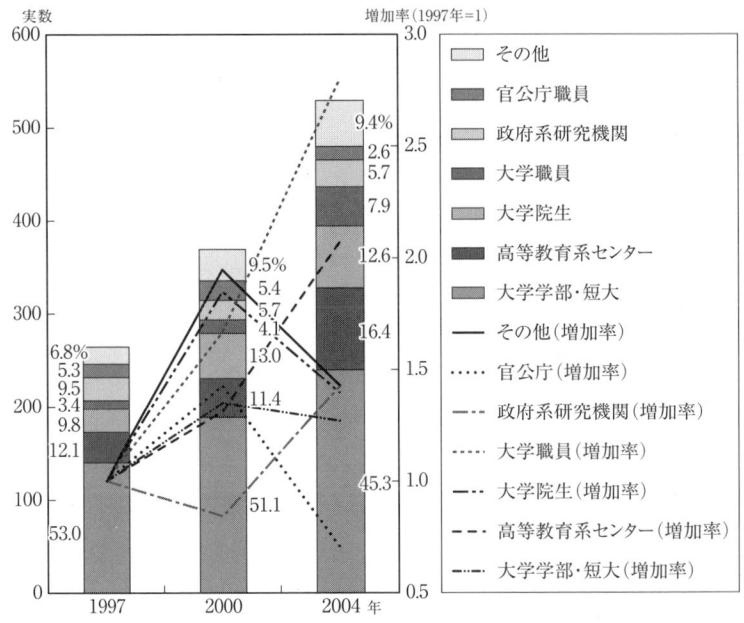

図 1-2　日本高等教育学会の会員数の推移

次に，会員の属性別による内訳（実数・割合）とその変化（増加率）を見てみよう（図1-2）。まず2004年時点で，高等教育学会は45％ほどが大学学部・短大などに所属する教員（以下，大学学部・短大教員），大学の高等教育系のセンターの教員（以下，センター教員。なお研究所類も含む）が16％強，大学院生が13％弱，大学職員が約8％，官公庁職員が3％弱という構成であった。多少データは古いものの，1998年現在，アメリカ高等教育学会（ASHE）は1,100人の会員を擁し，その半数は高等教育課程の教員，4

分の1がその課程の大学院生，残り4分の1が高等教育機関の管理職者（administrator）であったから（バーンバウム 1998, 82 頁），それと比較してみると高等教育学会は大学院生と大学職員の割合が低かったことがわかる。ただし，大学職員は大学行政管理学会に入会している者が少なくなかったから，その点を考え合わせると，わが国では大学院生の入会状況が低調であったと言っていい。

また時系列的な変化を見てみると，大学学部・短大教員は実数としては増加したものの，会員全体に占める割合は一貫して減少しており（53.0%（1997）→ 51.1%（2000）→ 45.3%（2004）），2000 年以降は増加率も鈍化していた。また官公庁職員はいったん増えたものの 2004 年には減少している。これらとは対照的に，大学職員，大学院生，センター教員の比率が増えていた。大学職員とセンター教員は，特に 2000 年から 2004 年の増加率が非常に大きく，前者に関しては高等教育学会の意義が大学関係者の間にも徐々に認知されつつあったことを示唆している。またセンター教員については，2000 年以降に各大学にこの種のセンターの新設が相次ぎ，それに伴ってそれらの教員の加入が増えたことが大きいだろう。大学院生も一貫して増加したが，1997 年から 2000 年の増加が大きかった。他学会（日本教育社会学会や日本比較教育学会）にプールされていた院生・学振特別研究員などがこの時期に一気に参入したためと推察される。

(2) 他学会への入会状況

次に，高等教育系の2学会との重複加入について見てみよう（図 1-3：2004 年度現在）。全体としては，会員のうち2割弱が大学教育学会に，また数％ほどが大学行政管理学会に加入していたことがわかるが，その双方に入会していた者はきわめて少数であり，4人に3人が高等教育学会のみで活動していた。また所属・身分別に見てみると，大学職員は4人に1人が大学行政管理学会にも加入しており，3学会に加入していた者も1割近くを数える。また，センター教員も高等教育学会だけでなく，3割以上が大学教育学会との掛け持ちであった。他の2学会の性格と目的を考えれば，大学（教育）の管理運営を担当する職員層に大学行政管理学会加入者が多く，また IR 的な

タスクや授業改善などが期待されることの多いセンター教員が大学教育学会にも参加していたことは，十分首肯できることである。一方で，大学学部・短大教員や大学院生は8割以上が高等教育学会のみで活動しており，大学行政管理学会への加入はほとんどいなかったことがわかる。

こうした知見は，高等教育関係の学会に限った場合のものである。他の教育学系学会との関係を考察して，高等教育学会の会員がどのような学問的な背景を持っていたのかを見てみよう。

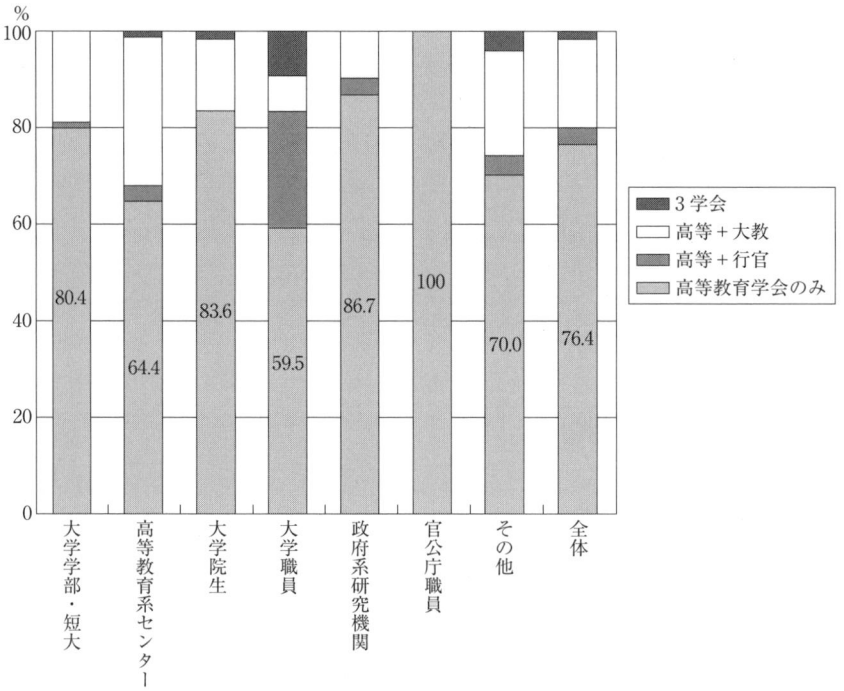

図1-3　日本高等教育学会員の他の高等教育系2学会への入会状況

図1-4は，高等教育学会員の他の教育学系学会の入会状況を見たものだが（2004年度現在），全体としては，約半数が高等教育学会のみで活動していた。続いて多いのは日本教育社会学会（教社学会）との掛け持ち（16.8％），以下，

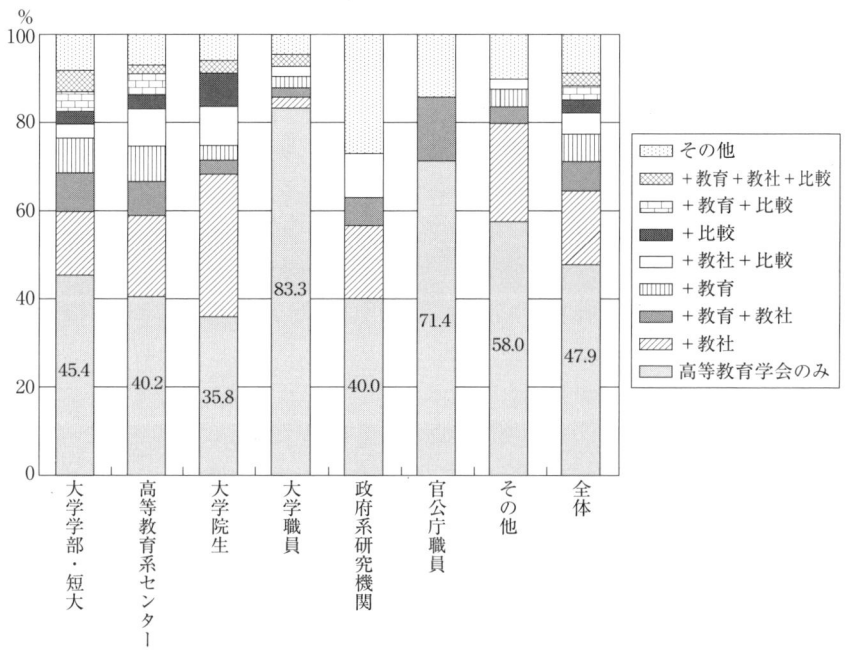

図1-4 日本高等教育学会員の他の教育学系4学会への入会状況

大学教育学会(教育学会)と教社学会(6.8%),教育学会(6.0%),教社学会と日本比較教育学会(比較)(4.9%),比較(3.0%),教育学会と比較(3.0%),これら3学会(2.6%),といった組み合わせとなっており,これらのパターンで9割以上を超えている。教社学会との関係が濃厚である一方で,日本教育行政学会への加入は少なかったことがわかる。所属・身分別に見てみると,大学学部・短大教員やセンター教員では全体と同じような傾向であり,様々なdisciplineを背景としていたことがわかる。大学院生では高等教育学会のみの者は3人に1人程度であり,教社学会(32.8%),比較(7.5%)やまたその両者(9.0%)への加入が多かったのが特徴的である。一方,大学職員層は,高等教育学会のみが8割を超えており,他の教育学会への加入が少なかった。院生では教育社会学や比較教育学といった既存のdisciplineに属している者が大半であり,逆に職員層は高等教育学会のみをメインに活

第 1 部　高等教育政策と高等教育研究

動していたことがわかる。

　ただし，こうした点はあくまでも高等教育学会員の他学会への加入状況であり，高等教育学会と他の学会との会員の重複関係を示したものではない。そこで，各学会の全会員の中で高等教育学会への加入比率と，それぞれの学会への加入比率とを示したものが図 1-5 である[4]。高等教育学会の 3 人に 1 人は教社学会の会員，また教社学会の 15％ が高等教育学会の会員であった。高等教育学会と日本教育社会学会とのつながりがきわめて強かったことがわかるが，高等教育学会の発足に際して教育社会学（会）の果たした役割と意義についての指摘（天野 1998）を裏付けている。また日本教育学会や大学教育学会との連関も深かったと言えるが，一方で日本教育行政学会，大学行政管理学会との関係はかなり希薄であった。特に大学行政管理学会とは，ほとんど会員間での交流がなかったと言ってもいいだろう。

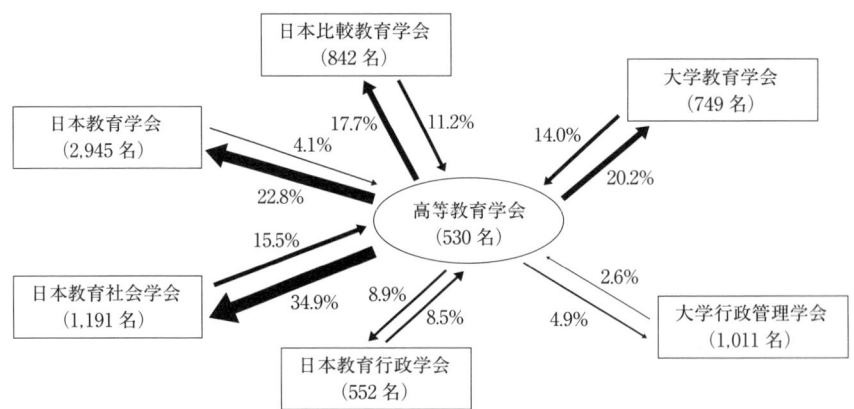

図 1-5　日本高等教育学会と他の学会との入会状況関係

(3) 会員の組織化

　以下では，教員，大学院生，職員の三者について詳細な会員構成とその年次別推移について考察しておこう。

第1章　高等教育研究の制度化と変容

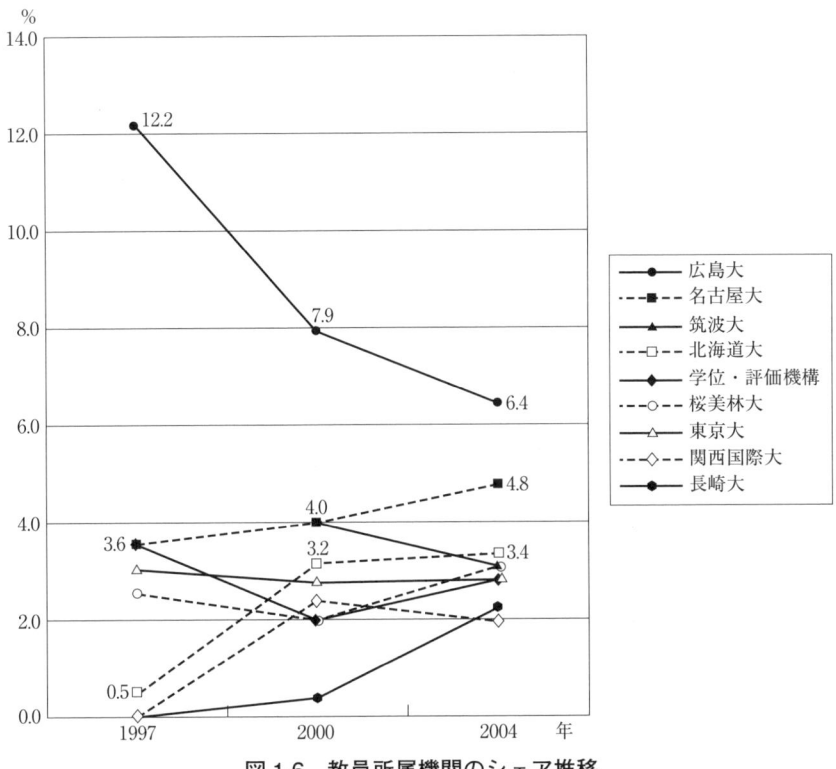

図1-6　教員所属機関のシェア推移

(a) 研究拠点の推移

　図1-6は，2004年時点で教員7名以上を擁する9の大学・センター・研究機関について，それぞれの比率の推移を見たものである。設立当初，広島大学は教員層の12.2％（会員全体の9.1％）を占めるほどの勢力であったが，6.4％（全体の4.3％）にまで半減している。この間，シェアを増大してきたのが名古屋，北海道の両大学であった。東京，筑波，学位授与・大学評価機構などの大学・機関は大きな変動はない。また1997年時点では会員がいなかった長崎，関西国際の両大学も2004年時点で7〜8名の教員を数えるまでになっている。これらの変化は，先にも見たように，各大学に高等教育系センターが設立され，そうした教員の参入が相次いだことが大きいと考えられ

るが，新たな高等教育研究の拠点が各地に台頭・形成されてきていたことを示すものである。ただし，これらの大学・機関群が教員である会員層に占める割合は3割と変化なく，大学ごとに多少の変化はあるにしても，学会発足時からこうした中核的な大学・機関群が一貫して高等教育学会をリードしていたと言えるだろう。

(b) 大学院生の養成

次に，大学院生の養成状況を検討してみよう。図1-7は，2004年時点で3名以上の院生を擁する大学群の教員数（センター・COEなどの教員・研究者を含む）と院生数をそれぞれプロットしたものであるが，東京大と広島大が多くの院生を抱えていた一方で，他の大学群では院生は少数であったことがわかる。また教員1人当たりの院生数（ST比）を見てみると（図括弧内），教員より院生が多かったのは東京大（1.40）と東北大（1.25）であり，他の大学群では院生はいたが，教員の方が多かったことがわかる。高等教育学会

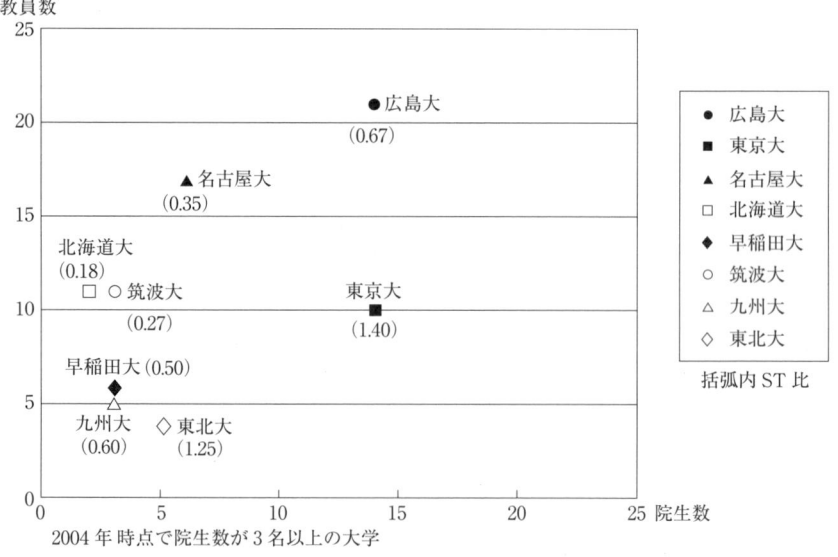

図1-7 大学院生と教員

の院生は年々増えてきてはいたものの，若手養成・後継者育成という点では十分機能している大学は少なかったと言っていいだろう．

(c) 大学職員

大学職員について見ると，9名（1997年）→ 15名（2000年）→ 42名（2004年）と急増したことは先に見たとおりだが，2004年時点のデータを詳しく見てみると，セクター別では国立2名，公立9名，私立31名，身分・部局別では理事長・園長4名，理事3名，事務局長・キャンパス長4名，経理・財務4名，教務8名，入試3名，図書館2名，総務・企画5名，留学・国際交流3名，その他・不明6名，といった内訳になっており，国公私立問わずトップクラスから一般の事務職まで，また様々な部局から入会していたことがわかる．また，複数名の職員が所属している大学・法人として会津大学（4名）をはじめ，國學院大學（4名），茨城県立医療大学（2名），岩手県立大学（2名），教育ビジネス学園（2名）と続いているが，そのほかの職員は個人単位での入会であり，一部の大学・法人に偏っていたわけではない．学会草創期において，高等教育学会は大学職員層については，量的には限られてはいたものの，様々な分野・部局から幅広く人材を集めていたと言えるだろう．

5. 学会の機能——知識レベル

(1) 大会発表におけるテーマ

さて，次に知識レベルに関する分析に移ろう．これまでにも，高等教育研究の動向分析については天野・新井（1971），有本他（1989），山内（1993），広島大学高等教育研究開発センター（2006）などがあり，制度内―制度外，アカデミック―プラクティカルといった区分で単行本・論文などの文献レビューが蓄積されてきた．高等教育学会の年報も1998年に第1集が発刊されて以来これまでに16集を数え，投稿掲載論文も累積で50本近くが掲載されている（第2集から）．ジャーナル共同体としての学会がどのような知識を

第1部　高等教育政策と高等教育研究

正統化してきたのかを分析するのであれば，こうした公表された査読論文の内容をインテンシブに考察する必要があるが，本章ではそうした余裕はない。また研究のトレンドを量的にトレースするにしても，分析に耐え得るだけの本数でもない。したがって以下では，毎年度開催されている大会においてどのような学会発表がなされてきたのかを追うことで，高等教育学会が担ってきた高等教育研究の「知」の蓄積について，他の学会との比較を軸に考察することとしたい。その作業の中で，高等教育学会における研究動向と他学会との差異，アカデミック―実践という志向性が明らかとなるであろう。

　まず草創期について見ておこう。1998年の第1回から2006年の第9回大会までに発表された全647タイトルについて，その内容によって18カテゴ

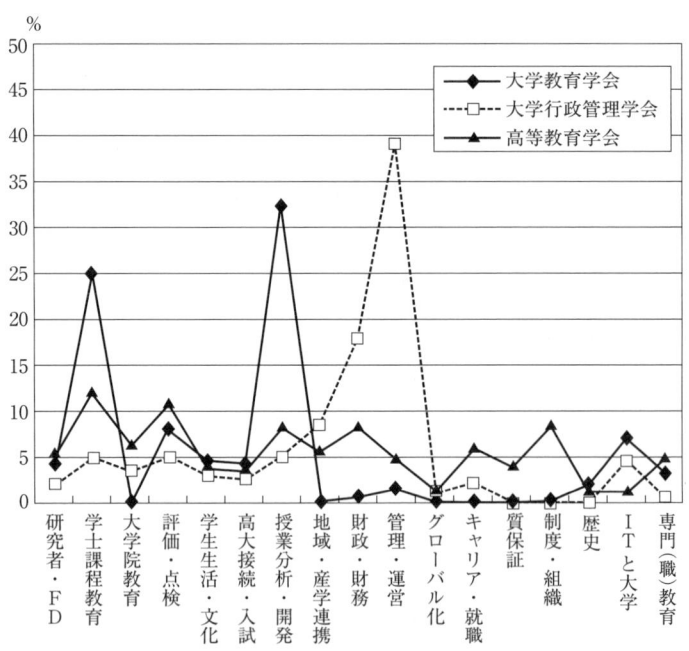

図1-8　高等教育学系3学会における研究テーマ

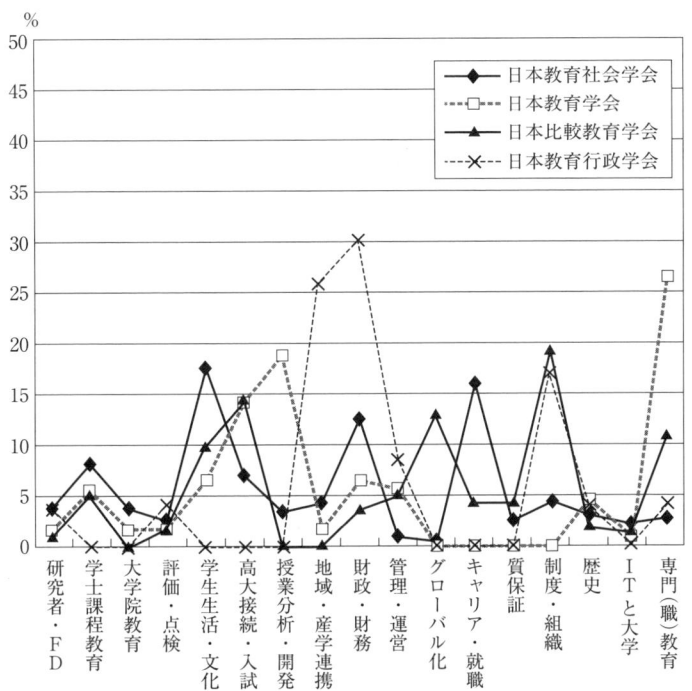

図 1-9　教育学系 4 学会における高等教育関連の研究テーマ

リーに区分した上で（「その他」を除く 17 カテゴリー），同時期の高等教育系 3 学会（図 1-8：すべての発表）および教育学系 4 学会の大会（図 1-9：高等教育に関する自由研究発表に限定）における傾向と重ね合わせて比較した[5]）。

　高等教育学会の大会発表の内容を基準として分類したため，高等教育学会の研究トレンドがおしなべてフラットになってはいるが，しかしそれでも高等教育学会では「評価・点検」「学士課程教育」などの項目が全体の中で占める割合が高かったことがわかる。他方，大学教育学会は，元々一般教育の改善・改革に関心のある研究者が多いため，「授業分析・開発」「学士課程教育」が飛び抜けて多かったことがわかる。また大学行政管理学会も大学の管理・運営に携わる職員が中心であることから，「管理・運営」「財政・財務」「地域・産学連携」に集中している。したがって，草創期の高等教育学会は

他の高等教育系2学会に比べて，研究の幅と領域が多様かつ広範であったこと，ただしそうした傾向があったとしても「評価」ならびに「学士課程教育」に関心が集まっていたことが指摘できよう[6]。また他の教育学系4学会での高等教育部会の研究動向と比較してみると（「その他」のカテゴリーは省略），高等教育学会との関連が強い日本教育社会学会では「学生生活・文化」「キャリア・就職」「財政・財務」などがメインとなっていたことがわかる。また日本教育学会では，「専門（職）教育」「授業分析・開発」「高大接続・入試」，日本比較教育学会では「制度・組織」「高大接続・入試」「グローバル化」，日本教育行政学会では「財政・財務」「地域・産学連携」「制度・組織」などに関する研究が多かったことがわかる。

(2) 大会発表のテーマの変容

前項のように，高等教育研究は草創期においては各学会ごとに，ある種の機能的分化（棲み分け）がなされていたと言える。それではこうした傾向は，高等教育研究が深化・拡大していく中で，どのように変容していったのであろうか。以下では，2011年度までの各学会の年次大会発表について，2004年度までの時期とそれ以降の時期に区分して，その変化を跡づけてみよう。

まず，2011年度までの大会発表総数は，高等教育学会が898件，大学教育学会が772件，大学行政管理学会が348件である。これらすべての発表タイトルをテーマ別に18カテゴリーに区分した上で，各テーマに関する発表件数を学会別にカウントした[7]。

これまでの14年間を前半と後半の7年間ずつに2区分してそれぞれのテーマの割合と発表数を比較してみると（表1-1，参照），それぞれのテーマは，①割合も増え発表数も増加しているもの，②割合は減少しているが発表数は微増もしくは大きな変化がないもの，③割合も発表数も減少しているもの，の3パターンに大別できる。

同様の分析として橋本・丸山（2013）では割合の増減のみを考察の対象としたが，発表数自体も視野に入れると，より高等教育研究の趨勢が浮かび上がってくる。まず第1のパターンは学会全体としての重要性も増しそれに関わる研究者も増えてきている分野と言えるが，高等教育学会では「研究者・

第1章　高等教育研究の制度化と変容

表1-1　3学会のテーマ推移：各年代の割合（発表数）

	高等教育学会			大学教育学会			大学行政管理学会		
	1998-2004	2005-2011	合計	1998-2004	2005-2011	合計	1998-2004	2005-2011	合計
	(％)	(％)	(％)	(％)	(％)	(％)	(％)	(％)	(％)
研究者・FD	3.8(13)	10.1(56)	7.7	4.5(14)	10.4(48)	8.0	1.2(1)	3.8(10)	3.2
学士課程教育	11.0(38)	8.0(44)	9.1	29.2(91)	20.0(92)	23.7	3.6(3)	4.9(13)	4.6
大学院教育	8.7(30)	9.9(55)	9.5	0.6(2)	0.4(2)	0.5	1.2(1)	1.9(5)	1.7
評価・点検	6.4(22)	4.5(25)	5.2	7.1(22)	8.0(37)	7.6	3.6(3)	4.5(12)	4.3
学生生活・文化	8.1(28)	9.6(53)	9.0	3.2(10)	5.0(23)	4.3	0.0(0)	12.9(34)	9.8
高大接続・入試	7.0(24)	4.5(25)	5.5	5.8(18)	4.8(22)	5.2	4.8(4)	3.8(10)	4.0
授業分析・開発	9.9(34)	2.7(15)	5.5	32.7(102)	25.4(117)	28.4	1.2(1)	4.5(12)	3.7
地域・産学連携	4.1(14)	1.8(10)	2.7	1.0(3)	0.4(2)	0.6	2.4(2)	4.2(11)	3.7
財政・財務	7.5(26)	10.3(57)	9.2	0.0(0)	1.7(8)	1.0	15.5(13)	11.7(31)	12.6
管理・運営	7.2(25)	11.0(61)	9.6	0.6(2)	5.4(25)	3.5	58.3(49)	34.1(90)	39.9
グローバル化	1.7(6)	4.9(27)	3.7	1.0(3)	0.2(1)	0.5	2.4(2)	1.1(3)	1.4
キャリア・就職	3.8(13)	4.2(23)	4.0	1.0(3)	4.1(19)	2.8	0.0(0)	3.8(10)	2.9
質保証	1.4(5)	9.9(55)	6.7	0.3(1)	1.3(6)	0.9	0.0(0)	0.0(0)	0.0
制度・組織	9.6(33)	2.5(14)	5.2	1.0(3)	0.7(3)	0.8	2.4(2)	3.4(9)	3.2
歴史	0.3(1)	0.0(0)	0.1	1.0(3)	1.3(6)	1.2		1.1(3)	0.9
ITと大学	3.2(11)	0.4(2)	1.4	5.1(16)	6.7(31)	6.1	3.6(3)	3.0(8)	3.2
専門(職)教育	5.2(18)	3.6(20)	4.2	4.5(14)	2.6(12)	3.4	0.0(0)	1.1(3)	0.9
短大・高専	1.2(4)	2.0(11)	1.7	1.6(5)	1.3(6)	1.4	0.0(0)	0.0(0)	0.0
合計	100.0(345)	100.0(553)	100.0	100.0(312)	100.0(460)	100.0	100.0(84)	100.0(264)	100.0

FD」「大学院教育」「学生生活・文化」「財政・財務」「管理・運営」「グローバル化」「キャリア・就職」「質保証」「短大・高専」などがこれに当たる。特に，「質保証」「管理・運営」の急増ぶりは顕著である。このパターンは，大学教育学会では「研究者・FD」「評価・点検」「学生生活・文化」「財政・財務」「管理・運営」「キャリア・就職」「歴史」「ITと大学」が当てはまり，特に「研究者・FD」「管理・運営」が割合・発表数ともに伸びている。また大学行政管理学会では「研究者・FD」「学士課程教育」「大学院教育」「評価・点検」「学生生活・文化」「授業分析・開発」「地域・産学連携」「キャリ

ア・就職」「制度・組織」などであり，特に「研究者・FD」「学生生活・文化」「授業分析・開発」「キャリア・就職」が増えている。

次に第2のパターンは継続して研究はされているが学会全体の方向性としては比重が減少してきている分野と言えるが，高等教育学会では「学士課程教育」「評価・点検」「高大接続・入試」「専門（職）教育」，大学教育学会では「学士課程教育」「高大接続・入試」「授業分析・開発」「専門（職）教育」「短大・高専」，大学行政管理学会では「高大接続・入試」「財政・財務」「管理・運営」「グローバル化」「ITと大学」がこのパターンに当てはまる。

第3パターンは研究者も学会としての方向性も減じてきている分野であり，高等教育学会では「授業分析・開発」「地域・産学連携」「制度・組織」「ITと大学」などである（各学会とも合計で1%以上のテーマを対象）。

こうした3学会の傾向に鑑みると，まず他2学会の従来的なテーマ（大学教育学会では「授業分析・開発」と「学士課程教育」，大学行政管理学会では「管理・運営」）の割合は減っていることがわかる。これらの点は橋本・丸山（2013）での分析結果と同様であるが，しかしいずれのテーマも発表数自体は増えており，会員が他のテーマを手がけるようになって学会全体の研究活動の裾野が広がった結果，従来的なテーマの比重が相対的に下がったと言える。逆に大学行政管理学会が「授業分析・開発」に，また高等教育学会と大学教育学会が「管理・運営」に，割合・発表数ともに増加させている。また3学会が同じように増加させているテーマ（「研究者・FD」「学生生活・文化」）がある一方で，ある学会が一手に引き受けている特定のテーマもある（たとえば高等教育学会の「質保証」や「グローバル化」など）。

(3) 高等教育学会の研究志向と調査手法

次に高等教育学会に限定して，研究の方法論，具体的には研究の志向性と調査手法について，その変化を考察してみよう。図1-10は，発表内容で目指されている研究の志向性を4カテゴリーに分類したものである[8]。制度概観・事例研究は若干減少傾向にあるが，高等教育学会の研究の志向性として大勢を占めていることがわかる。その一方で理論・文献研究は高等教育研究

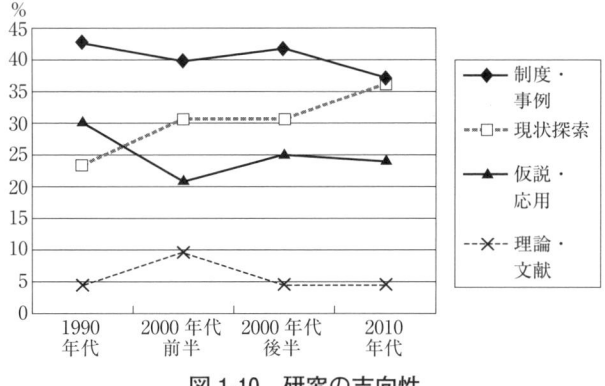

図1-10　研究の志向性

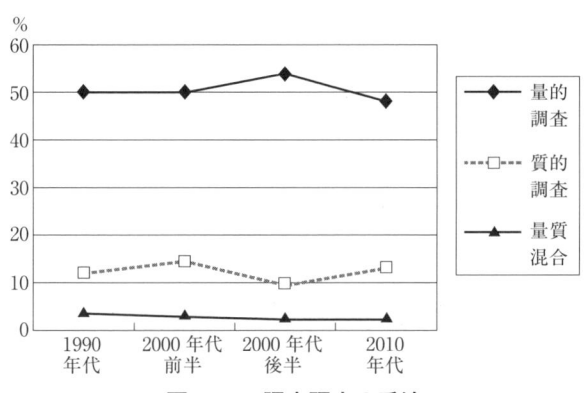

図1-11　調査研究の手法

の蓄積が少ないせいか，依然として低調である。またここ数年来，現状探索型の調査研究が増えてきている一方で，仮説検証型（応用・シミュレーションを含む）の研究が頭打ちになってきていることも見て取れる。また採用されている調査手法（量的，質的および混合）を見てみると（図1-11参照)[9]，高等教育学会では約半数が量的調査であり，質的なアプローチは1～2割にとどまっている。また経年的に見ても大きな変化はない。

　次に発表テーマと研究の志向性・調査手法との関連を見てみると，テーマごとに研究の志向性や調査手法の偏りが見られ，親和性の高いアプローチが

存在することがわかる（図 1-12，図 1-13 参照。なおテーマの配置は見やすいように，それぞれ便宜的に仮説検証型，量的調査の割合による降順でプロットしている。また仮説検証型と量的調査の相関が高いため双方ともテーマは類似のならびとなっている）10)。「学生生活・文化」「短大・高専」「キャリア・就職」などはアンケート調査による仮説検証型の研究が支配的である一方で，「グローバル化」「質保証」など，ここ数年来急増しているテーマは，量・質的な調査手法による仮説検証型よりも制度概観・事例研究や現状探索型による考察がメインである。後者のテーマ群は現実の動向の方が研究より進んでいることを示唆しているとも言えるが，逆に言えば，これらのテーマへの量的調査の適用や，量的調査が一般的な前者のテーマ群への質的な調査

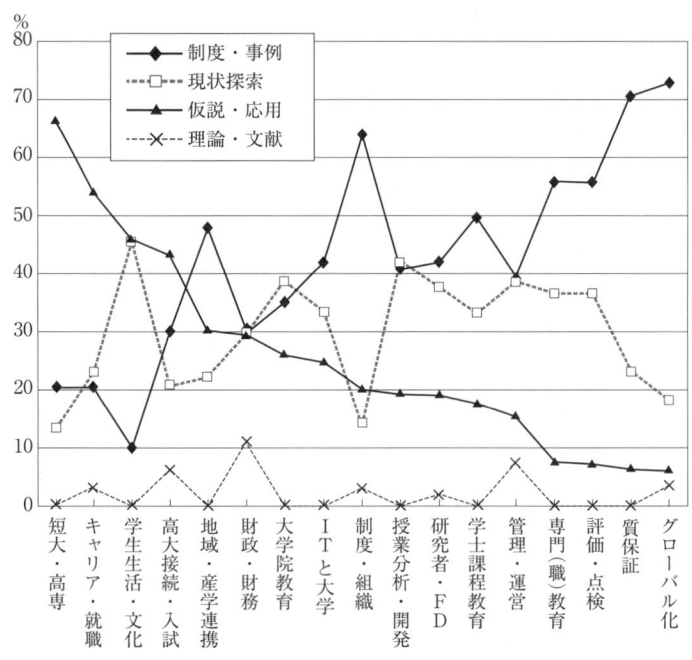

図 1-12　テーマと研究志向

第1章　高等教育研究の制度化と変容

研究（たとえば学生文化のエスノグラフィーなど）は，今後の研究のさらなる発展が見込める領域とも言えるだろう。

　以上のように，高等教育学会における研究志向性や手法としては，制度概観・事例研究ならびに現状探索型が優勢で，理論的な仮説検証型の研究は低調であり，両者の割合は創設以来あまり変化はない。前者を問題解決型の実践的志向，後者を理論的・アカデミックな研究志向と峻別はできないにしても，学会設立時に期待されていた実践的志向性と理論的志向性は併存しつつ（後者の志向性は弱いが），多様なテーマに多様なアプローチが採られていると言えるだろう。

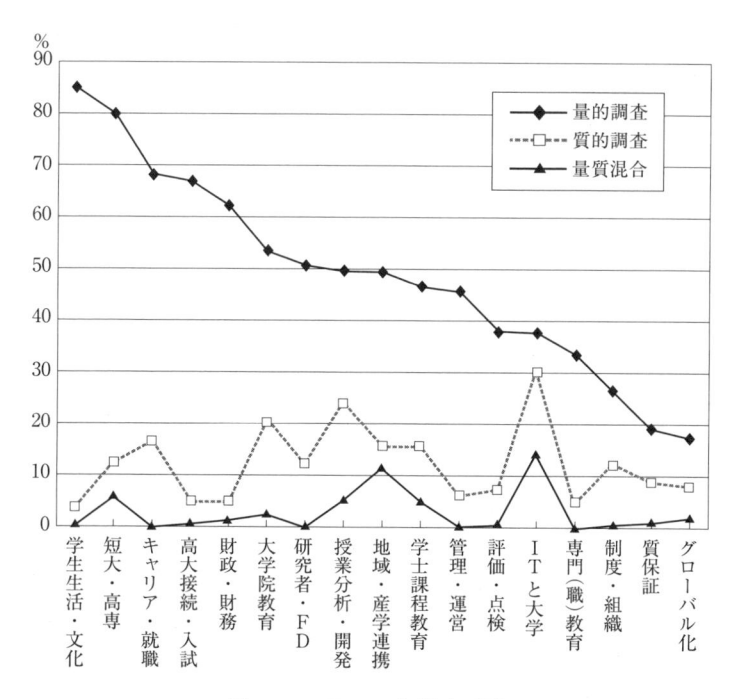

図1-13　テーマと調査手法

33

6. おわりに

　本章では，ジャーナル共同体論に依拠しつつ，高等教育学会の集団―知識双方レベルでの活動を中心に，高等教育研究の制度化とその変容について考察を行った。特に集団（組織）面では高等教育研究に従事する大学教員のネットワーク化と，大学院生の養成ならびに大学職員層の包摂，また知識面では理論的・基礎研究的な「学」としてのdisciplineの形成と実践応用的な問題解決への援用というそれぞれ2つの志向性について，他の学会（特に高等教育系の学会）との比較を軸に分析を進めてきた。

　まず集団（組織）面では，1997年の創設から10年ほどの間の草創期に限定された分析ではあるが，会員の6割ほどが大学・高等教育系センターの教員であり，特に2000年以降に各地に設置されたセンター教員の増加が特に顕著であることがわかった。その結果，各地に高等教育研究の拠点が台頭して，全国的なネットワークが形成されたと言える。また若手の大学院生も増えてきてはいたもののその割合は低く，また他学会との掛け持ちが多かった。所属を見ても東京大や広島大などに集中しており，その養成・育成については制度的な地固めの段階にとどまっていたと言える。また大学職員層も増加が著しかったが，特定の大学やセクター，身分に限定されているわけではなく，全国レベルの幅広い層から会員を集めていた。また高等教育学会は他の高等教育系2学会との連関は弱く，むしろ教育学系の他学会，特に教育社会学会や教育学会とのつながりが強かったことなどを解明した。

　次に，大会発表の分析から知識面での制度化および変化について考察したが，理論的・基礎研究的な志向性と問題解決型の実践応用的な志向性は，テーマによって適宜取捨選択されており，当初から期待されていたこの2つの志向性は，（統合されつつあるかは別にして）共存していることが確認された。また，草創期においては各学会に特有のテーマが存在しある種の棲み分けがなされていたが，その後いずれの高等教育系3学会も創設当初から取り組んできた研究テーマは，次第に学会全体としては比重を減らす傾向にあることが明らかとなった。またテーマによっては，これまで他学会が手がけて

きたテーマを蚕食するようにもなり，他方では学会によっては新たに独自テーマを開拓しつつもある。こうした意味で，高等教育研究が制度化の歩みを始めて15年，それぞれの学会の関心領域は重複と棲み分けの新たなフェーズに入ったとも言え，生産的な相互作用が期待できる段階に至ったとも言えるだろう。

さて，Gumport（2007, 357-358）も指摘するように，高等教育研究の存在意義は現代的な「課題」（同時に彼女は高等教育の在り方をめぐる支配的言説には常に批判的であるべきであるとも戒めているが）に取り組むことによって裏打ちされるものの，一方で見落とされがちなトピックに目を向け他領域の方法論に気を配ることで，学問的な想像力や新たな概念の創出が期待できる。本章で取り上げたテーマや方法論はあくまでも現時点までのものである。それらに埋没することなく，常に新しいテーマ・方法論に嗅覚を研ぎ澄ませていく必要がある。このテーマと方法論の革新が次代に課せられた課題であろう。

[注]

1) 学問の制度化については，橋本・伊藤（1999）などを参照のこと。
2) 阿曽沼（2006）も，「学術研究に関する研究」をインターナルな研究とエクスターナルな研究の2つに分け，前者をさらに「学術知識・内容」に関する研究と，「研究者集団・専門分野」についての研究に分けている。
3) ただし，平成16年4月より，日本学術会議法が一部改正され，それまでの「登録学術団体」を基礎とした会員候補者の推薦制は廃止された。
4) 大学行政管理学会のみ2006年時点，他の学会は2004年時点のデータ。
5) 刊行された著作・論文のカテゴリー化については，『教育社会学研究』の文献目録の「高等教育」では8領域に分類されており，また広島大学高等教育研究開発センターで発行してきた『大学・高等教育関係文献目録』では「高等教育・大学・学術・学生」の項目として，30以上の小項目に区分されている。しかし，いずれの区分も本章で取り上げる大会発表のテーマについては過不足感を否めない。したがって，ここでは各年度大会時における発表から647タイトルすべてを内容によって分類し，結果的に18項目を抽出した。なお同一タイトルでの共同発表は，発表者数分を同一内容としてカウントし

ている。こうしたカテゴリー化は，いかなる場合も研究者による恣意性が排除できないことは確かであるが，今後，単行本，論文，報告書などに援用しながら，精緻化の校訂作業を進めていく必要があろう。なお，各学会の発表数（教育学系4学会は高等教育関連のみ）は，大学教育学会では合計398タイトル，以下同様に，大学行政管理学会143，日本教育社会学会343，日本比較教育学会127，日本教育学会105，日本教育行政学会25タイトルである。

6) ちなみに，アメリカ高等教育学会（ASHE）における大会プログラムの分析（1997-98年の2カ年）では，セッションのテーマは7つに分類され，管理（22％），学生（20％），教員（16％），平等（16％），教授法・カリキュラム（10％），比較研究（9％），高等教育一般（6％）であったという（バーンバウム1998訳，85-89頁）。

7) 本項ではテーマ分類に当たって，前項と同じカテゴリーを踏襲して研究の継続性を持たせつつも，短期高等教育を「短大・高専」として独立させるなど，上記注5でも触れたように，2012年時点でのレビューという意味から各発表の分類を再度行った。このため各カテゴリーの割合・実数は前項と多少異なっている点に留意されたい。また大学行政管理学会は1997年度の12件を含んでいる。

8) 要旨収録の内容によって研究志向を択一で4分類した。ただし要旨収録段階での内容分析であり，発表時点での分類ではない点に留意されたい。

9) 量的手法とはアンケート調査，既存のデータベースを利用した推計など，また質的手法はインタビュー，フィールド調査，参与観察などを指す。なおこれらの手法については択一的な分類ではないこと，またそれらの手法が確認されなかった発表についてはカウントしていない点に留意されたい。

10) 発表数が限られている「歴史」は除いている。

第2章
高等教育研究における政策分析

　前章では，高等教育研究が制度化されてくる中で，大会発表を対象としてどのようなテーマや研究方法が採られてきたのを解明したが，この章ではそうした高等教育研究の中で「政策」関連の研究動向について考察する。具体的には，学会発表テーマや政策を取り上げた研究論文・書籍について焦点を絞り，おもに計量テキスト分析を利用して，取り上げられてきた内容とその変化について考察する。

1. 日本高等教育学会における「政策」テーマ発表の趨勢

　まず，前章でも扱った1998～2011年までの高等教育学会の大会発表について見てみよう。前章の分析で「政策」を独立したカテゴリーとして立てていないことからも明らかだが，政策自体をメインに据えた研究は限定的である。そこで，タイトルに「政策」を含む研究発表からその内容と動向を探ることとしたい。

　これに当てはまる発表は全部で44件を数えるが，「公共政策大学院」のカリキュラムや現状分析などを除くと34件である。全発表件数は898件だから，これら「政策」関連の発表は4%にも満たない。タイトルに「政策」という言葉が入っていなくとも，考察の対象として政策背景や動向などを視野に入れている発表もあるため一概には言えないが，政策研究が少ないことはあらためて指摘できるだろう[1)]。

　次に，これらの研究発表を前章のカテゴリーに即して分類してみると，「財政・財務」「管理・運営」「制度・組織」「学士課程教育」「グローバル

化」などに区分されるが，より詳しく内容を見てみると，政策評価に関する研究なども2件ほど見られるものの，その多くは学生支援・奨学金・授業料（5件），法人（化）に関連する財務・経営（4件），留学生（3件）や国際交流（3件），カリキュラム関連（3件），学術・科学技術政策との連携（3件）などに関する研究である（それぞれ括弧内は発表件数，そのほかは省略）。

また対象国別に見てみると，アメリカに関するもの3件，東南アジア諸国に関するもの4件のほか，イギリス，フランス，ドイツ，オーストラリア，中国，韓国，複数国がそれぞれ1件，そのほか日台，日中間の比較がそれぞれ1件という内訳となっており，日本国内を対象とした政策研究はその半数程度の18件にとどまっている。また，それらの多くは政策動向や現状分析である。

以上のように，ここ15年間の高等教育学会の大会発表の動向としては，まず政策自体を対象とした研究が少ないことが指摘できる。内容的には学生援助，国際化などの政策が半数ほどを占めており，また日本よりも諸外国の政策概要の考察などが多い。喫緊の課題とされるテーマやトピックが重点的に取り上げられてきてはいるものの，学会発表は報告形態や時間的な制約があるため，政策自体を詳細に考察するのは難しいと言えるかもしれない。そこで，以下では論文・書籍における研究動向を考察してみたい。

2. 高等教育政策ならびに大学政策に関する論文の趨勢

この節では，国内の高等教育政策に関連する研究論文について，どのような動向があり，またそのテーマ内容はどう変化してきているかを分析する。

まず，高等教育政策を対象とした論文について，その動向とテーマを見てみよう。図2-1は，CiNii Articlesを利用して2013年6月末現在までを対象に，タイトルに「高等教育政策」ならびに「大学政策」が含まれる論文を検索し，10年ごとに1年間の平均発表件数をトレースしたものである。「高等教育政策」に関係する論文は合計で179本に上るが[2]，特に2000年代以降の増加は目を見張るものがある。一方，「大学政策」についても同様の手続

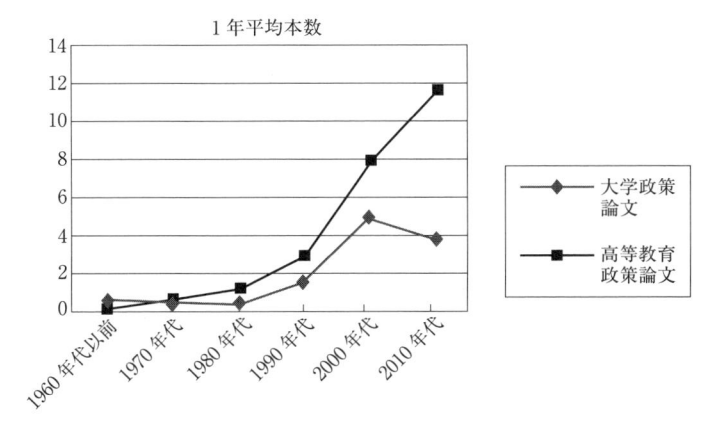

第 2 章　高等教育研究における政策分析

図 2-1　「政策」関連論文の発表数

きで検索したところ，99 本を数えた[3]。2010 年代に頭打ちとなっているが，これは「大学」から「高等教育」への範疇の広がりがタイトルにも反映されたとも言えるかもしれない。

　ではそれぞれの研究論文群はどのようなテーマを対象としてきたのだろうか。内容は多岐にわたっており，前章で試みた一義的な内容分類が難しく，また各論文を一つひとつレビューすることもここでの範疇を超える。このため，以下では各論文の章タイトル[4]を対象に計量テキスト分析を行い[5]，最も利用されているキータームとなる言葉を抽出して，その年代ごとの特徴と変容をトレースした[6]。

　表 2-1，表 2-2 は，「高等教育政策」ならびに「大学政策」論文それぞれ 10 年ごとの年代別に見た頻出単語の出現数と全語数に対する比率である（いずれも 0.5％以上）。いずれの論文群，またどの時代においても，「教育」「大学」「政策」などが最上位を占めている。これは，これらの単語を検索語としたことから当然とも言えるが，戦後から現在までの全時代を通して，「課題」と「改革」という単語が頻出していることがわかる。これまで高等教育政策研究は，つねに改革と課題を説いてきたとも言え，逆に言えば，前章で見たように，現状探索型の政策動向や課題提示などを内容とする論考が多数を占めてきたことを裏書きしているとも考えられる。なお，この点について

39

は，第4節で詳しく考察する。

また2つの論文群をそれぞれ見てみると，時代ごとの特徴が明らかになっている。「高等教育政策」論文では，1989年以前では「学生」紛争の名残や「女子」の高等教育へのアクセス，大学の「倫理」的「退廃」などが問題として取り上げられており，伝統的なエリートならびにマス段階での議論の色彩が強いと言えよう。しかし，90年代に入ると高等教育を「市場」として捉え競争原理と効率性の導入が課題だとする議論が現れてくる。ただし2000年代以降はそうした議論は少なくなり，「評価」（大学評価，認証評価，法人評価など）がそれに取って代わっている。2010年代には，さらに高等教育の「質」「保証」が問われるようになり，また「国立」と「私立」という設置者を軸とした財政や改革状況などが取り上げられることが多くなってきている。

次に「大学政策」論文は，全体として本数が少ないため，出現する単語が

表2-1 「高等教育政策」論文における頻出単語

1989年以前			1990年代			2000年代			2010年代			全時代		
語	出現数	比率(%)	語	出現数	比率(%)	語	出現数	比率(%)	語	出現数	比率(%)	語	出現数	比率(%)
教育	23	4.85	教育	55	6.30	教育	118	4.43	教育	66	4.15	教育	262	4.68
政策	17	3.59	大学	29	3.32	政策	80	3.00	大学	60	3.77	大学	176	3.14
倫理	5	1.05	政策	23	2.63	大学	79	2.96	政策	40	2.51	政策	160	2.86
大学	5	1.05	市場	7	0.80	制度	22	0.83	日本	12	0.75	課題	37	0.66
課題	4	0.84	帝国	7	0.80	評価	20	0.75	課題	11	0.69	改革	35	0.62
学生	4	0.84	改革	6	0.69	改革	19	0.71	私立	11	0.69	日本	32	0.57
展開	4	0.84	審議	6	0.69	課題	18	0.68	国立	10	0.63			
モデル	4	0.84	拡大	6	0.69	日本	17	0.64	改革	9	0.57			
女子	3	0.63	研究	5	0.57				保証	9	0.57			
連邦	3	0.63	背景	5	0.57				質	9	0.57			
退廃	3	0.63												
援助	3	0.63												
年代	3	0.63												

第2章　高等教育研究における政策分析

表 2-2　「大学政策」論文における頻出単語

1989年以前			1990年代			2000年代			2010年代			全時代		
語	出現数	比率(%)	語	出現数	比率(%)	語	出現数	比率(%)	語	出現数	比率(%)	語	出現数	比率(%)
大学	37	7.64	大学	31	5.54	大学	123	5.96	大学	38	7.41	大学	229	6.33
政策	13	2.69	教育	15	2.68	政策	45	2.18	教育	12	2.34	政策	78	2.15
教育	6	1.24	改革	12	2.14	教育	33	1.60	政策	9	1.75	教育	66	1.82
改革	6	1.24	政策	11	1.96	研究	25	1.21	私立	9	1.75	改革	49	1.35
助成	4	0.83	審議	7	1.25	私立	24	1.16	改革	9	1.75	私立	39	1.08
年代	4	0.83	組織	6	1.07	改革	22	1.07	国立	6	1.17	研究	31	0.86
構想	3	0.62	私立	4	0.71	科学	12	0.58	国家	4	0.78	課題	19	0.52
私学	3	0.62	課題	4	0.71	制度	12	0.58	ミッション	4	0.78			
方向	3	0.62	構想	4	0.71	市場	12	0.58	拡大	4	0.78			
治安	3	0.62	研究	3	0.54	課題	11	0.53	課題	3	0.58			
			答申	3	0.54	教員	11	0.53	プラン	3	0.58			
			国立	3	0.54	博士	11	0.53	研究	3	0.58			
			私学	3	0.54	評価	11	0.53	再編	3	0.58			
			運営	3	0.54				定義	3	0.58			
			管理	3	0.54				統合	3	0.58			
			中教審	3	0.54									

　少なく，また比率0.5%以上の単語も上記の「高等教育政策」論文と比べると拡散的な傾向にあるが，全時代では「私立」大学に関する論考が多いのが特徴であり，またいずれの時代でも「私学」「私立」が問われてきたことがわかる。つまり，大学政策といった場合，私立セクターを対象とした国の施策といった意味合いが強いことが示唆されている。年代ごとに見てみると，1989年以前は「私学」「助成」などが問われており，90年代では，「組織」「管理」「運営」などをめぐって，大学審議会などの「審議」「答申」などが取りざたされている。2000年代に入ってからは「市場」の言葉が高等教育政策論文よりも遅れて現れてきているが，これは大学「教員」市場に関するもので，上記の意味合いと多少異にしている。ただ「評価」もこの時期に現れてきており，高等教育政策論文の動向と軌を一にしている。一方で，高等

教育政策論文ではほとんど見られなかった「科学」(科学技術, 科学者, 科学運動など) に言及する論文も現れてきている[7]。近年の2010年代になると, 私立大学の他に「国立」大学法人の「ミッション」や「再編」「統合」といった問題が取り上げられるようになっている。

なお, 大学政策論文では, 「研究」がほぼすべての年代において使われており, 全体を通しても上位に現れている。たとえば, 学術研究, 基礎研究, 研究大学, 研究組織, 教育と研究などの使われ方である。一方, 高等教育政策論文では, こうした使用法ではなく, 先行研究, (論文の) 研究枠組み, 研究動向, 研究の問題意識といった当該論文の章立て・構成上の使われ方であり, 両者の間には大きな差異がある。

3. 高等教育政策に関する書籍の趨勢

次に, 書籍類での研究動向を追っておきたい。ただし, 「高等教育政策」もしくは「大学政策」をタイトルに冠した刊行本は非常に限定されている一方で, 内容面で高等教育政策に言及している書籍類はきわめて膨大な数に上る。そこで, 前節と同様にCiNii Booksを利用して, タイトル検索ではなくその「内容検索」によって抽出した刊行本99冊を分析対象とした[8]。その上で, 前節と同様にこれらの刊行本の章タイトルを対象とした計量テキスト分析を行った[9]。なお, 利用したCiNii Booksの「内容検索」については, その掲載内容が整備されてきたのは2000年代半ば以降のことであり, 1990年代以前の書籍については十分把握しきれていない。このため, 以下の分析も2000年代以降の書籍の動向を中心とした分析であることに留意されたい。

表2-3は, 前節と同様に, 各年代における頻出単語を抽出したものである (出現比率は0.4％以上を掲載している)。大学, 教育, 政策が上位3位までを占めるのは当然とも言えるが, 前節の「論文」に関する分析結果と同じように, 刊行本でも全般的に「改革」と「課題」が頻出していることがわかる。2000年代では, 上述の「大学政策」論文と同様に「科学」(技術, 教育) などが現れてくる。ただし「評価」などが2010年代に出てくるなど, 書籍ベ

ースではその性質上，論文群より多少の遅れがあるようである。

なお，「研究」も 80 回近く頻出する言葉であるが，このうち数件は，「高等教育政策」論文と同様の「研究課題」，「本研究の課題」といった使われ方であるが，その他ほとんどは「研究大学」「研究組織」などであり，この点は上記の「大学政策」論文における使用と同様である。

表 2-3　高等教育政策に関する書籍類における頻出単語

1990年代まで			2000年代			2010年代			全時代		
語	出現数	比率(%)	語	出現数	比率(%)	語	出現数	比率(%)	語	出現数	比率(%)
教育	7	6.42	教育	221	4.66	教育	289	3.64	教育	517	4.04
政策	7	6.42	大学	88	1.86	大学	154	1.94	大学	243	1.90
研究	3	2.75	政策	52	1.10	政策	75	0.94	政策	134	1.05
日本	2	1.83	改革	36	0.76	評価	60	0.76	改革	81	0.63
課題	2	1.83	研究	31	0.65	研究	45	0.57	研究	79	0.62
地域	2	1.83	科学	27	0.57	改革	44	0.55	評価	75	0.59
機関	2	1.83	制度	25	0.53	社会	38	0.48	社会	62	0.48
構造	2	1.83	社会	23	0.49	日本	36	0.45	日本	59	0.46
			日本	21	0.44	課題	35	0.44	制度	58	0.45
			課題	20	0.42	制度	33	0.42	課題	57	0.45

4.「改革」と「課題」の政策研究

以上のように，わが国の高等教育に関する「政策」関連研究は，これまでの学会大会では発表件数自体少ないが，国外の今日的な喫緊の課題とされる政策が主に取り上げられてきていた。また研究論文ならびに書籍でも，各時代のトレンドに対応したテーマが取り上げられてきたことがわかる（1990年代には市場，2000年代は評価，2010年代になると質保証など）。高等教育政策研究は，これまで各時代のニーズに対応したテーマが主な対象となってきたことが示唆されていよう。

第1部　高等教育政策と高等教育研究

　そうした傾向を顕著に示しているのが,「改革」と「課題」という言葉である。この2つの言葉は,これまでの高等教育政策関係の論文・書籍に,またどの時代においても共通した言葉であることが浮き彫りになった。そこで,最後にこの2つの言葉に焦点を絞って,何が改革の対象としてあげられてきたのか,またどのような課題が重要であると指摘されてきたのかについて考察しておこう。

　まず,「改革」についてであるが,高等教育政策論文では,「大学改革」12件,「高等教育改革」3件,「政策(の)改革」2件,「市場経済(への)改革」2件,「分権改革」2件,「戦後改革」2件,「改革路線」2件,「教育(制度)改革」2件,そのほか「構造改革」「小泉改革」などが1件ずつ合計35件である。大学政策論文では49件出現しているが,そのうち「大学改革」が24件,「構造改革」6件,「教育改革」4件,「自主(的)改革」2件,そのほか総合規制改革会議などや単体での使用がそれぞれ1件ずつ計13件,という内訳になっている。書籍については,「大学改革」20件,「高等教育改革」16件,「教育改革」14件,「行政改革」3件,「女子(高等)教育改革」2件,「入試(制度)改革」2件,「学制改革」2件,「大学院改革」2件,「資格(の)改革」2件,「学校改革」2件,そのほか単体での使用が4件などを含めて16件である。このように見てみると,大学改革,高等教育改革といった使われ方が圧倒的であり,高等教育政策研究ではつねに「改革」が問い続けられてきたことがわかる。

　次に「課題」であるが,高等教育政策論文では,「高等教育」の課題という大枠的なものが5件,「政策」の課題が6件,「改革」の課題が2件,「今後の・その後の」課題が4件,具体的な問題に対する課題が7件(財政的課題が4件,FD1件,TA1件,法人化1件),「大学」の課題が2件,そのほか3件となっている(このほかに,「(当該論文の)研究課題」などの章立て・構成上のものが8件ある)。大学政策論文では,全19件のうち「大学(改革)の課題」というのが最も多く6件,「残された」「隠された」「本質的な」「直面している」などの注意喚起的な修飾語を伴う課題が5件,「今後の」や「次なる」という将来的な課題が2件,具体的な問題をあげての課題が3件(たとえば,FD・SD,任期制など),そのほか3件である。書籍に

ついては，「大学」の課題6件，「人材育成」上の課題5件，グローバル（化）・国際（化）関連の課題3件，質保証が2件，評価が2件，そのほかに初年次教育や留学生教育など個別・具体的な問題に対する課題が33件と，その多くを占めている（このほかに，「（当該論文の）研究課題」などの章立て・構成上のものが6件ある）。このように「課題」については，具体的な問題を対象としたものも少なくなく，またその内容も多岐にわたってはいるが，高等教育の課題，大学の課題という大まかな形での括り方が目立ち，また将来的もしくは問題摘出的な言葉に修飾されることも多いといった点が指摘できよう。高等教育政策研究では，このような内在的・将来的な様々な「課題」をあげつらうことで，読者ひいては高等教育関係者内外の意識を喚起・触発するような形態が取られてきたことが示唆されている。

　以上，本章では学会大会発表，論文・書籍類の動向と内容分析から，戦後のわが国における高等教育政策研究のテーマやトピックスの特徴とその変容について考察してきた。論文・章タイトルを対象とした計量テキスト分析だけでは，深く内容面までカバーできているわけではないが，数十年に及ぶ研究論文の包括的な趨勢と変容の一端は解明できたものと思われる。

　政策自体を分析した研究は限られており，各時代の喫緊の改革課題を対象とした研究がほとんどを占めてきたという点は，わが国の高等教育政策研究の持つ特色でもあり，また限界とも言える。次章では，政策そのものを対象とし，過程論という方法アプローチに基づいた日米の諸研究をレビューし，高等教育領域の実証的な政策研究について考察する。

[注]

1) なお，他の2つの高等教育関連の2011年までの大会発表について見てみると，「政策」がタイトルに含まれているのは，大学教育学会では3件，大学行政管理学会では16件にすぎない。
2) 検索ヒット数188件のうち，書評や特集名のみのものを除いている。
3) 2013年6月末日までを対象とし，タイトルに「大学政策」を含む論文はCiNii Articles によって161件が検索されたが，このうち，「＊＊大学政策学部」など，大学・学部名称がタイトルに含まれているものなどを除くと，99

論文となった。
4) なお，「はじめに」「結びに」「おわりに」などは省略した。また章タイトルが振られていない論文については，論文タイトルを代用した（「高等教育政策」論文は12本，「大学政策」論文は7本）。
5) 計量テキスト分析については，フリー・ソフトウェアであるKH Coderを利用した。KH Coderは，川端亮・樋口耕一によって開発されたプログラムであり，広く調査研究に資するためフリーソフトとして公開されている（http://khc.sourceforge.net/）。KH Coderは，内部で形態素解析ソフトである「茶筌」を利用しており，対象とするテキストにおける頻出語，品詞，各語の出現回数などが，文や段落単位のほか「見出し」によって5階層まで分割された文書ごとに分析可能である。また段落や分割された文書はコーディングによって，それぞれ特定のコード内容を典型的に表す文書の抽出が可能である。また，抽出された語と語，文書と文書の関係の推定（近接語，連関規則，コンコーダンス，コロケーションなど），外部変数とのクロス集計，SPSSなどのパッケージソフトでの分析なども可能であるなど，大量のテキストからある一定の語・文書を抽出・整理するには非常に大きな力を発揮する（橋本2007，72頁）。なお，本書第4章ならびに5章でもこのKH Coderを活用している。詳しくは，樋口（2014）を参照のこと。
6) 各年代で1回以上出現しかつ全年代を通して3回以上出現した名詞形（名詞系品詞，固有名詞，組織，人名，地名）の単語を抽出した。なお，「高等教育政策」「大学政策」とも，論文ならびに章タイトルは簡潔な表現がほとんどであるため，複合語の強制抽出はしていない。
7) ただし，「文部科学省」という言葉も散見される（3件）。
8) 2013年6月末現在までを対象に，「高等教育　政策」でヒットした126件の書籍類のうち，内容的に高等教育政策とは無関係のもの，科研費・シンポジウムなどの報告書類，オンデマンド版などの重複書籍などは除いている。なお，前節のように「大学政策」でも同様の内容検索を行ったが，対象となる刊行本が17点に限られ，また書誌内容も十分ではなかったため分析対象としなかった。
9) 章タイトルが不明もしくは振られていない書籍については，書籍タイトルを代用した（13件）。

第3章
高等教育政策の過程分析

　本章では，高等教育の「政策形成・決定過程」に焦点を絞り，その様々な社会科学的なアプローチの中で特に政治学で発展してきた方法論とモデルを中心に，特に2000年代後半からの新たな潮流を概観しておこう。

　具体的には，アメリカとわが国の研究動向を踏まえて，それぞれの対象と方法論を中心としたレビューを行った上で，今後の課題と展望を整理する。なお2000年代前半までの先行研究については橋本（2008）を参照されたい。

1. アメリカにおける研究動向

(1) 政策過程モデル

　アメリカにおける高等教育の政策過程研究は，McLendon, M. K., Ness, E. C. などにより，2000年代に入ってから新しい展開を見せている。以下では，彼らの研究を中心に，援用されるモデル・理論ならびに手法について整理しておきたい[1]。

　さて，わが国においても近年になるまで高等教育の政策（過程）分析は多くはなかったが，実はアメリカでもこの種の研究は長い間活発ではなかった。連邦政府レベルの高等教育の政治（過程）研究は，すでに橋本（2008）でもいくつかレビューしたように，King (1975), Wolanin & Gladieux (1975), Gladieux & Wolanin (1976), Kerr (1984), Florestano & Boyd (1989), Hannnah (1996), Parsons (1997), Cook (1998), McLendon & Eddings (2002) などが散見されるものの，McLendon (2003c) によれば，政策科学研究が進んでいるアメリカにおいても，その手法を（高等）教育分野に積極

的に取り入れた分析は,長らく看過されてきたという (pp. 165-166, p. 186)。

　McLendon (2003c) はこうした先行研究のいくつかに言及しつつ,これまでの研究は限定的・断片的で政策科学的な洞察力のある分析には結びついていないとし,より広範なイシューを取り上げる必要があること,政策科学で培われた豊穣な理論モデルの視座を持つ必要があること,より洗練された精緻な分析方法に改良する必要があることなどを指摘している (p. 166.)[2]。そこで McLendon は,高等教育政策研究に援用されるべき4つの理論的アプローチを推奨している。すなわち,①プリンシパル-エージェント論 (PA論)[3],②政策過程論,③政策イノベーション・波及理論,④比較政治システム論である。特に,②の政策過程論のアプローチは,高等教育政策研究に3つの点で重要な貢献があるとする。すなわち,まず政府の機能を分析し,それが高等教育の政策過程とアウトカムにどう結びついているかを解明することができること,第2にこれまで政策科学者らに看過されてきた高等教育領域に下記のような理論モデルを援用することによって,それらがどの程度援用可能であるか,また高等教育における政策過程が他の領域のそれとどの程度類似しているかという重要な洞察を得られること,第3に高等教育の政策過程は,政策科学の中核的な学問的関心に概念的な方法論を提供できること,である (pp. 175-176.)。

　さらに McLendon & Cohen-Vogel (2008) では,この政策過程論を高等教育領域に援用する際,従来は Lindblom (1968) や Wildavsky (1984) のインクリメンタリズムや,Easton (1965) の政治システム論にもっぱら依拠してきたが,ここ20数年来の政策科学における長足の発展を踏まえる必要があるとする (p. 35.)。McLendon は,その政策過程モデルとして,次の3つを紹介しそれらの高等教育領域への利用を提唱している。すなわち,① Multiple-Streams Theory:Garbage Can モデルの修正版(日本では「政策の窓モデル」として呼び慣らわされているため,以下ではこの名称で表記する),② Punctuated-Equilibrium:断続平衡モデル,③ Advocacy Coalition Framework:唱道連携モデル,である (McLendon 2003c, pp. 175-181.)。ちなみに McLendon & Cohen-Vogel (2008) では,教育政策の形成と変革を分析する際の政策過程論モデルとして,上記の③の唱道連携モデルに代えて,

④政策イノベーション・波及モデルを取り上げている。さらに Ness (2010b) でも，高等教育領域への援用可能なモデル・理論として，唱道連携モデル，政策イノベーション・波及モデル，政策の窓モデル，プリンシパル－エージェント論（PA 論），断続平衡モデルの 5 つが取り上げられている。

①の政策の窓モデル，②の断続平衡モデル，④の政策イノベーション・波及モデルに関して言えば，それぞれ分析する主な対象と政策段階は，①政策の窓モデルでは連邦政府のアジェンダセッティング段階，②断続平衡モデルは州政府のアジェンダセッティングと実施段階，④政策イノベーション・波及モデルでは各州ごとの実施段階とそれぞれ異なる。さらにその方法論も，①の政策の窓モデルではインタビューと公文書データに依拠したケーススタディ，②の断続平衡モデルでは各種の統計手法を利用した公文書の内容分析，④の政策イノベーション・波及モデルではイベントヒストリー分析（EHA），がそれぞれ主に利用されるといった相違が見られる。また，②の断続平衡モデル，③の唱道連携モデルについては，①の政策の窓モデルから大きな影響を受けている（McLendon & Cohen-Vogel 2008, p. 34-35.）。

そこで，以下では McLendon（2003c），McLendon & Cohen-Vogel（2008），Ness（2010b）の三者で重複して紹介されている①～④の 4 モデルと，それを援用した（高等）教育政策過程の研究についてレビューしておきたい。

(2) 政策の窓モデルによる教育研究

上述のように，Kingdon の Multiple-Streams Theory は，わが国では「政策の窓」モデルとしてよく知られており，主に政策形成・決定まで（特にアジェンダセッティング）の過程を分析対象とする。このモデルは，Cohen, March & Olsen（1972）の Garbage Can（ゴミ缶）モデルを修正・発展させた Kingdon（1984, 1994, 1995）により提唱されたもので，ごく大まかに要約すれば，政策過程には①問題の認識，②政策案の作成，③政治という 3 つの流れが存在すると措定する。問題の流れとは政府内外のアクターが様々な状況の中である特定の問題に関心を寄せる過程であり，一方，政策の流れの中には多様なアクターのアイディアが存在して最終的にごく少数のアイディアのみが残る。さらに選挙，圧力団体政治，世論のムードなどから成る政治

という流れがある。これらの独立した流れはゴミ缶モデルのように合理的なプロセスを段階的に踏むのではなく，政策企業家と呼ばれるアクターによってある時点で「合流」するが，この「窓」が開放された際にのみ政策転換がもたらされる，と解釈するモデルである（縣・藤井編 2007, 195-200 頁；岩崎編 2012, 31-38 頁）。

このモデルは様々な公共政策の過程分析に援用されてきているが，教育分野でも改革事例などに関するケーススタディがいくつか蓄積されてきている。たとえば初等・中等教育では，ミネソタ州の多文化・ジェンダーカリキュラムに関する規則を事例として取り上げた Stout & Stevens（2000），ボストンの初等・中等教育を事例とし，「問題」の定義とアジェンダセッティングの重要性について分析した Portz（1996）などがあげられる。高等教育領域での研究は，Hearn（1993），deGive & Olswang（1998），McLendon（2003a），Mills（2007），Leslie & Berdahl（2008），Ness（2008, 2010 a），Ness & Mistretta（2010）などがあるが，これらはすべて州政府における高等教育ガバナンスならびに奨学金などの財務・財政改革についてのケーススタディである。

たとえば deGive & Olswang（1998）は，ワシントン州の大学分校の設立政策を事例に，そのアジェンダセッティング，代案形成，決定と実施という 3 段階について，中心的なアクター群，リソース，影響力などの相互関係を軸に，政策文書と関係者へのインタビューなどから，その政策形成・決定過程を分析している。また Mills（2007）は，フロリダ州における 2000～2002 年間の高等教育の構造変動がなぜ生起したかについて，22 名の関係者へのインタビューと 140 に及ぶ新聞記事のテキスト分析から，様々な関係者の語りを 3 つの「ストーリー」に抽出・再構成し，それらを断続平衡モデルと政策の窓（アジェンダセッティング）モデルを援用して，解明している。

以上のように，このモデルを（高等）教育分野へ援用した研究は少なくないが，同時に Kingdon が提唱してからかれこれ 30 年が経っており，様々な課題や限界も指摘されている。たとえば，3 つのストリームは独立的というよりはむしろ相互依存的である可能性が高い，政策の窓がどのようにまたなぜ開かれるのかが不明確である，モデルは予見的なものというよりむしろ記

述的なものである，といった批判である（Mucciaroni（1992），Zahariadis（1999））。また特に近年では，連邦政府レベルへの援用可能性の検証が不十分で，政治システムが異なるために連邦と州レベルでは仮説が当てはまらない可能性がある，複数よりも単一のケーススタディが用いられることがほとんどで，そこでの知見は当該ケースにのみ当てはまるという可能性が否定できない，このモデルを精緻化しようとする研究者の関心を引きつける政策領域がある一方で，そもそも研究対象とならないような分野も数多く残されたままである，との限界も指摘されている（McLendon 2003b, p. 121.）。

　（高等）教育領域における研究についても，上記の批判や限界が当てはまるだろうが，さらに実際のデータ収集においても，このモデルではあらゆることが他のあらゆることに関連しているかもしれないと想定されるため，果てしないデータ収集を余儀なくさせるといった点や，ケーススタディ，歴史－比較的な手法，エリートへのインタビューなど様々な手法が必要となり，特にインタビューはアクセスにおいてもまた妥当性についても課題が残るといった問題点も指摘されている（McLendon & Cohen-Vogel 2008, pp. 42-43.）。

(3) 断続平衡モデルと唱道連携モデルによる教育研究

　②の断続平衡モデルはBaumgartner & Jones（1991, 1993），True, Jones, & Baumgartner（1999）らによって提唱されたモデルで，古生物学分野での進化論にヒントが得られている。このモデルでは，政策独占を続けるアクターによって閉鎖的な政策形成が続けられ比較的長い安定（平衡）状態が続くが，それを中断させるような急激な動きによって政策変化が生じると解釈する（縣・藤井編2007, 203-204頁）。このモデルによる教育研究としては，初等・中等教育レベルでは，ニューヨーク・タイムズの記事とアメリカ合衆国議会公聴会とのデータを利用して，30年近くにわたる全国レベルでのリテラシーのイメージの変容を測定し，1990年代から子どものリテラシー問題がアジェンダ化する経緯を追ったSims & Miskel（2003），初等・中等教育における財政と官僚制との関連についてこのモデルを援用したRobinson（2004）などがあるが，高等教育にこのモデルを援用した研究論文は，

McLendon（2003b），Mills（2007），Ness（2010a）などを除いて，ほとんど見当たらない。その理由として，政策イメージが時間とともにどう変容・変遷するかを追いかけなければならず，その全国レベルでのデータ・資料の収集・整理・コード化にきわめて多大な時間と労力を要するからである（McLendon & Cohen-Vogel 2008, p. 44.）。

また③の唱道連携モデルは，Sabatier（1988），Jenkins-Smith & Sabatier（1994），Sabatier & Jenkins-Smith（1988, 1993, 1999）らによって提唱されたモデルで，きわめて大摑みに要約すると，ある特定の政策領域に関与する様々なアクターにより政策サブシステムが形成され，そのサブシステム内において特定の信念システムを共有するいくつかの唱道連携グループが構成され，このグループ間の相互作用によって長期的な政策変化が生じると解釈するモデルである（縣・藤井編2007, 200-202頁）。2000年代前半には，このモデルを援用した連邦および州レベルでの高等教育研究は皆無であると指摘されていたが（McLendon 2003c, p. 181.），近年，授業料補助制度（TAP）の予算編成の過程分析を分析したShakespeare（2008）などのほか，Ness & Mistretta（2009），Ness（2008, 2010a）など，少数ではあるが増えてきている。

(4) 政策イノベーション・波及モデルによる教育研究

次に，④の政策イノベーション・波及モデルであるが，このモデルはWalker（1969），Gray（1973），Berry & Berry（1990, 1992, 2007），Rogers（2003）によって展開されてきた。その名称の通り，新たな政策を創出する先駆的なアクターが存在し（政策企業家が想定される），またその政策が他の地域などに波及していくというモデルである（縣・藤井編2007, 178-180頁）。特に連邦制を採るアメリカでは，類似の公共政策を採る／採らないという各州間の比較分析が数多くなされており，特にこのモデルを援用して新たな政策採用とその波及メカニズムの分析に焦点が絞られている。

このモデルでは主に2つの要因が想定されている。一つは，内的要因（internal determinants）モデルで，各州政府の政策イノベーションは州内の政治的，経済的，社会的環境が整った際に起こるというものである。一般

的に，新たな政策の採用は広く豊かな州ほど，選挙回数が多い州ほど，専門的な立案者が多いほど，また都市化され教育レベルが高い州ほど，早く起きることが解明されてきた。もう一つは地理的波及（regional diffusion）モデルで，政策波及は当該政策を先行して採択している地域に地理的に近接しているほど影響されやすいというものである（Cohen-Vogel et al. 2008, p. 341.）。これら2つの要因に関して多くの研究が蓄積されてきたが，最近ではこれらを統合する手法が積極的に試みられており，その際，各州内の様々な変数の経年比較と各州間の横断的比較とを統合的に扱うことができるイベントヒストリー分析（EHA）が多用されるようになっている（McLendon, Heller & Lee 2009, p. 404.）。

　さて，このモデルによる分析は各州における税制政策から消費者規制，ヘルスケア政策などに援用されるようになってきているが，教育領域においてもいくつか研究が蓄積されてきている。初等・中等教育レベルでは，各州のチャータースクールと学区の直轄管理に関してEHAによりその要因分析を行ったWong & Shen（2002），学校選択というアイディアの各州への波及を事例に，全米48州の1987年〜1992年のデータをEHAを用いて分析し，その波及過程における政策企業家や政策ネットワークの重要性を論じたMintrom（1997）ならびにMintrom & Vergari（1998）などがある。高等教育レベルでの研究は2000年代前半の段階では限定的であると指摘されていたが（McLendon 2003c, p. 182.），その後，研究の蓄積が進んできた。たとえば，Hearn & Griswold（1994），McLendon（2003b），McLendon et al.（2005），McLendon et al.（2006），McLendon et al.（2007），Hearn et al.（2008），Doyle（2006），Cohen-Vogel & Ingle（2007），Cohen-Vogel et al.（2008），McLendon & Cohen-Vogel（2008），McLendon, Heller, & Lee（2009），Doyle et al.（2010），Ness & Mistretta（2010）などである。

　たとえば，McLendon et al.（2005）は，各州の高等教育のアカウンタビリティや財政など様々な政策イノベーションについて，1981〜1998年間の49州を取り上げ，その経年的な変化を多変量解析している。またCohen-Vogel & Ingle（2007）ならびにCohen-Vogel et al.（2008）は，南東部各州のメリットベースの奨学金政策を事例に取り，重要なステークホルダーへの

第1部　高等教育政策と高等教育研究

インタビューと新聞・政策文書の解読を通して，近隣州からアイディアを借用する理由とその度合を解明している。また Ness & Mistretta（2010）は，90年代以降，宝くじ収益金を利用したメリットベースの奨学金プログラムが各州で適用されていくが，その種のプログラムが導入されなかったノースカロライナ州の事例を取り上げ，Bachrach & Baratz（1962, 1963）の「非決定権力」研究を引きつつ，政策の窓モデルと政策波及モデルの2モデルを援用しながら，政策担当者へのインタビューと政策文書の分析という質的なアプローチによる深掘りの研究を行っている。

ただこのモデルでの近年の傾向としては，上記の EHA を活用した分析が盛んなようである。たとえば，州政府レベルでの財政援助，奨学金プログラムを対象に各州間の比較をした Doyle（2006），1979～2002年までの高等教育における3種類のアカウンタビリティ政策の採用に関して，そのバリエーションを検証した McLendon et al.（2006），1980年代半ばからの公立大学のガバナンス改革について49州を比較分析した McLendon, et al.（2007），ここ20年で普及した大学生の個人情報データベース（student unit-record [SUR] systems）について，どのような州がこのシステムを導入したのかを分析した Hearn et al.（2008），高校から大学への進学政策における各州間での比較分析をした McLendon, Heller, & Lee（2009），1986～1999年間に大学学費の積み立てプランを導入した各州を対象にその要因を分析した Doyle et al.（2010）などはこの波及モデルに EHA を援用した研究群である。これらは，各州の類似の政策を取り上げ，人口・経済・組織・政治風土などいくつかの変動要因を仮定した上で，それらを変数とした EHA によって分析して，どの要因が政策形成・決定に大きな影響を与えたのかを検証している点が共通している。

さてこのモデルは，上述のように連邦制を採るアメリカでは非常に有効な方法論とも言えるだろう。ただし，すでに見てきたように，その分析対象として選定されているのは，教育分野全般にわたって，州政府のガバナンス改革もしくは授業料・奨学金などの政策に集中しており（McLendon & Cohen-Vogel 2008, p. 41.），近年の動向は EHA の切れ味の検証プロジェクトの様相すら呈している。しかし，EHA による知見については，ある研究

では当該政策の適用について政策波及的な要因が顕著に働いたとするものがある一方で，他の研究ではそうした効果はないと分析結果が出るなど，混乱しているのが実情である（McLendon *et al.* 2007, p. 652.）。したがって，EHA方法論自体の精緻化とデータの整備が求められていると言えよう。また，この波及モデル自体にもいくつか批判がある。すなわち，政策波及の実態の実証に集中するあまりその波及の理由について見落とすことが多い，政策波及の他の諸段階を無視して，政策の採用の相関関係にのみ焦点が絞られる，地域的な影響の効果を過大評価しがちである，などである（McLendon & Cohen-Vogel 2008, p. 40.）。

(5) アメリカにおける政策過程分析の特徴

(a) 方法論の精緻化と開拓

　さて，アメリカにおいては高等教育に関する第一義的な責任と権限を負っているのは州政府であり（山田1997，273頁），連邦政府における大学政策は，①学生への財政援助，②研究開発費援助，③税制，④アファーマティブアクションのような規制などに限られることとなる（江原2002，11頁）。したがって，全国ならびに連邦政府レベルの高等教育政策における過程分析を分析する際，その分析対象のケースとなるイシューやアジェンダは，McLendon & Cohen-Vogel（2008）も指摘するように，奨学金，授業料などの財政援助・税制に関わる政策変化，あるいはそれらを主導する州政府の高等教育ガバナンスの比較分析といったものに集中されることになる（p. 40.）[4]。

　また方法論的には，短期かつ単一のケーススタディがよく利用されるが，しかしその結論が特殊事例の考察から引き出された拙速・早急もしくは例外的なものである可能性があるため，McLendon（2003c）は高等教育政策研究の精緻化と厳格化について時系列データの歴史的解釈とケーススタディの横断的な比較分析が有効であると指摘する（p. 185.）。EHAは，全米各州を横断的にカバーしつつ時系列的なデータ分析を可能にするものであり，この手法を利用した最近の論考はこうした課題を意識したものと言えるだろう。しかしEHAでは波及の有無の要因分析に力点が置かれるため，従来的な過

程分析のようにビビッドな記述や解釈に欠け，上述のように分析対象もまた限定されるので，対象としている政策の分析が目指されているのか，EHAの説明力が検証されているのかが判然としない印象がある。

また質的方法についても新しい試みがなされている。たとえば，Leslie & Novak (2003) は，5州におけるガバナンス改革の事例を取り上げ質的な発見的方法論 (qualitative heuristic method) を用いて，インタビューや政策文書などを材料に，どのような変化やイシューが改革につながったのか，何をどう改革したのか，主なアクター達の行動と動機は何だったのかなどの点について，ガバナンス政策の解釈を試みている。また McLendon & Hearn (2006b) は，特に政策過程分析ではないものの，20世紀後半にアメリカの各州で州政府の活動について情報公開のアクセスを拡大するという Sunshine Laws を対象に，6州の政策担当者ら92名のインタビューを行い，その870頁に及ぶトランスクリプトから GTA (Grounded Theory Approach) 的に97のコードを抽出し，さらにそこから12の重要なカテゴリーを摘出して分析を加えている。この方法論は，筆者ら自ら留保しているように，重要な関係者すべてにインタビューしたわけではないこと，社会的望ましさによるバイアス (social desirability bias) の可能性があること，など社会調査全般に内在する課題もあるが，今後の政策過程分析における質的分析の手法を考える上で参考になる。

このように量・質的な手法の精緻化や試行錯誤が進められてきている。しかし Bastedo (2007) が指摘するように，様々なモデルが高等教育政策に援用されてきたものの，未だにどのモデルが最も有効かは不透明なままであり，今後も異なるモデルの開発を模索する必要があろう (p. 298.)。そうした課題に対しては，ケーススタディであっても単一・短期ではなく長期にわたる事例を複数用意しつつ，複数モデルの援用を批判的に適用して政策形成・決定に関するメカニズムの説明力を増す，といった新しい方向を目指す研究も見られる。以下では，こうした方向での研究をいくつかレビューしておこう。

(b) 複数モデルの援用

McLendon (2003a, 2003b)，Ness & Mistretta (2009)，Ness (2010a) な

どは，複数モデルの援用とその検証によって政策過程を分析している研究群である。

　まず McLendon（2003a）は，高等教育のガバナンス改革について，アーカンソー，イリノイ，ハワイというそれぞれ人口構造，政治体制，教育制度が大きく異なりながらも，しかしいずれの州も1995年以降に同じように分権化を進めてきた3州を取り上げ，61人にわたる政策アクターへの半構造化インタビュー，各大学・州政府の公式文書，新聞記事，歴史的記録などから，その政策過程を分析している。そこで援用されるモデルは，合理的＝包括的モデル，インクリメンタリズム，政策の窓の3モデルである。そして，高等教育政策のアジェンダはこれまでの理解のようにインクリメンタルなプロセスを辿るというよりは，むしろ突発的で予測できない形で突如として起こるものであるとして，上記3つのモデルの適応具合から政策の窓モデルの有効性を指摘しながらも，同時に大学－州政府間における規制的改革という高等教育の特定イシューである点を考慮に入れつつ，各州の文脈に即した修正モデルを提示している[5]。

　また McLendon（2003b）は，大学自治や管理運営の在り方について，植民地時代から戦後の政府による統制まで歴史的に追いかけつつ，特に1980年代から90年代におけるガバナンス改革のパターンを中央集権的，規制緩和と分権的にカテゴリー化し，これらの政策の変化が起こったメカニズムについて，政策の窓，断続平衡，政策イノベーション・波及を適用しながら分析を試みている。どのモデルが政策変容を解釈するのに最もフィットしているかというよりは，むしろそれぞれのアプローチ（「政策過程研究に対する異なるレンズ」）を利用することによって，高等教育のガバナンス研究に対して，この3モデルから導き出される具体的な研究課題を抽出している（p. 118.）。そしてこれらのモデルの適用可能性と適用範囲を検証しつつ，その精緻化を試みることを提唱している（p. 130）。

　Ness & Mistretta（2009）ならびに Ness（2010a）は，メリットベースの奨学金の基準が各州ごとにどのように決定されたかを，3つのモデル（唱道連携，政策の窓，選挙関連（Electoral connection）[6]）を援用しつつ，前者はノースカロライナとテネシー州を，後者はニューメキシコ，テネシー，ウェ

ストバージニアの3州を取り上げ，それぞれの州における政策文書と数十名に上る政策アクターへのインタビューから分析を試み，上記三者を融合したモデルを提起している。

これらの研究は，短期間の単一事例ではなく複数事例を長期にわたって観察し，既存モデルの事例への単なる当てはめではなく複数のモデルを批判的に適用している。さらに，事例とモデルとのずれを析出させた上で，モデルへのフィードバックを行いその修正や統合を図っており，前項の量的・質的な手法の精緻化・洗練化とともに，今後の研究手法に重要な示唆を与えてくれている。

2. 日本における研究動向

さて，わが国の（高等）教育政策の過程分析について目を転じてみると，わが国でも2000年代，特にその後半から研究の蓄積が着実に増えてきている。以下では前節のアメリカでの過程分析モデルを引きつつ，国内での最近の研究動向を概観しておこう。なお2000年代前半までの先行研究については橋本（2008）を参照されたい。

まずアメリカでも有効なモデルとしてあげられていた政策の窓モデルであるが，それに依拠した論考として，二宮（2005，2007a），朴（2011，2014）などがある。まず二宮（2005）や朴（2011）は Kingdon の政策の窓モデルの高等教育領域への援用可能性を論じ，二宮（2007a）は，いわゆる高等教育の50年代後期計画の中で高学歴化問題への対応が決着しなかった（窓が開かなかった）プロセスを考察している。さらに朴（2014）は，韓国の「法学専門大学院」の成立（2009年）に至る政策過程にこのモデルを援用し，学歴主義的な国民の心性や固定観念を視野に入れながら，専門職養成に関わる韓国の高等教育の政治的構造と，そこに常に大きな影響力を行使してきたソウル大学法学部のヘゲモニーのロジックを解明している。

また唱導連携モデルについては，科学技術大学の設立を事例として取り上げ，信念システムのカテゴリーを抽出しつつ，2つの唱道連携グループによ

る政策過程を考察した二宮（2006），同じく産業医科大学設立の政策過程に援用した二宮（2007b）がある。

政策波及モデルならびに EHA については，高校入試改革ではあるがその普及を扱った中澤（2002）のほか，高等教育政策ならびに組織・制度の改廃に援用した分析として村澤（2009a，2009b，2010b，2011）がある。たとえば，村澤（2009a）では，設置基準大綱化以降の自己点検・評価を事例に取り上げ，政策の波及と機関の意思決定・行動についての要因として，設置者（国立）依存，時間依存，垂直波及，水平波及，内部先行要因の5つを析出させている。また村澤・大場（2011）では，ボローニャ・プロセスについて同様の分析を行っている。

またその他のモデルの援用については，Bachrach & Baratz（1963）の「非決定」に着目しながら，1970 年代における産業大学の設立構想を跡づけた二宮（2013），受託研究制度が導入された政策過程を事例として，Lindblom 以降の漸増主義モデルを下敷きとしながら，アクター間の信念と目的それぞれの一致と対立を論じた二宮（2009）がある。

なお，過程モデルに依拠しないながらも政策形成・決定の過程を丹念に追いかけた研究や政治アクターを考察した研究として，戦後日本における専門職業教育の長期にわたる議論をトレースしながら2000年代以降に立ち現れてきた専門職大学院の形成過程を追いかけた天野（2004），市場原理を基調とした行財政改革の中で国立大学の在り方を問いつつその法人化の形成と決定過程を詳細に考察した天野（2008）ならびに大﨑（2011），2000 年代における高等教育政策をめぐる産業界・文科省・経産省などの政治的構造を考察した吉田（2012），インターンシップ制度をケースとしネットワーク化したアクター群と新たなアイディアとの関係を考察した橋本将志（2013）などがある。

次に，高等教育研究から教育全般における政策，行政，制度研究に視野を広げると，特にモデルの援用を志向しないものの，政策過程に着目した論考も増えてきている。たとえば，教育供給の多元化という構造変化を反映した中央政府における政策決定の変容を論じた荒井（2008c），教育における政治的構造の国際比較を行い，近年の日本の教育改革に関わる政策と制度を浮き

彫りにした Nitta（2008），1990 年代以降の教育政策過程の変容の中でアクターと内容をめぐる新たな対立軸を浮き上がらせた広田・武石（2009）などがあげられる。また政策過程の中でこれまで蓄積が少なかった実施過程に着目したものとして，設置認可行政を取り上げた朴澤（2000）がある。

また教育行政学においても政治学理論を積極的に援用した研究が蓄積されている。ショッパ（1991＝2005）を引きながら，政策共同体とその対立に着目する重要性を指摘した村上（2009），2000 年以降の自民党政治によって進められてきた教育行財政制度の改革と自治体レベルでの問題を検討し，特に文教族の政治的影響力の後退を指摘した小川（2010），政治学理論を援用しながら教育委員会制度改革を考察し，戦後の教育行政についてこれまでの通説であった縦割り集権モデルではなく，むしろ横割り的な相互調整システムが特徴的であることを分析した村上（2011），政府間関係論を基礎に，少人数学級編制導入の政策過程を取り上げ，政策共同体モデルと PA 理論により教育行政の分権改革を実証的に分析した青木（2013）などがあげられる。

また近年，特に研究が進められてきている分野に，私学制度の政策過程がある。戦後については渡部（2007）の他，荒井の一連の研究が目を引く（たとえば，荒井 2006a，2006b，2007，2008a，2008b，2009a，2009b）[7]。また荒井は私学制度という分析対象の開拓だけではなく，その方法論の精緻化と開拓を提唱している。たとえば，荒井（2011a）では教育制度研究に新たに新制度論の援用の可能性を論じ，また荒井（2012）ではさらに踏み込んで歴史的制度論に焦点を絞り，教育制度研究における課題と展望を論じている。また荒井（2011b）では，新制度論のみならずアクターの「アイディア」と，その影響力に着目している。なお，この「アイディア」や「知識」に着目し，占領期における教育改革がどのような理念のもとに法令化・制度化されていったのかについて実証分析を行った研究として徳久（2008）が，また国立大学法人化と学習指導要領改訂を事例として取り上げ，その政策形成過程への影響と役割を論じた合田（2009）がある。

以上のように，2000 年代以降，高等教育分野では限られてはいるものの，政策過程論もしくはそのモデルに依拠した教育政策研究が数多く蓄積されてきており，新たな理論モデルの援用や探索が続けられている。

3. 課題と展望

 以上のように，日米ともに2000年代後半に入ってから，高等教育政策の過程分析には，新たなモデルや手法を援用したケーススタディが着実に蓄積されてきていることがわかる。最後に，これらの研究群の成果を踏まえて，今後の研究の展開，特にアメリカと比較しつつわが国における研究上の課題について整理しておきたい。
 まず，モデルの援用とケースとのズレならびにその解釈の問題である。上述のように，ここ20数年来の政策科学分野における政策過程に関するモデル・理論の発展はめざましい。政策過程分析のモデルは，プロセスの整理と単純化，重要な要素の特定を通じて公共政策の因果関係についての仮説を提示し（縣・藤井編2007，214頁），様々な分野に適用可能な一般性と予測性が期待されている（岩崎編2012，40-42頁）。本章で取り上げたモデルには，すでに見たように様々な限界や課題があるものの，混沌とした高等教育政策の形成・決定のプロセスを解きほぐす仕掛けとなることに疑義はないだろう。しかしケースとして取り上げた政策にモデルを適用する際，そのモデルと実際のケースとの間には，当然ズレが生じる。このズレについて，恣意的に看過したりモデルの適用範囲外として切り捨てるなら，まさにプロクルステスの寝台ともなりかねない。むしろズレそのものが生じるメカニズムを探ることが重要であろう。特に日本の高等教育政策にアメリカでの他の公共政策で培われたモデルを適用する場合，そのズレは彼我の政体の在り方や政策レベルの相違からくるものか，あるいは他の公共政策と高等教育政策との相違から生じるものか，などについて慎重な考察が必要だろう。またそのズレに着目することで，他の説明要因を発見し，新たなモデルを作り上げる契機となるかもしれない。さらに1節5項で取り上げた研究群のように，あるケースに複数のモデルの適用を試み，その説明力の度合いを比較することでそれぞれの汎用性を検証することが可能になるとともに，ケースとして取り上げた政策過程のダイナミクスを多角的・複眼的に考察することにもつながるだろう。

次に，取り上げるイシューやアジェンダ，ならびにプロセスの段階についてである。政策は，冒頭にも触れたように，個別の大学・学部レベルから政府もしくは国際的なレベルまで多層にわたっており，あらゆるケースを政策過程分析（のモデル）の俎上に載せるのは難しい。ケースを取り上げる場合でも，アメリカにおいては連邦政府もしくは全国レベルでの政策過程を対象とする際には，すでに見たように奨学金制度，財政政策，ガバナンス改革などに集中・限定されざるを得ないが，わが国では様々なイシューやアジェンダが取り上げられている。このことは，わが国においては政策過程分析の適用範囲が広く，見方を変えれば未開拓の分野も数多く残されていることの証左でもあろう。ただし，政策過程論ではこれまでにも指摘されてきたことだが，分析対象の中心となってきたのは主に政策の形成・決定段階であり，実施段階や終結・評価についての考察については今なお手薄な感は否めない。したがって，多様なレベルの幅広い高等教育政策について，モノグラフ的な作業を含めて掘り起こし，プロセス全般をカバーするような研究も必要であろう。

最後に，手法の精緻化，洗練化と依拠するデータ・資料の問題である。アメリカの研究では，質的な手法としては数十名を対象としたインタビューが多用されている。またその分析方法についても発見的アプローチやGTA的な手法を取り入れるなど，分析の精緻化を図ろうとしている。一方，わが国ではインタビューを本格的に取り入れて分析した研究はまだ数少ない。小川 (2010) や荒井 (2008d, 2009c) などでは，文部科学省の現役・退官官僚らへのインタビューがなされており，こうしたオーラル資料は今後重要なデータソースとなっていくだろうが，彼らの守秘義務などによる限界に鑑みて，他の政策アクターにもインタビューを積極的に広げていくことが求められていよう。またアメリカでは量的分析の手法としてもEHAをはじめとする多変量解析が取り入れられ始めている。今後，わが国でもこうした計量的な手法を積極的に取り入れていく必要もあるだろう。

第3章　高等教育政策の過程分析

[注]

1) なお高等教育分野の政策研究は，英文文献では"higher education policy"もしくは"politics of higher education"などに包括されることが多いが，ここではpolicyとpoliticsを特に区別せず，高等教育政策研究として一括する。また「政治」過程論と「政策」過程論の相違についても特に区別せずレビューを行っているが，その区別については橋本（2008, 62-64頁），岩崎編（2012, 10-12頁）を参照されたい。

2) McLendon (2003c) は，高等教育の政策共同体と，ファンディングの決定や規則・手続きを決定する重要な全国レベルの団体との相互作用に留意する必要も説いている（p. 172.）。なお，アクターとしての政治家ならびに利益集団についての近年の研究としては，ここ四半世紀以来，ヘルスケアや医療福祉に比べて財政支出が減少してきている高等教育について，1984年から2004年間の49州のデータをもとに政治，経済，人口，教育条件などの変数による経年分析を行い，その適正配分に果たす政治家の役割について考察したMcLendon, Hearn, & Mokher (2009)，高等教育政策の形成・決定における利益集団のインパクトを，州政府の高等教育財政を事例に様々な変数を投入した多変量解析によって分析し，政府支出の配分政策過程において利益集団の存在とそのロビー活動の影響が大きいことを指摘したTandberg (2010)，政策形成・決定における中間団体の重要性を指摘したNess (2010b) などがある。

3) PA論はプリンシパル（依頼人：たとえば政治家）が自らの利益のためにエージェント（代理人：たとえば政治家に対する官僚）に労務の代行・実施を委任する関係を想定し，その政治現象をインセンティブや監視の側面から分析するものだが，高等教育政策では政策過程モデルというよりは高等教育のガバナンス研究に援用されている。ここでは詳しく取り上げないが，このモデルを高等教育に援用した研究として，Nicholson-Crotty & Meier (2003), Kivisto (2005), Lane (2007) などがある。たとえば，Nicholson-Crotty & Meier (2003) は，各州の高等教育のガバナンス構造が政治的諸力をいかに促進するかあるいは障害になるかを，それぞれの官僚制構造に着目しつつ，47州の8年間のデータを用いた多変量分析を通してこのPA論の有効性を検証している。Lane (2007) は，イリノイ・ペンシルベニア両州を事例として，関係者へのインタビューと様々な文書の内容分析から，州政府による大学活動への外部監視（external oversight）のメカニズムとタイポロジーを分析している。またLane & Kivisto (2008) では，PA論の概要と，その高等教育への援用の可能性，さらには今後の研究課題が考察されている。

4) 全国ならびに連邦政府の高等教育政策として，McLendon（2003c）でも十数点に上る論点があげられているが，アファーマティブアクション政策，ガバナンス改革，学術プログラムに関する政治などを除くと，その多くは奨学金，公支出配分，財政・財務に関わるものである（pp. 170-1.）。
5) Tandberg & Anderson（2012）は，このMcLendon（2003a）の修正モデルをマサチューセッツ州の高等教育政策（高等教育のガバナンス再構築というアジェンダを州の優先順位の最上位に押し上げた）に適用させ，このモデルが単に分権化政策だけでなく他の政策にも適用可能なこと，また歴史的・文化的な影響が重要であることなどを指摘している。
6) Mayhew（2004＝2013）によるモデルで，政治家は次の選挙での当選の可能性を最大化させる行動原理を採る，というもの。その再選を目指して，政治家は自らの功績を主張し，立場を表明し，自らを宣伝するという3つのテクニックを取るとする。
7) なお私学制度・政策の近年の研究としては，戦前期に関しては森川（2006a, 2006b, 2007），伊藤（2008, 2009, 2013），戦後の拡大期以降に関しては両角（2010），米澤（2010）などがある。

第 2 部

高等教育政策におけるアクターとイシュー

第2部では，前章までの政策研究ならびに政策過程論の知見と方法論を受けて，戦後日本における高等教育政策に関わるイシューとアクターについて分析する。

　先の第3章では，わが国の高等教育政策について，マクロからミクロに至る様々なレベルに様々なイシューが存在しており，その政策過程の分析が可能であることを指摘した。では戦後においてどのようなイシュー・政策が取り上げられてきたのか，またそれらを論じてきたのはどのようなアクターか。この部では，戦後日本における高等教育領域のイシューとアクターについて，国会会議録や新聞記事を利用した計量テキスト分析などに依りながら，その俯瞰を試みる。

　まず日本の公式な政治アリーナである国会において戦後65年にわたり高等教育政策の形成・決定に重要な役割を果たしてきた国会議員の発言（量的推移と内容変化）を取り上げ，その計量的な分析を通じて高等教育政策に関わる政治アクターとイシューを抽出・解明する。具体的には，「国会会議録」を利用して国会（文教関連委員会）における発言の回数・量などをその政治的影響力の代理指標として計量化し，重要な役割を果たしてきた政治家（国会議員）376名（衆議院236名，参議院137名，民間3名）を同定し，中核的な集団であるコアグループとそれを取り巻く中間ならびに周辺グループに分類する。

　その上で，第4章では彼らの社会的特徴を考察し，その学歴，選出母体，出身地などから彼らが高等教育政策にいかなる形で影響力を行使してきたかを考察する。次に第5章で，彼らの発言内容を計量テキスト分析の手法を援用しながら，どのようなイシューが取り上げられてきたのかを分析する。

第4章
戦後日本における高等教育関連議員の構造分析

1. はじめに

　本章は，戦後日本の高等教育において重要な役割を果たしてきた政治家（国会議員）を同定し，また彼らの社会的特徴を考察することで，わが国の高等教育を取り巻く政治構造と政策形成・決定における影響力パターンを解明する端緒とするものである[1]。

　さて，戦後日本における様々な政治アクターの研究は，政治学の領域を中心に数多くの成果が蓄積されてきた。中でも国会議員について，その社会集団としての特徴（選出母体，学歴，前職など）を量的に分析したものとしては，古くは藤原（1959）から社会学研究会編（1976），中編（1980），居安（1987），伊中（2000），東大法・蒲島郁夫ゼミ編（2000），吉野他編（2001），福元（2004，2007），福元・脇坂（2004），東大法・第5期蒲島郁夫ゼミ編（2004，2005），川人（2011）など一連の研究がある。特に自民党政権下における「族議員」研究（猪口・岩井 1987 など）では，自民党の様々な政調部会にコミットメントする議員らの属性分析から，その政治的志向性やリソースなどが分析されてきた。また（高等）教育政策の領域に目を転じてみれば自民党「文教族」の学歴，前職，派閥構成などの分析から教育と政治との相互作用を論じた熊谷（1973），同じく文教族の「縄張り」やキャリアなどから，下位政府論に則って彼らを教育政策形成の内部アクターと見なし，その影響力行使の実態を論じた Schoppa（1991＝2005）などがあげられる。また Pempel（1978＝2004）も，各種審議会の委員の分析から官僚（経験者）の

影響力を指摘している。

　しかし，これらの研究の主たる対象は，ある一時期における政権与党の政治家などに限定されていると言える。つまり，戦後全体をカバーしてその変容を考察すること，また自民党などの政権与党だけではなく社民党などの野党を範疇に入れること，さらに国会での政治活動（国会活動）に基づいてその相違を分析することが必要である。

　そこで本章では，わが国の戦後65年間をカバーしつつ野党を含めた政治家と実際の国会議論を対象とし，高等教育を取り巻くより包括的な政治構造と影響力を分析する糸口を探ることを目的とする。

2. 資料とデータ

　まず，戦後日本の高等教育政策に深く関わってきた政治家を同定する必要があるが，その抽出方法として，上記の文教族に関する研究では，自民党文教部会・文教制度調査会へのコミットメントの多寡が指標とされている。また国会の文教関連委員会における委員や理事，文部（科学）省の政務次官や大臣経験などを基準に抽出する方法も考えられる[2]。ただし，これらのデータで拾い上げられるのは与党議員がメインであり，また実際にどのような政治的言動を行っているかは不明確である。そこで本報告では，国会という公式かつ正統的な政治アリーナでの活動に着目する。具体的には，国会の文教関連委員会において，高等教育を政治課題として取り上げた議員の「発言量」を手がかりとする[3]。文教関連委員会での発言は，委員（大臣・政務次官なども含む）としての在任期間，発言回数，所属会派の議席数に応じた発言時間，会派の中での調整など様々な要因に左右されるが[4]，その総和としての発言量の多寡は，高等教育政策へのコミットメントと影響力を反映しているものと想定できる。

　そこで第1回国会（1947年5月20日）から第179回国会（2011年12月9日）までの衆参両院の「文教関連委員会」において「高等教育」と発言したすべての議員を特定・抽出した[5]。そして議員ごとに高等教育に関連する

発言の総語数のほか，発言時期・回数・身分，選出ブロック，院・党・会派，在任日数などの基礎的なデータ，さらには出生年，出身地，最終学歴，前職など個別データをインプットし，データベースを作成した[6]。この作業により，高等教育の関連議員として合計376名（衆議院236名，参議院137名，民間3名）を抽出した。戦後日本の歴代国会議員は，衆議院2,834名，参議院1,417名（2011年1月末までの延べ数。重複含む）であるから，衆議院全体では約8.3%，参議院では約9.7%が，この領域の関連議員と見なすことができる。

そして発言量の多寡と総発言量に占める割合から，①「コア」（発言総量10,000語以上：86名，関連議員全体の総発言量の75%。さらに「第1コア」（発言総量20,000語以上：37名），「第2コア」（10,000〜19,999語：49名），②「中間」（2,000〜9,999語：144名，同じく総発言量の20%），③「周辺」（1,999語以下：146名，同じく総発言量の4%）の4グループに分類した。「コア」グループだけで総発言量の4分の3を占めており，公式の政治アリーナにおける高等教育政策の形成・決定にきわめて重要なアクターとして大きな影響力を行使してきた（いる）と見なしてよいだろう（以下，それぞれのグループは「コア」「中間」「周辺」などと略記）[7]。

なお，発言量の多寡は議員に選出される時期や在任期間の長短に影響されるとも考えられるが（たとえば古手の議員の方が長い期間議員生活を続けているため発言量が多くなる可能性がある），むしろ初めて高等教育に言及した議員は，「数」で見ると1964年以前ならびに1995年以降は中間と周辺の方が圧倒的に多く，65〜94年間においても三者はほぼ拮抗している。つまり高等教育について発言する議員「数」はどの時期を取っても中間や周辺に多いが，発言の「量」はコアに比べてきわめて少ないということである（つまり古手の議員だからといって，高等教育政策に強い関心が持続しなければ発言量は多くならない）。したがって，選出時期や在任期間の影響は特段考慮しなくてもよいと考えられる。

3. 分析結果

　以下では，上記のデータベースを利用して，高等教育関連議員に関する社会的属性を考察する。特に議院や，コア・中間・周辺のグループごとの差異に着目して分析を進め，高等教育政策に関わってきた政治集団の構造について考察する。

(1) 出生年代

　まず，衆議院・参議院両院ともにコアは1925～34年生まれの者が最も多く，参議院では3割を超えている（図4-1）。また両院の1935～44年生まれの者を合わせると，この戦前期20年間に出生した者が全体の半数以上にも及ぶ一方，戦後生まれは両院ともに限られていることがわかる。一方で中間や周辺は，両院ともにどの年代にも分散しているが，戦中期の1935～44年間ならびに1945～1954年間の戦後生まれが多いことがわかる（ただし多重比較による検定では両院それぞれグループ間の平均値に有意な差はない）。つまりコアは昭和1ケタ台の前後の世代が多く，一方で中間・周辺は戦後世代が多いことが指摘できよう。それぞれのグループの時代による社会背景や教育経験は，その政治活動に大きな影響を与えていると考えられる。

(2) 議員選出の年齢

　次に，議員に初めて選出された年齢であるが（図4-2），参議院では40代後半から50代後半，衆議院ではそれよりも5歳ほど若く40代前半から50代前半が多い。参議院については，後述するように全国区選出の議員が半数近くを占め，また様々な職業領域からの選出ということもあり，衆議院よりも議員になる年齢が遅れていると見てよいだろう。

　またグループごとに見てみると，参議院のコアでは50代前半が3分の1を，また衆議院コアでも同様に3分の1が40代後半に集中しており，両院とも他の中間と周辺の2グループが分散している一方で対照的な傾向を示している（ただし多重比較による検定では両院それぞれグループ間の平均値に

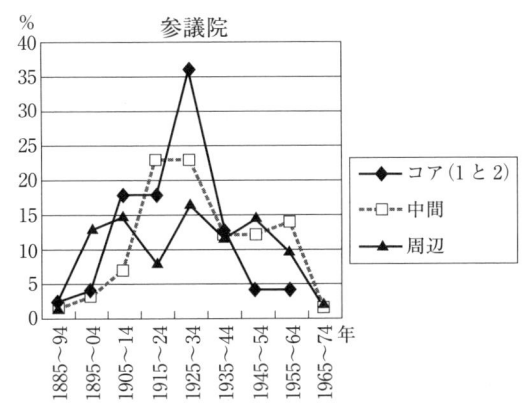

第4章　戦後日本における高等教育関連議員の構造分析

議　院	出生年代	グループ			合　計
		コ　ア(1と2)	中　間	周　辺	
参議院	平均値(年)	1926.2	1932.4	1928.5	1929.7
	中央値(年)	1927	1932	1930	1929
	実　数(人)	22	56	59	137

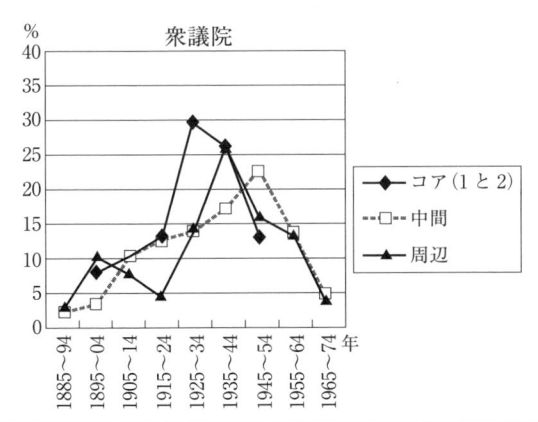

議　院	出生年代	グループ			合　計
		コ　ア(1と2)	中　間	周　辺	
衆議院	平均値(年)	1929.3	1936.3	1934.7	1933.9
	中央値(年)	1930	1939	1940	1936
	実　数(人)	61	88	87	236

図 4-1　グループごとの出生年代

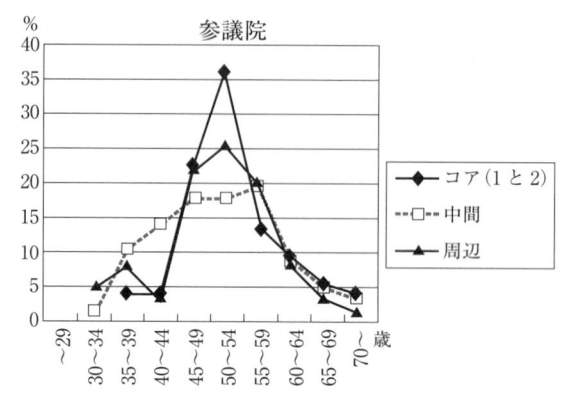

第2部 高等教育政策におけるアクターとイシュー

参議院

議　院	出生年代	グループ			合　計
		コア(1と2)	中　間	周　辺	
参議院	平均値(歳)	53.0	50.8	51.3	51.4
	中央値(歳)	52	52	52	52
	実　数(人)	22	56	59	137

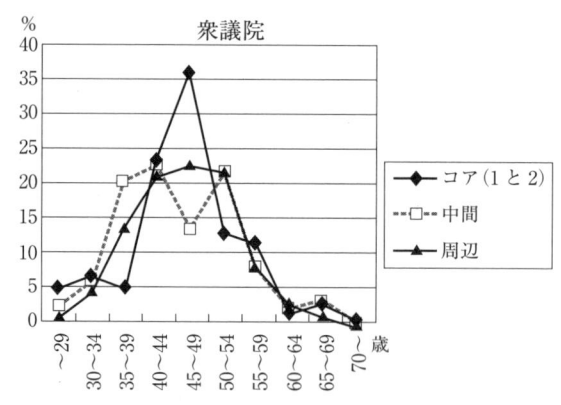

衆議院

議　院	出生年代	グループ			合　計
		コア(1と2)	中　間	周　辺	
衆議院	平均値(歳)	45.1	45.2	46.7	45.7
	中央値(歳)	46	44	47	46
	実　数(人)	61	88	87	236

図 4-2　グループごとの選出年齢

有意な差はなかった）。これは，両院のコアが政治家として最も活動的と考えられる年齢期に選出された者が多いグループであり，高等教育政策について他の2グループより積極的な関与を行ったと言えるかもしれない[8]。

(3) 選出ブロック

さて次に各グループの選出ブロックを見てみよう（表4-1）。両院いずれにおいても，コアは東京，東海，近畿など大都市圏を抱えるブロックの選出者が多い傾向にある。一方，周辺は中国・四国，九州・沖縄ブロックの選出比率が高い。またこうしたコアならびに周辺に関する傾向は，国会議員全体の選出比率（表4-1の右端）と比較しても当てはまっている。以上のように，コアは大都市圏出身者，周辺は四国・中国・九州・沖縄を中心とした議員か

表4-1 グループごとの選出ブロック

議院	選出ブロック	グループ			合計	各議院全体選出比率
		コア(1と2)	中間	周辺		
参議院	北海道・東北	4.5	5.4	8.5	6.6	8.3
	関東(南・北)	9.1	10.7	8.5	9.5	11.6
	東京	4.5		1.7	1.5	4.1
	東海・北陸・信越	13.6	8.9	10.2	10.2	12.4
	近畿	13.6	7.1	3.4	6.6	8.3
	中国・四国	4.5	3.6	13.6	8.0	8.3
	九州・沖縄	4.5	8.9	10.2	8.8	7.4
	比例代表	45.5	55.4	44.1	48.9	39.7
	合計(%)	100.0	100.0	100.0	100.0	
	実数(人)	22	56	59	137	
衆議院	北海道・東北	14.8	13.6	13.8	14.0	12.3
	関東(南・北)	11.5	15.9	13.8	14.0	22.5
	東京	11.5	6.8	6.9	8.1	8.8
	東海・北陸・信越	19.7	17.0	14.9	16.9	17.7
	近畿	16.4	18.2	16.1	16.9	16.0
	中国・四国	11.5	15.9	18.4	15.7	10.4
	九州・沖縄	14.8	12.5	16.1	14.4	12.3
	合計(%)	100.0	100.0	100.0	100.0	
	実数(人)	61	88	87	236	

ら構成されており，こうした都市（中央）と地方という差異も，グループごとの政治活動（たとえば取り上げる政治課題など）に反映されていると考えられる。なお，参議院ではどのグループも比例代表の選出率が高いが，これは後述の前職分析からもわかるように，参議院では教育領域の職歴経験者が多く，そうしたバックグラウンドから選出された結果とも言えるが，逆に見れば（高等）教育という政策課題が全国民的な感情触発性（Pempel 1978=2004）を有していることを裏付けてもいる。

(4) 所属政党

さて，それぞれのグループはどのような所属政党・会派の構成になってい

表 4-2　グループごとの所属政党

議院	政党	グループ			合計
		コア (1と2)	中間	周辺	
参議院	自民党	27.3	26.8	35.6	30.7
	社会党	45.5	17.9	16.9	21.9
	共産党	4.5	14.3	5.1	8.8
	公明党	9.1	17.9	11.9	13.9
	民社党・新進党・自由党	9.1	1.8	5.1	4.4
	民主党	4.5	16.1	10.2	11.7
	参議院会派		5.4	15.3	8.8
	合計(%)	100.0	100.0	100.0	100.0
	実数(人)	22	56	59	137
衆議院	自民党	65.6	37.5	47.1	48.3
	社会党	16.4	17.0	16.1	16.5
	共産党	4.9	3.4	2.3	3.4
	公明党	4.9	8.0	8.0	7.2
	民社党・新進党・自由党	1.6	14.8	10.3	9.7
	民主党	6.6	19.3	16.1	14.8
	合計(%)	100.0	100.0	100.0	100.0
	実数(人)	61	88	87	236
民間	民間	100.0			100.0
	合計(%)	100.0			100.0
	実数(人)	3			3

注：各政党はその母体，前身となった政党などを包摂している。

るだろうか（表4-2）。

　まず議院別に見てみると，参議院のコアでは社会党が半数近く，また3割近くを自民党が占めている。中間や周辺でも自民党は3分の1前後を占めているが，社会党も2割弱で他の政党よりも多いことがわかる。一方，衆議院のコアは6割以上が自民党であり，社会党は2割を切っており参議院と対比的である。また中間・周辺にも自民党の割合が高く他の政党はおしなべて低い。

　また政党・会派別に見てみると，共産党，公明党ともに衆議院よりも参議院の方が比率が高く，これは上述のように比例代表からの選出によるものと考えられる。

　これまで高等教育政策の形成・決定のパターンの一つとして（特に1970年代まで），自民党を中心とする保守勢力と社会党を軸とする革新政党との「陣営対立」型が取り上げられてきたが（Pempel 1978＝2004），そうしたパターンは衆議院よりも参議院に特徴的である（あった）可能性が指摘できるだろう。一方で議案・議決が優先する衆議院では，特にコアにおいて自民党がきわめて優勢であり，文部官僚と連携したボトムアップ的な政策形成のプロセスが支配的である（あった）とも言えるだろう。つまり，議院によって議論の形態やプロセスが異なっていることが示唆されている。

(5) 学歴構成

　次に，各グループの学歴構成を見てみたい（表4-3）。

　両議院ともに指摘できるのは，コア→中間→周辺と，東大，京大，国（官）公立大学の三者の卒業生の比率が下がる傾向にある一方で，早慶以外の旧・新制私立大学出身者の割合が増加している点である。特に衆議院でそうした傾向が顕著である。また早大・慶大出身者については，たとえば熊谷（1973，52頁）では1970年代前半期には衆議院の「文教専門議員」で3割近くを占めるなど（早大：20.6％，慶大：8.8％），これまで文教族の研究では両大学の出身者が自民党文教族として大きな影響力を持っていることが指摘されてきた（ほかに佐藤・松崎1986など）。本章の分析でも，一定の勢力を維持していることがわかる。ただし参議院では早大出身者は4％程度で，

第2部　高等教育政策におけるアクターとイシュー

表4-3　グループごとの学歴

議院	学歴	グループ			合計
		コア(1と2)	中間	周辺	
参議院	東京大学	18.2	10.7	15.3	13.9
	京都大学	9.1	3.6	5.1	5.1
	早稲田大学	4.5	3.6	5.1	4.4
	慶應義塾大学	0.0	0.0	0.0	0.0
	旧制師範学校	27.3	8.9	11.9	13.1
	外国大・院	4.5	5.4	3.4	4.4
	旧制中等学校	4.5	7.1	1.7	4.4
	旧・新制私立大学	4.5	17.9	16.9	15.3
	旧官立・新制国公立大学	27.3	33.9	25.4	29.2
	短大・専門学校		3.6	1.7	2.2
	義務教育・新制高校卒		5.4	11.9	7.3
	不明			1.7	0.7
	合計(%)	100.0	100.0	100.0	100.0
	実数(人)	22	56	59	137
衆議院	東京大学	24.6	20.5	11.5	18.2
	京都大学	3.3	5.7	4.6	4.7
	早稲田大学	14.8	15.9	11.5	14.0
	慶應義塾大学	14.8	8.0	9.2	10.2
	旧制師範学校	1.6	8.0	5.7	5.5
	外国大・院	1.6	3.4	3.4	3.0
	旧制中等学校	1.6	2.3	1.1	1.7
	旧・新制私立大学	9.8	19.3	32.2	21.6
	旧官立・新制国公立大学	24.6	14.8	14.9	17.4
	短大・専門学校		1.1		0.4
	義務教育・新制高校卒	3.3	1.1	4.6	3.0
	不明			1.1	0.4
	合計(%)	100.0	100.0	100.0	100.0
	実数(人)	61	88	87	236
民間	東京大学	66.7			66.7
	外国大・院	33.3			33.3
	合計(%)	100.0			100.0
	実数(人)	3			3

注：各機関はその母体，前身となった機関などを包摂している。

また慶大は見当たらず，衆議院でもそれぞれ15％，10％ほどであり，これまで指摘されてきたほどには突出しているわけではないが，衆議院ではどのグループでも安定的な割合を保っている点が特徴的であり，グループ・議員を超えたネットワークを構築して，それが文教族としての強みとなっていると言えるだろう[9]。また参議院については，コアにおいて旧制師範学校卒業生が4分の1以上を占めていることがわかる。これは上記のグループ別に見た政党・会派の考察ならびに後述する職歴分析と合わせると，社会党などに所属する労組（日教組）出身者が参議院のコアに多いことによるものと考えられる。

以上のように，グループごとの学歴構成は大きく偏重している。したがって，各議院ならびに各グループで取り上げられる政策課題も，コアでは国公立セクターに，また周辺では私立セクターに関する内容が優先順位が高い（高かった）のではないかと想定される。

(6) 専門領域

ではより詳しく各グループが教育段階でどのような専門領域を専攻したのかを見てみよう。表4-4は旧制・新制のいずれの機関も含み，また中等・高等それぞれのレベルを包摂したものである。まず参議院では，どのグループにおいても教育（学）を専攻した者が約3割を占めている。これは旧制の師範学校ならびに新制の教育学部の卒業生が多いためであるが，コアに限って言えば，法学部がこれと拮抗している。また医・歯・薬といった医療系学部の卒業生が見られるのも参議院のコアの特徴である。一方，衆議院ではいずれのグループも法学，経済学を学修した者が多いことがわかる。教育（学）も少なくはないが，他学部とそれほど差があるわけではない。

このように，両院に共通して他の専門分野（理工，医歯薬）の修了者が一定数存在するものの，参議院では教育（学）が（ただしコアでは法学（部）と拮抗），衆議院では法・経済（学）が多数を占めているという点は両院の際だった相違と言える[10]。前節の両院での政策課題やプロセスの相違に加えて，議員らの教育履歴や学問背景から取り上げる課題に対するアプローチも自ずと異なっていたことを推測させる。ただしこれは具体的な課題それぞ

表4-4 グループごとの専門領域

議 院	専門領域 (旧制・新制)	グループ			合 計
		コ ア (1と2)	中 間	周 辺	
参議院	教育学(旧制師範含む)	27.3	30.4	27.1	28.5
	法学	27.3	10.7	11.9	13.9
	文学	4.5	19.6	8.5	12.4
	工学		3.6	11.9	6.6
	理学	9.1	1.8	1.7	2.9
	経済学(政経・商学含む)	9.1	3.6	11.9	8.0
	農学	4.5	5.4	3.4	4.4
	医学・歯学・薬学	13.6	5.4	1.7	5.1
	その他(新制)		3.6	5.1	3.6
	不明		7.1	1.7	3.6
	なし	4.5	8.9	15.3	10.9
	合計(%)	100.0	100.0	100.0	100.0
	実数(人)	22	56	59	137
衆議院	教育学(旧制師範含む)	14.8	11.4	11.5	12.3
	法学	32.8	43.2	28.7	35.2
	文学	6.6	10.2	9.2	8.9
	工学	8.2	10.2	10.3	9.7
	理学			2.3	0.8
	経済学(政経・商学含む)	24.6	13.6	17.2	17.8
	農学	4.9	4.5	2.3	3.8
	医学・歯学・薬学		1.1	4.6	2.1
	その他(新制)	3.3	2.3	3.4	3.0
	不明	1.6	2.3	2.3	2.1
	なし	3.3	1.1	8.0	4.2
	合計(%)	100.0	100.0	100.0	100.0
	実数(人)	61	88	87	236
民 間	法学	66.7			66.7
	不明	33.3			33.3
	合計(%)	100.0			100.0
	実数(人)	3			3

注:各専門領域は戦前・戦後の領域を包摂している。

第4章　戦後日本における高等教育関連議員の構造分析

表4-5　グループごとの職歴

議　院	前　職	グループ			合　計
		コ　ア (1と2)	中　間	周　辺	
参議院	首長・地方議員	4.5	19.6	23.7	19.0
	官僚	13.6	5.4	8.5	8.0
	議員秘書				
	大学教授・教育関係職	27.3	16.1	16.9	18.2
	地方公務員・教員・教育委員会		1.8	10.2	5.1
	マスコミ		1.8	1.7	1.5
	労組	50.0	16.1	13.6	20.4
	弁護士・医師・住職・作家		10.7	3.4	5.8
	団体職員	4.5	12.5	6.8	8.8
	会社役員・会社員		5.4	8.5	5.8
	その他・主婦・学生		10.7	6.8	7.3
	合計(%)	100.0	100.0	100.0	100.0
	実数(人)	22	56	59	137
衆議院	首長・地方議員	24.6	33.0	34.5	31.4
	官僚	18.0	9.1	6.9	10.6
	議員秘書	14.8	11.4	12.6	12.7
	大学教授・教育関係職	13.1	10.2	3.4	8.5
	地方公務員・教員・教育委員会			5.7	2.1
	マスコミ	3.3	8.0	5.7	5.9
	労組	13.1	9.1	6.9	9.3
	弁護士・医師・住職・作家	1.6	6.8	6.9	5.5
	団体職員	3.3	5.7	4.6	4.7
	会社役員・会社員	8.2	4.5	6.9	6.4
	その他・主婦・学生		2.3	5.7	3.0
	合計(%)	100.0	100.0	100.0	100.0
	実数(人)	61	88	87	236
民　間	大学教授・教育関係職	66.7			66.7
	マスコミ	33.3			33.3
	合計(%)	100.0			100.0
	実数(人)	3			3

注：各職歴は戦前・戦後の職歴を包摂している。

れを取り上げて詳細に検討する必要があろう。

(7) 職歴構成（議員選出直前の職業）

　最後に，議員選出直前の職業を見てみよう（表4-5)[11]。まず参議院を見てみると，コアにおいて労組出身者が半数を占めている点が目にとまる。これは具体的には，ほとんどの場合が日本教職員組合であり[12]，前述のように社会党をはじめとする革新政党を所属政党とする議員である。またこのほかに大学教授・教育関係職に就いていた者も4分の1ほどおり，参議院コアでは教育関連のバックグラウンドを持つ議員らが大多数であることがわかる。ただし周辺では首長・地方議員であった者が4分の1と最も多いなど，コア以外は様々な前職を持つ議員が混在していると言える。衆議院に目を転じると，どのグループでも首長・地方議員であった者が多く，参議院と対照的である。またコア→中間→周辺となるにつれて，その比率が高まっているが，コアでは官僚出身者がこれに次いでいる。

　以上のように，地方の首長や議員は，コアよりも中間・周辺に多く，逆に言えばコアは他の2グループと異なって，地方における政治課題に対する目配りが希薄である（あった）可能性があろう。またコアグループについて言えば，衆議院では地方首長・議員のほかに官僚経験者も多い一方，参議院では日教組出身者が半数を占めるなど，両院それぞれで取り上げられる課題や形態も大きく異なっている（いた）ことが示唆されている。

4. 考察

　以上，国会文教関連委員会での高等教育に関する発言量から，高等教育政策に関連する議員を同定し，その関与の度合いから議院ごとにコア・中間・周辺というグループに分割した上で，その相違に着目して彼らの社会的属性を分析してきた。それは，高等教育に関わる彼らが持つ政治的バックグラウンドやリソースが，公式の政策アリーナにおける政治課題の選好や議論の在り方に影響を及ぼし，ひいては高等教育政策の形成・決定プロセスにもイン

パクトを与えてきたのではないか，という想定に基づいている。以下に本章での分析結果とインプリケーションを整理するとともに，今後の研究課題について言及しておきたい。

　まず，戦後日本65年間における高等教育関連議員376名を同定できたが，これは国会議員全体数（延べ数）のうち，衆参とも1割弱に該当する議員である。本章では「高等教育」に関する発言だけを取り上げており，教育一般に関して発言に対象を広げればより多くの教育関連議員を捕捉できるが，この1割という割合が公式の政治的アクターとして多いのか少ないのか，といった議論はあり得るだろう。国会議員全体の属性分析によるマッピングアウトとともに，他の領域の専門関連議員との比較，その重複・隔絶状況を考察する必要がある。

　またコアグループの議員選出年代を見ると，参議院の性格上衆議院よりも5歳ほど年長ではあるが，40代後半から50代初めという政治家として成熟した年齢で当選している。またその多くは昭和戦前期生まれが大半であり，戦中に幼・少年期を過ごし，高等教育段階で戦争による混乱の時代をくぐり抜けてきた世代に当たっている。その時代状況の中で培われた精神面・教育面での経験は，戦後世代が多い中間・周辺グループと対照的に，高等教育に対する発言内容や政治的スタンスに大きな影響を及ぼしていると推察される。

　また学歴構成，専門領域，職歴構成，所属政党に関する分析結果からは各グループの属性の相違が明らかとなったが，それらの結果を考え合わせつつさらに参議院のコアにおけるモーダルなパターンを抽出してみると，「旧制師範学校−教育学−労働組合−社会党」というパターンが最も多く（27.3％），次に「東大−法学部−官僚−自民党」（9.1％）が続く。したがって参議院コアでは，旧制の師範学校を卒業した教員が日教組などを選出母体とする革新政党と，東大などの法学部出身者の自民党とが陣営対立する構図が浮かび上がってくる。他方，衆議院のコアのパターンとしては，「法学部−官僚−自民党」（11.5％）が最も多く，続いて「経済学部−地方首長・議員−自民党」（8.2％）などとなっており，法学部・経済学部を卒業した高級官僚や地方首長・議員などを前職とする自民党が支配的であり（なお，「経済学部−官僚−自民党」は4.9％，「法学部−地方首長・議員−自民党」は6.6％となって

いる），その他の革新ならびに中間政党がこれに対抗するという図式が続いてきたと言えそうである。このように，高等教育関連議員のバックグラウンドは両院ともに大きく異なることから，取り上げる政策課題やその議論の進め方も大きく異なっていたのではないかと推量される。さらに選出ブロック，所属政党，学歴構成などからすると，コアグループは中央への志向性が強く，地域におけるニーズを看過しがちであり，また国立セクターを重視する傾向が濃厚である一方，周辺グループは地域社会に根ざし，また私立セクターを中心とする課題を選好した可能性が指摘できよう。

　以上のように，両議院ならびに各グループによって，高等教育政策に関与・介入する公的な政治アクターは一枚岩であったわけではない。むしろ，その政策形成・決定においては，公式の政策アリーナにおいても，異なる発想様式や議論の様式が制度化されてきたと言えるだろう。しかし上記の知見は，言うまでもなく彼らの社会的属性から見た一定の推察にとどまっており，今後は全国会議員を対象とする分析の中でその相対化を図るとともに，多変量分析などによってよりクリアな形での考察を深める必要がある。また本章を踏まえた上で，彼らの発言内容そのものに分け入り，議院・グループごとに取り上げられてきた政策課題の詳細な分析を行う必要があるが，そうした課題については次章に譲る。

[注］

1) すでに橋本（2007，2011）において，戦後60年にわたる国会会議録の議事内容の分析を行い，高等教育政策に関わる自民党文教族など主要アクターの抽出，政治課題の内容とその推移などを解明したが，本章はそれを敷衍させたものである。
2) 橋本（2007）では，国会の高等教育関連の審議で言及された政治家名の抽出を試みた。
3) 国会議員の国会での発言（日数，回数）に着目した分析としては野中（1995）がある。なお，発言量の計測には計量テキスト分析用のフリーソフトであるKH Coderを利用した。
4) 委員会の発言順位などについては，向大野（1994）に詳しい。

5)　「国会会議録検索システム」（http://kokkai.ndl.go.jp/）を利用し，戦後の第1回国会（1947年5月20日）から第179回国会（2011年12月9日）までの「文教関連委員会」（衆議院では，「文教委員会」（第1〜2回：1947〜1948年，第22〜150回：1955〜2000年），「文部委員会」（第3〜21回：1948〜1955年），「文部科学委員会」（第151回〜：2001年〜），また参議院では，「文教委員会」（第1〜2回：1947〜1948年，第22〜141回：1955〜1998年），「文部委員会」（第3〜21回：1948〜1955年），「文教・科学委員会」（第142〜150回：1998〜2001），「文教科学委員会」（第151回〜：2001年〜））において，「高等教育」と発言したすべての議員を抽出した。

6)　利用した資料は，大蔵省印刷局1990『議会制度百年史（資料編）』，日本政経新聞社『国会便覧（各年度版）』，政治広報センター『政治ハンドブック（各年度版）』など。また議員のデータなどは第180回国会が召集された2012（平成24）年1月24日直前までを対象としている。

7)　なお，コアの約3割（29.1%）は文部（科学）大臣，2割弱（18.6%）が政務次官・政務官の経験者であり（いずれも「高等教育」についての初発言時点），法案・予算説明の必要から発言量が若干多くなっていることは確かである。ただし発言量について，これらの役職経験者とそのほかの者の間に有意差はない（多重比較による）。

　ちなみに，第1コア37名を発言量順に示すと，以下の通りである（以下，敬称略。所属議院・所属政党は「高等教育」について初めて発言した時点でのものである）。

　1：坂田道太（衆：自由民主党），2：森喜朗（衆：自由民主党），3：嶋崎譲（衆：日本社会党），4：永井道雄（民間），5：有島重武（衆：公明党），6：西岡武夫（衆：自由民主党），7：鳩山邦夫（衆：自由民主党・新自由国民連合），8：有馬朗人（参：自由民主党），9：町村信孝（衆：自由民主党），10：遠山敦子（民間），11：中山成彬（衆：自由民主党），12：奥野誠亮（衆：自由民主党），13：鈴木寛（参：民主党・新緑風会），14：山本正和（参：日本社会党・護憲共同），15：山原健二郎（衆：日本共産党），16：鍛治清（衆：公明党・国民会議），17：海部俊樹（衆：自由民主党），18：高見三郎（衆：自由民主党），19：河村建夫（衆：自由民主党），20：灘尾弘吉（衆：自由民主党），21：安永英雄（参：日本社会党），22：石井郁子（衆：日本共産党・革新共同），23：藤村修（衆：日本新党），24：塩川正十郎（衆：自由民主党），25：中西績介（衆：日本社会党），26：小杉隆（衆：新自由クラブ），27：中島源太郎（衆：自由民主党），28：高木義明（衆：民社党），29：田中龍夫（衆：自由民主党），30：伊吹文明（衆：自由民主党），31：中曽根弘文（衆：自由民主党），32：高木健太郎（参：公明党・国民会議），33：山中吾郎（衆：日

第 2 部　高等教育政策におけるアクターとイシュー

本社会党），34：井上裕（参：自由民主党・自由国民会議），35：赤松良子（民間），36：馬場昇（衆：日本社会党），37：本岡昭次（参：日本社会党）。これらのうち，自民党所属の議員の多くはいわゆる文教族と呼ばれる議員であり，これまでの先行研究とも合致しているが，野党における高等教育関連議員についても析出されており，今後個別の議員活動について考察する際の一定の指標となるだろう。

8) なお中編（1980）によれば，1947 年から 1979 年までの新人議員の平均年齢は，参議院は 53.2 歳，衆議院は 47.7 歳である（同書 47 頁の表 5-2 から算出）。また東大法・第 5 期蒲島郁夫ゼミ編（2005）によれば，1947 年から 2002 年までの参議院新人議員の初当選平均年齢は，どの選挙期においても大体 51～55 歳を推移している。したがって，議員全体と比較してみると高等教育関連議員の選出年齢は 2 歳ほど若いが，参議院の方が衆議院よりシニアである点など，国会議員全体と同じ傾向にある。

9) なお戦後から現在までの国会議員全体のデータ分析は限られているが，いくつかの先行研究のデータに基づいて学歴構成の比較を試みておこう。まず，戦後から 1980 年までの国会議員に限られるが，中編（1980）の「第 2 編　基礎資料」から算出してみると（参議院は第 1～11 回通常選挙の当選実人員 917 名，衆議院は第 23～35 回総選挙の当選実人員 1,746 名），参議院では東大 24.4%，京大 4.4%，早大 4.8%，慶大 2.4%，また衆議院では東大 19.9%，京大 4.9%，早大 9.6%，慶大 3.3% という結果になる（他のカテゴリーは本章と異なるので比較できない）。一方，本章のデータベースから同じく 1980 年までに当選した高等教育関連議員の学歴構成は，東大・京大・早大・慶大の割合は参議院ではそれぞれ 11.9%，8.5%，3.4%，0%，衆議院では同じく 19.0%，5.2%，14.7%，11.2% という構成になっており，上記の議員全体と比較すると，参議院では京大を除く 3 大学の割合がいずれも低く（これは旧制師範学校卒業生の割合が高い（1980 年までの構成比は 28.8% に上る）ことが大きな要因と考えられる），衆議院では東大・京大の比率はほぼ同じだが早大・慶大の割合が高く，両大学の出身者が一定の影響力を持っていたことを裏付けている。また東大法・第 5 期蒲島郁夫ゼミ編（2005）によれば，戦後直後から 2002 年までの参議院議員に限られるものの，当選実人員 1,459 名中東大は 22.5%，京大 4.7%，早大 7.0%，慶大 3.2% という結果が得られている（74-75 頁。なお師範学校などのデータは記載されていない）。一方，本章データベースから同時期の参議院の高等教育関連議員の学歴構成を見てみると，東大 14.4%，京大 5.6%，早大 4.0%，慶大 0% となっており，上記の 1980 年までの比較と同様に，参議院では京大を除く 3 大学の割合がいずれも低い結果となっている。これは 2000 年代初頭に至っても師範学校卒業生の割合が 14.4% を占めて

いるためと考えられる。
10) 中編（1980）から1980年以前の議員全体のデータを算出してみると，参議院の「文・教」専攻は11.6％，「法・政・政経」ならびに「経・商」は40.7％，同じく衆議院の「文・教」は7.3％，「法・政・政経」「経・商」は55.2％という結果が得られる。一方，本章のデータベースから同じく1980年までの高等教育関連議員の専攻を算出してみると，参議院では「文学部」「教育学部」はそれぞれ33.9％，18.6％，「法学部」「経済学部（政経・商学含む）」はそれぞれ8.5％，5.1％である。また衆議院では「文学部」「教育学部」は16.4％，6.9％，「法学部」「経済学部（政経・商学含む）」は44.1％，19.0％となっている（なお東大法・第5期蒲島郁夫ゼミ編（2005）による2002年までの参議院議員全体のデータは，大学における専門学部の記載に限られているので比較していない）。したがって，高等教育関連議員の専攻を国会議員全体と比較してみた場合でも，参議院では「文・教」の比率がきわめて高いこと，逆に衆議院では法学・経済学系の割合が高いこと，などが指摘できる。
11) 上述のように，中編（1980）は1980年以前当選の国会議員を，東大法・蒲島郁夫ゼミ編（2000）は1990～1998年の国会議員を，また東大法・第5期蒲島郁夫ゼミ編（2005）は2002年までの参議院議員を，さらに福元（2007）は1990年までの国会議員を対象にそれぞれ前職分析を行っており参考になる。ただし職歴のカテゴリーやカウント方法などが異なることなどから，本章ではこれらの先行研究との比較分析は行っていない。
12) 11人中10名。ただし典拠資料で明示的に判明している者のみ。

第5章
戦後日本の高等教育関連議員と政策課題
国会における発言量と内容分析

1. はじめに

　本章は，戦後日本の公式な政治アリーナである国会において，高等教育政策の形成・決定に重要な役割を果たしてきた国会議員の発言の量的推移と内容変化を分析することで，戦後65年の高等教育政策にどのような政治アクターがいかなる形で影響力を行使し，またどのような政策課題が取り上げられてきたのかを考察することを目的としている。具体的には，前章を引き継ぎ，わが国の高等教育政策の形成・決定に重要な役割を果たしてきた国会議員を対象に，「国会会議録」を利用して彼らの国会（文教関連委員会）での発言の回数・量などをその政治的影響力の代理指標として計量化し，さらにその発言内容をテキスト分析の手法を援用しながら考察する。

　さて前章では，高等教育政策に関わるアクター群（政治家）について考察し，1945～2012年までの国会の文教関連委員会において「高等教育」と発言した「高等教育関連議員」376名を抽出し，さらにその「発言量」の順に「コア」「中間」「周辺」という3グループに分割した上で，彼らの社会的属性を分析した。本章ではこれらの研究と知見を踏まえながら，上記3グループからなる高等教育関連議員の発言（量・回数・期間・機会など）とその内容について分析を行う。その際，発言量（回数）を彼らが高等教育政策に行使してきた公的な政治的影響力と見なし，またその発言内容を戦後65年にわたる高等教育政策の公式イシューもしくはアジェンダ（以下，「テーマ」と一括）として理解する。その前提の上で，具体的に高等教育関連議員は政

策形成・決定の公式プロセスにおいてどのような影響力を及ぼし，また時代や文脈の中でどのようなテーマを取り上げてきたのか，さらに発言者の社会的属性によってどのようなテーマが選好されていたのか，について分析する．

2. 先行研究——方法論と資料

上記のように，本章は高等教育関連議員の発言に着目し，その考察からわが国の高等教育への政治的影響力と政治課題の変容の解明を試みようとするものであるが，具体的な分析対象としては国会議事録における国会議員の発言量・回数・内容などであり，また方法論としては主に計量テキスト分析を援用する．そこで以下に，議事録・会議録などを利用して国会（委員会）における①議員活動ならびに②審議内容について計量分析を行っている研究について整理しておきたい．

まず国会議員の政治活動についてであるが，これまでの国会（委員会）に関する研究では，国会は政府が出した法案にお墨付きを与える存在に過ぎないといういわゆるラバースタンプ論が通説であった．しかし野党による国会審議過程での「粘着性」が取り上げられるようになり，1980年代から国会における与野党の審議過程に焦点が当てられるようになった．近年の政治学・行政学領域では，国会研究，特にその審議内容や立法過程さらに議員行動などについて計量的な手法に則った研究が数多く蓄積されてきている（たとえば，岩井（1988），待鳥（2001），福元（2000，2007），大山（2003），増山（2003，2007），建林（2004），川人（2005），清野（2010）など）．ここではそれらをレビューすることはできないが，特に国会（委員会）における議員の発言などからその政治活動を計量的に分析したものとしては，首相・族議員ならびに各種委員会での委員らの発言回数を考察した大井（1988），国会議員の国会での発言（日数，回数）に着目してその政治活動を分析した野中（1995），委員会の開会回数・審議時間や委員の発言量から国会の審議機能が1955年を境に弱化してきたことを分析した河（2000），個々の法案の審議日数，審査回数，委員会開会時間などから立法過程の類型化を試みた福元

(2000)，経済財政諮問会議における出席者の発言状況（発言回数，発言量など）を議事録から分析し同会議の特徴や変化を整理した小西（2007a，2007b），発言日数やパターンなどから議員の国会発言の増加と政策選好の限定的な拡大を指摘した濱本（2007），各種委員会における国会議員の発言量を計量分析し，地元への利益応答，党派政治，議員個人の専門性（前歴）といった3要素が発言に影響していることを明らかにした松本・松尾（2010）などがある。

　次に審議項目の内容分析についてであるが，これまでにも内容分析自体は，新聞・雑誌記事や小説の分析，メディアの言説分析など古くからの研究の歴史があり，その手法に依拠した研究は枚挙にいとまない。ただ特に近年，大量のテキストデータをコンピュータによって分析する計量テキスト分析が数多く蓄積されてきた。その背景には，文章や単語の形態素解析を行う有料・無料のテキストマイニングのソフトウェアが一般に開発・公開され，それらを解説した参考書など（松田編（2008），石川ほか編（2010），藤村・滝沢（2011）など）も発行されるようになって分析が容易になったことに加え，戦前・戦後における国会会議録や朝日，読売各新聞など全国紙の新聞記事・全文が電子化され一般にネットで公開されるようになるなど，大量のテキストデータの整備・検索が可能になった背景がある（メディアの内容分析やその分析手法に関する近年の研究として細貝（2008，2009），稲増（2011）などがある）。

　本章が対象とする政治アクターとの関連で言えば，この計量テキストの手法を援用した研究として，歴代首相の演説を内容分析したReinem（2005，2007）や鈴木・影浦（2008，2011），沖縄県選出の衆議院議員の国会発言を国会会議録を利用してテキスト分析を行い，利益重視型と理念重視型の2カテゴリーに分けて個別議員の政治スタンスや変化を分析した孫（2007），選挙前と当選後の発言を比較してテキスト分析（選挙公報と国会会議録を利用）を行い選挙公約の一貫性について検討した李（2009），自由貿易協定／経済連携会議（FTA）というタームを手がかりに政権交代後に議員の言動がどう変化したかを考察した藤末（2011）などが参考になる。また国政レベルではないが，橋本武（2011）は都道府県議会議事録を利用して各知事演説

から国土計画に対する関心の変化を分析し，増田（2012）は地方議会（高崎市）の会議録の分析から同市の議会活動の実態を，また同じく増田（2010）はフランスの地方議会の審議項目についてテキストマイニングを行い同国の議会機能の分析を行っている。さらに国会会議録を利用して特定の言説やタームを抽出し，その政治的課題などの変容を分析した研究も少なくない。たとえば，国土計画に関する言説を国会議事録などから抽出し KJ 法によって分類してその変遷を追った佐野・十代田（2003），カウンセリングに関する各職種の変遷と内実を追った丸山（2008），専門職に関連するタームとその政治的な布置構造を考察した丸山・山崎・橋本（2009）などがある[1]。

なお政治家の発言内容を対象とした研究としては，都築（2004），中村（2004, 2006, 2007），東（2006），鈴木・影浦（2008）などのほか，国会会議録を大規模な日本語のデータベースとして扱い日本語分析に用いた研究も数多く蓄積されてきている（たとえば，山本（2011），服部（2010, 2011a, 2011b, 2012），伊土（2011a, 2011b），田村・北澤（2011），茂木（2012）など）。ただし，これらの研究は政治課題や政治活動などよりも，むしろある特定の名詞，形容詞などの日本語の使用法やスピーチスタイル・言語表現の特徴・変化といった社会言語的な視点からの関心，あるいは計量テキスト分析の手法の洗練化に重点があると言える。

3. 分析手続きとデータ

さて上記の先行研究の知見や方法論を踏まえ，本章の分析で対象とする国会での高等教育関連議員の発言（量・内容）の抽出方法と，計量テキスト分析に依拠した分析手続きなどについて述べておきたい。なお，すでに橋本（2007）で官僚なども含めた全アクターの発言内容の分析を行っているが，本章は国会議員（の発言とその内容）に限定している。

まず戦後日本の高等教育政策に深く関わってきた国会議員について，前章で抽出した衆議院 236 名，参議院 137 名，民間 3 名からなる政治家 376 名を対象とし，彼らの高等教育に関連する発言を抽出して，テキストデータベ

ースを作成した[2]。また前章と同じく，発言総量からコア，中間，周辺とグループ分けした。

なお，国会議員の国会（各種委員会ならびに文教関連委員会）での発言機会や期間についてのモデルは，図5-1に示す通りである。

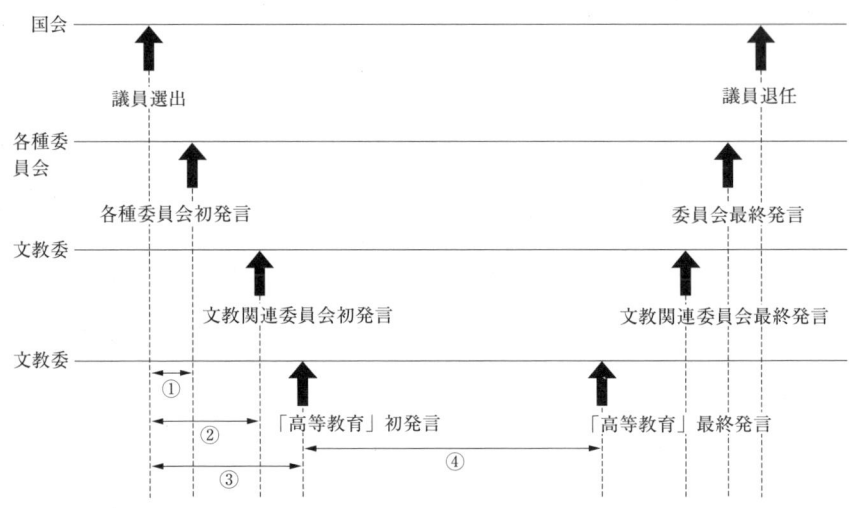

①議員当選から議会で初発言まで　③当選から文教委で「高等教育」を初発言まで
②議員当選から文教委で初発言まで　④文教委で「高等教育」について発言した期間

図5-1　国会（文教関連委員会）での発言活動

4. 分析結果

以下では，図5-1のモデル図にしたがいながら，上記のデータベースを利用して，(1) 高等教育関連議員の発言活動，(2) その発言内容の変化について，参議院と衆議院，コア・中間・周辺のグループ間の比較を軸に，分析結果を考察していく。

(1) 発言活動

(a) 発言量と発言議員数の推移

まず、各グループの発言量の推移を年代別に見てみよう。図5-2〜5-4は、グループ別に両議院全体・参議院・衆議院ごとに「高等教育」に関する発言量の戦後65年間の推移をトレースしたものである。

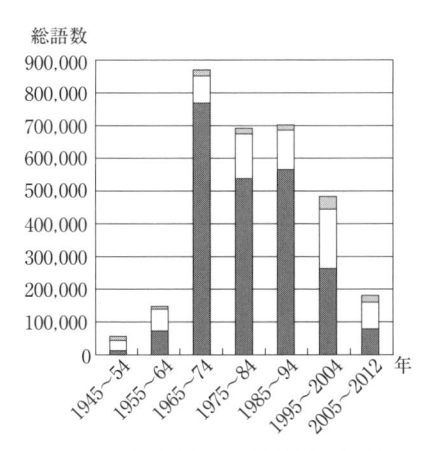

図 5-2 両議院での発言量の推移

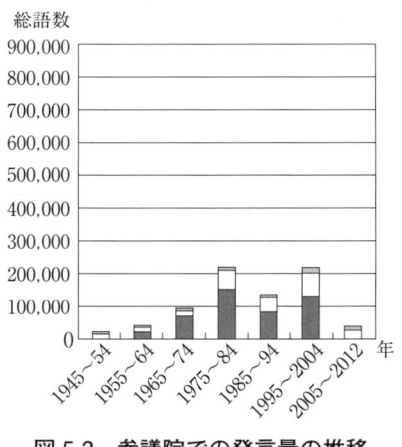

図 5-3 参議院での発言量の推移 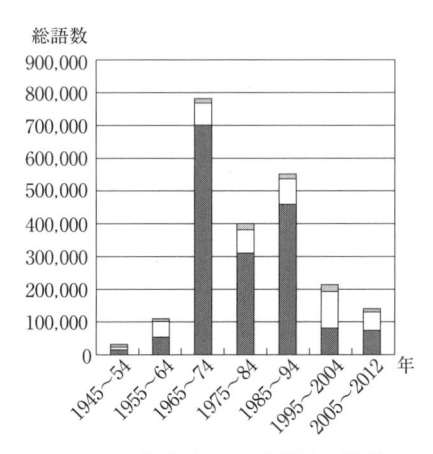　　**図 5-4 衆議院での発言量の推移**

まず両院を合わせた全体の発言量（総語数）を見てみると，高等教育に関係する発言が最も多いのは1965～74年間であり，高等教育の拡大期において議論が非常に活発であったことが示されている。しかしこの期間をピークにその後は全体的に減少の一途をたどっており，直近の2005～2012年間は期間が短いとはいえ，最盛期の2割程度という低調ぶりである（これは両議院ともに同様の傾向である）。またコアでは1965～74年間をピークに75～84，85～94年間が多い一方で，中間や周辺は1995～2004年間が最も多くなっており，グループごとにピークがずれていることがわかる。

これを議院別に見てみると，衆議院の方が議員数も多いため発言量の総量は多くなっているが，コアの発言量はほぼどの時期においても他のグループより凌駕している。また両院間でコアの発言量のピークはずれてはいるものの，発言量からすると衆議院の1965～74年間が最も多く，次いで85～94年間，75～84年間となっている。一方で中間や周辺では両院ともに1995～2004年間の発言量が最も多く，上述のように両院合わせた場合と同様に，議院別に見てもグループによってピークがずれていることがわかる。

(b)「高等教育」発言議員数の推移

次に，高等教育について「初めて」言及した議員数について，同様にその時代的な推移を見てみよう（図5-5～図5-7参照）。

両院ともに中間，周辺の両グループについてはどの時期にも一定数の発言議員がおり，また両院合わせると1995～2004年間が最も多い（2005～2012年間は7年以上の期間があるが前時期の半数程度にすぎない）。この中間・周辺のピークについては，参議院，衆議院ともに同様である。

一方コアについては，両院ともに1975～84，85～94年間および65～74年間に多いことがわかる。ピークについては上述のコア発言量のピークである1965～74年間とずれるものの，1985～94年間，75～84年間も発言量は少なくなく，コアでは発言議員数とその量は，この1965～94年間に集中しており，中間・周辺とは大きく異なる傾向であることが指摘できよう。

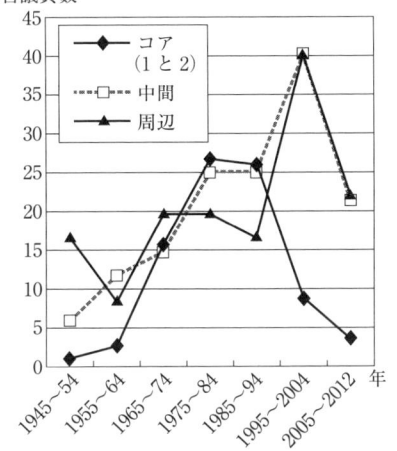

第5章 戦後日本の高等教育関連議員と政策課題

図 5-5 両議院での高等教育初発言の議員数

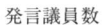

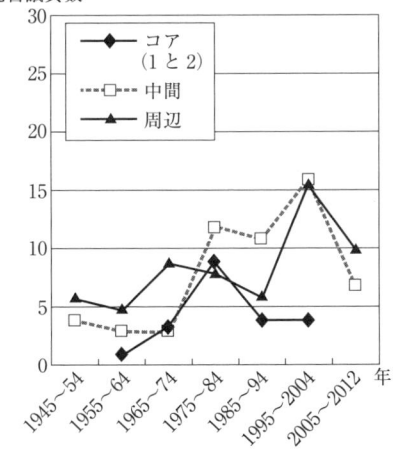

図 5-6 参議院での初発言議員数

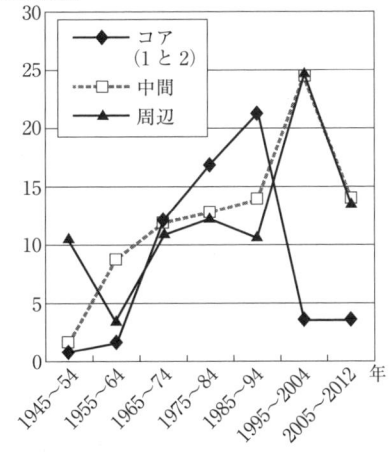

図 5-7 衆議院での初発言議員数

(c) 発言量と発言期間

次に，議院別に各グループの発言総量，発言機会，日数，当選回数などを見てみよう（表 5-1 参照）。

まず初当選から国会初発言までの期間（図 5-1 ならびに表 5-1 の中の①，以下同様）は両院ともにグループ間で有意な差はなく，1 年生議員として 4 〜6 カ月で各種委員会に参加・質問に立っているが，その後の活動は両議院ともコアグループの動きは他のグループと大きく異なっており，また両議院間では相反する傾向が見られる。すなわち，参議院ではグループ間で有意な差は認められないものの，コアは文教関連委員会で質問に立ちかつ高等教育に言及するのが最も早い（コアは当選後 1 年半程度で文教委員会で発言をし，4 年ほどで高等教育への言及が始まる。表 5-1 の②③⑤参照）。一方，衆議院ではコアは文教関連委員会でのデビューは最も遅く（初当選後 6 年弱），その後高等教育に言及するのも 3 年近くを経てから（初当選から 9 年弱）のことであり，当選回数も 3.5 回目あたりであり，中間や周辺と有意な差がある（表 5-1 の②③⑤参照）。また両議院のコアは，初めて高等教育について発言した後，それ以降高等教育に関して発言を続ける期間は参議院では 9 年，衆議院でも 8 年近くと長く，いずれも他のグループを大きく上回っている（表 5-1 の④参照）。参議院では在任期間が制度的に長いことも勘案しなくてはならないが，衆議院のコアについてはその間に複数回の選挙を経てきており，長期にわたって高等教育に関心を持続させてきたことがわかる。

　なお前章でも触れたが，発言量の多寡や発言期間の長短は議員に選出される時期や在任期間に影響される可能性が考えられよう。しかし，図 5-5 に見たように，初めて高等教育に言及した議員数は 1964 年以前も中間・周辺の方がコアより多く，むしろ前二者はどの年代にもまんべんなく発言を行っている。その一方で，発言量はコアに比べてどの時代も圧倒的に少ない（図 5-2）。したがって，確かに現時点近くに当選・初発言した議員ほど発言量や発言期間が寡少になる可能性は否定できないが（今後もまだ発言をする可能性がある），戦後 65 年間を通じて見た傾向や当選回数・初発言までのタイミングなどに鑑みれば，中間や周辺のパターンはコアとは異なり，選出時期や在任期間にかかわらず，コアほど高等教育への強い関心が持続せず，文教関連委員会に登壇・発言した後，早々に退場していく傾向が強いと見てよいだろう。

第5章　戦後日本の高等教育関連議員と政策課題

表 5-1　グループ別に見た発言量・期間・当選回数

		総発言量(平均値)	①当選〜国会初発言まで(平均日数)	②当選〜文教委初発言まで(平均日数)	③当選〜「高等教育」初発言(平均日数)	④「高等教育」発言期間(平均日数)	⑤「高等教育」初発言時の当選回数	人数
参議院	コア(1・2)	20,885	102	545	1,452	3,299	1.5	22
	中間	4,393	139	1,011	1,700	729	1.4	56
	周辺	929	141	1,000	1,768	244	1.4	59
		*1				*2		(計137)
衆議院	コア(1・2)	28,296	181	2,152	3,240	2,854	3.5	61
	中間	5,022	130	1,403	2,080	988	2.3	88
	周辺	910	128	997	1,776	297	2.1	87
		*1		*3	*2	*2	*2	(計236)

*1：3グループ間で有意差（5%水準。Bonferroni の多重比較）。
*2：コアと中間・周辺間で有意差（同上）。
*3：コアと周辺間で有意差（同上）。

(2) 発言内容

(a) 時代的推移

　次に，どのような政策課題が戦後65年の中で取り上げられてきたのかについて，高等教育関連議員らの発言内容の分析を通して，その一端を解明してみよう。すでに橋本（2007）でも試みたように，文教関連委員会における高等教育関連のテーマ（イシューならびにアジェンダ）の登場とその変容について，会議録に出現する「名詞」類を手がかりにし，さらにそれらをある一定のテーマに括って時期ごとの変化を見てみたい。

　図5-8は，各時期において関連議員の「高等教育」発言中に50回以上出現した名詞類を，近接すると考えられるテーマごとに分類した後，各時期におけるそれぞれの出現回数を他の単語を合わせた総出現回数で除し，その割合の推移を時代ごとにプロットしたものである[3]。それぞれの時期にどのようなテーマが高等教育に関するイシューやアジェンダとなり，それが戦後65年間の中でどう変化していったのかが示されているものと考えられる。

　なお，出現した語をすべてテーマごとに分類しているわけではないため，

以下の各図表はテーマ間（縦軸）で比較をするよりも、それぞれのテーマの時系列的な推移やグループ間（横軸）などでの比較が適当である。また1950年代半ばまでの戦後間もない時期ではどのグループも発言量が少ないため、いくつかのテーマの比率が大きく変動することに留意されたい。

まず、図5-8から、両院院を通じて1960年代後半から90年代前半にかけて高等教育の「拡大・整備」に関するテーマが盛り上がったことが一目瞭然である。しかし1970年代後半以降は徐々に低下して、90年代の後半以降はあまり顧みられなくなった状況も見て取れる。これは衆参両院とも同じ傾向が指摘できる。

他のテーマ群はこの「拡大・整備」系と比較してみると、どれも安定的に推移しているが、2000年代後半以降に議論されるようになったのが、「教育・学生」系や「中等・接続」「財政・財務」系であることがわかる。これらのテーマはそれまではどちらかといえば停滞もしくは減少しており、ここ数年来大学における教育や学習といった内容面や財政面に関わるイシューが国会審議の場においても取り上げられるようになったことが示唆されている。

また両議院を比較してみると（図5-9～図5-10参照）、戦後間もない時期は発言量自体が少なくテーマによって多少の変動はあるものの、双方ともに議院間で大きな差異は見られず、上記の両議院合わせた全体と同様の傾向であると言える。

(b) グループ間での相違

次にグループごとの取り上げるテーマの相違について見たものが図5-11～図5-13である。明らかにコアは中間や周辺に比べて「拡大・整備」系を選好していることが見て取れる。ただし、その比率が最も低い周辺でも他のテーマに比べれば高い比率を見せており、このテーマについてはどのグループも共通して言及していたことが示されている。一方で、中間・周辺はコアに比べて「教育・学生」「中等・接続」系のテーマを取り上げることが多い傾向にある。なお、衆参両院で比較しても、上記の傾向は全体として当てはまっている。

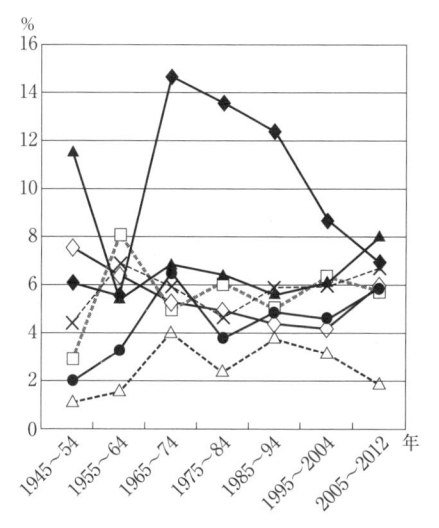

第5章 戦後日本の高等教育関連議員と政策課題

図5-8 両議院でのテーマの推移

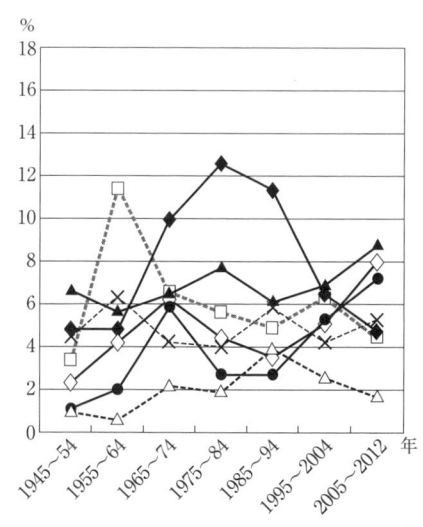

図5-9 参議院でのテーマの推移

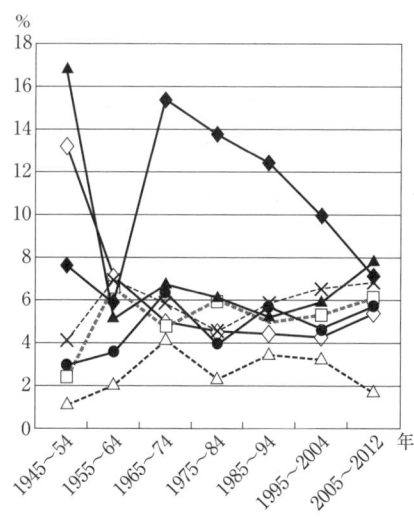

図5-10 衆議院でのテーマの推移

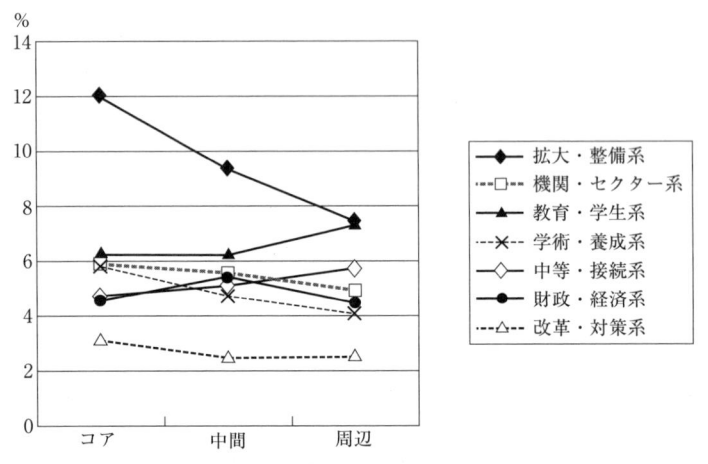

第2部　高等教育政策におけるアクターとイシュー

図 5-11　両議院でのグループ別に見たテーマ

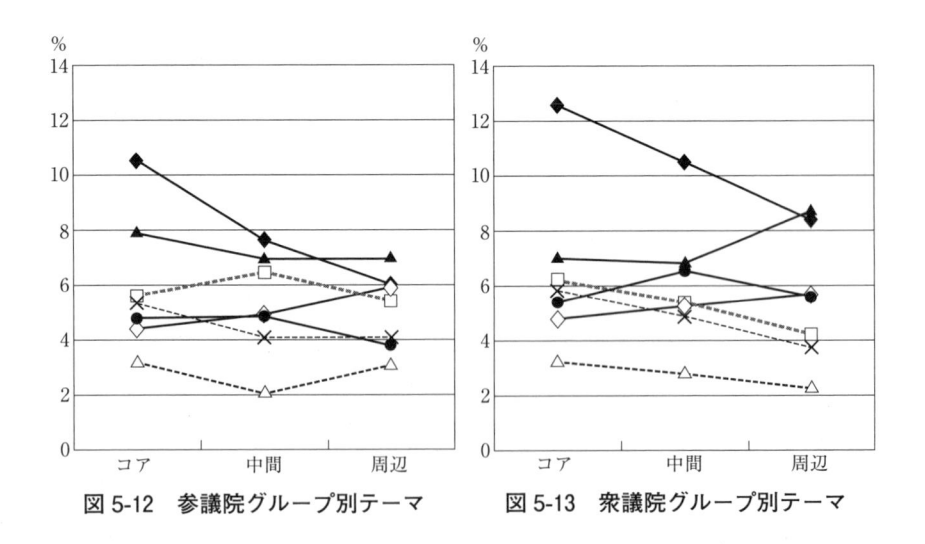

図 5-12　参議院グループ別テーマ

図 5-13　衆議院グループ別テーマ

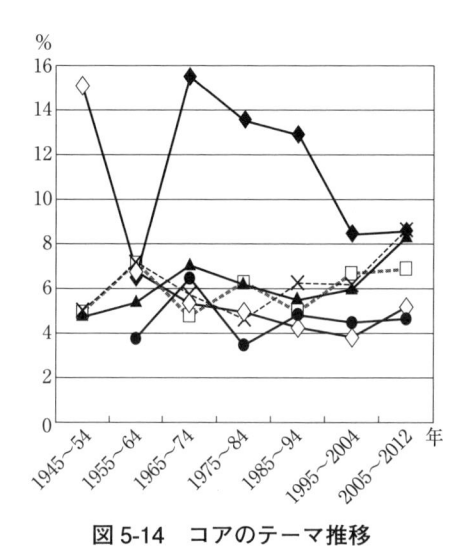

第5章　戦後日本の高等教育関連議員と政策課題

図 5-14　コアのテーマ推移

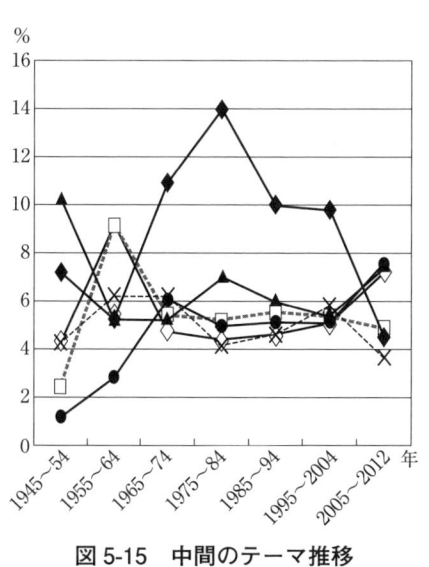

図 5-15　中間のテーマ推移

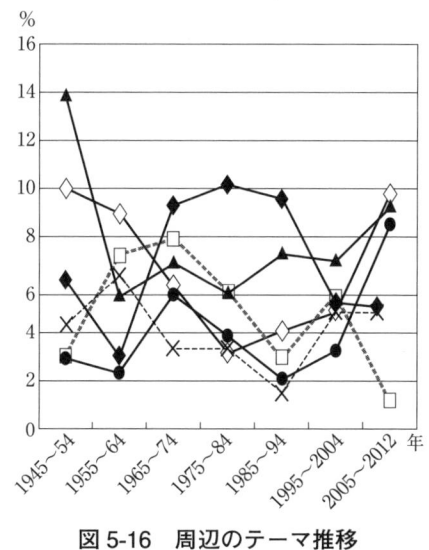

図 5-16　周辺のテーマ推移

(c) グループごとの時代的推移

さらに，グループごとに時代的な推移を見たものが図5-14～図5-16である（各グループの時代区分ごとの総発言量を母数として当該年代の各テーマの発言比率をプロットしている。いずれも両議員全体の推移。なお，どのグループも発言がない時点（比率0）と「改革・対策」系は発言比率が低かったので省略している）。戦後間もない時期と周辺グループについては全体として発言量が少ないため，各テーマの変動が大きくなりがちであることに留意されたい。

まず「拡大・整備系」テーマは，どのグループでも60年代後半から80年代半ばにかけて取り上げられ，その後凋落していることがわかる。図5-11のようにグループごとの比較をしてみれば発言の絶対量が多いコアが最も高い比率を示すことになるわけだが，図5-14～図5-16からは高等教育の拡大と整備というテーマが，この時期の各グループひいては国会全体の審議を席巻していた様が窺い知れる。

一方，各グループにおける各テーマの消長も見て取れる。図5-11で見たように，「教育・学生」「中等・接続」系のテーマは中間・周辺に取り上げられることが多いが，それは2000年代後半以降のことであることがわかる。また「財政・財務」系のテーマについても，65年間全体で見るとグループごとに大きな差異は見られなかったが，時代区分別に見ると70年代半ばまではコアに（拡大・整備系の盛り上がりと関連して財務・財政の裏付けについて言及されたことを想起させる），またそれ以降，特に2000年代後半以降，中間や周辺に取り上げられることが多くなってきていることがわかる。

5. 考察と課題

以上，戦後65年間にわたる高等教育関連議員を特定した上で，彼らの発言（量と内容）から，わが国の高等教育における政治的影響力と政策課題の推移について考察してきた。最後にその知見をまとめつつ，今後の課題について述べておきたい。

第5章　戦後日本の高等教育関連議員と政策課題

　まず指摘できるのは，わが国の戦後 65 年間の中で高等教育について最も議論が盛り上がったのは 1965～75 年間であり，その後は低調となり昨今ではむしろ停滞していると言ってもいい。90 年代半ばからの政権交代の胎動と変動に伴って，自民党第 1・第 2 世代の文教族に代わる第 3 世代が未成長である，あるいは教育分野（文教関連委員会）において他の政策課題が台頭してきている，または高等教育の政策形成・決定プロセスの変化が潜在しているなど，様々な要因が考えられる。ただ最も重要なのは，高等教育の拡大というテーマ自体，政治家ひいては国民の感情を触発することが低減してきたことが大きいと考えられる。この 60 年代後半から 70 年代にかけて旺盛な発言を行ったのは衆議院コアグループであり，また取り上げられていた政策課題も「拡大・整備」というハード面でのテーマであった。そこに政治家らの地域・選出母体への利益誘導的なインセンティブが働いていたことは想像に難くない。逆に言えば，そうした政策課題が片付けば，国会での審議も低調となるだろう。1990 年代後半に発言活動が減少しているのは，そうした趨勢を物語っていると言える。そして，この時期からはうって変わって大学での「教育・学生」などの内面的なソフトなテーマが中間・周辺グループによって取り上げられるようになっていくのである。こうした国会での動きは，わが国の高等教育政策の量的な拡大と質的な充実への転換と軌を一にしているが，本章ではコア・中間・周辺という高等教育に関わる政治アクターに着目しその構造を重視したため，従来型の政党・党派別の分析はメインとしなかった。今後，政党や派閥，議員の社会的属性との関係，さらには行政組織との連関について，より詳細な分析が求められよう。

　また両議院ならびにグループ間には，発言量・日数・当選回数など高等教育に関する発言活動には大きな相違が認められた。コア以外の 2 グループ，特に周辺グループは当選後の発言は早いが，その後 1 年も経たずに高等教育から離れてしまっており，結果的に発言量も限られていた。つまり，文教関連委員会での発言は当選後の議員活動の初期的な通過点に過ぎない一群が存在することが示唆されている。一方，コアグループについては，前章で見たように，参議院コアに前職が教員（日本教職員組合）や教育関係者だったものが多いことを考え合わせると，彼らはその専門的知識や履歴を活かす形で，

当選後それほど時間を置かずに高等教育に関する政治発言を行っているが，その一方で衆議院コアは公式のアリーナに登場するまでに時間を要しており，当選当初から文教や高等教育に関心が高かったわけではないと言える。むしろ他の委員会で幅広く経験を積んだ後，文教関連にコミットするという（自民党政権時代に特有の）パターンを想起させる。ただし両議院のコアともいったん高等教育に関わった後は長期間にわたって発言を続けており，高等教育の政策形成・決定に一定の影響力を行使してきたグループと言えるだろう。ただし議員としての息が長いから（高等）教育に関して発言を続けられるのか，あるいは（高等）教育に関わることで政治生命が長いのか，といった問題についてはこれだけのデータでは瞭然としない。コア議員の文教関連委員会へのキャリアパスなどについて，個別的に追いかける必要もあるだろう。

[注]

1) なお，これらの研究の多くで本章でも利用したKH Coderが使われている。ちなみにKH Coderを利用した研究は，下記のサイトに一覧が掲載されている。http://khc.sourceforge.net/bib.html（2012年9月29日取得）
2) なお，出席者一覧，誓願・陳情案，委員会での案件，委員長による政府参考人出席の可否など，審議事項に関わらない部分はすべて省略した。なお国会会議録では質疑・答弁に立つ各委員らの発言を読みやすく改行などをしているが，テキストデータ化の際には当該委員の発言については改行などを削除して，直前の発言者から直後の発言者間の発言を一纏めとし一括したテキストとして処理している。また，内容分析については計量テキスト分析のツールであるKH Coderを使用した。
3) 全発言テキストデータから，KH Coderによって委員ごとに「高等教育」を含む1文のみを抽出し，さらにその抽出したテキストデータから出現回数が「50回」以上の名詞，強制抽出させた複合名詞，サ変名詞の合計331語を抽出し，それらの出現傾向とその推移を分析した。なお，高等教育領域に特有の語，略語・略称などの複合名詞の抽出には，KH Coder付属のTermExtractによる強制抽出の前処理を行っている。なおこの処理・分析では，政治家の発言のみを抽出している点，他の動詞，助詞などの品詞は含んではいないこと，対象とした名詞などの単語も50回以上の出現回数に限定しており1回でも出現したものすべてをカバーしていないこと，などを考慮さ

れたい。また，きわめて出現回数の高い「高等教育」「大学」という単語，ならびに政策課題に関わらない一般的な単語などは以下の分析では省略している。

なお，出現回数が50回以上をカウントした語（グループ別）は，以下の通りである。

「拡大・整備」系：充実，整備，計画，整備充実，確保，準備，実現，活用，計画的整備，施設整備，施設，設備，維持，活性，保障，推進，設置，振興，拡充，発展，創設，向上，拡大，新設，強化，普及，急増，設立，導入，促進，配置，増設，展開，確立。

「機関・セクター」系：国立大学，私学，私立大学，法人，私立，国立，公立，私立学校，法人化，国立学校，国立学校設置法，国公私立，大学院，短期大学，放送，学部，専修学校，センター，短大，高等専門学校，医科大学。

「教育・学生」系：教育研究，学習，大学教育，支援，指導，卒業，課程，試験，単位，教育，教養，学生，先生，教員，生徒，教職員，定員。

「学術・養成」系：養成，専門，人材，育成，能力，職業，育英奨学事業，育英，資質，形成，研究，技術，学術，学問，学術研究，科学，科学技術，学位，研究者，学科，分野。

「中等・接続」系：学校，高等学校，学校教育，義務教育，高校，初等中等教育，子供，児童生徒，幼稚園，中等教育，後期中等教育，幼児教育，入学，進学，大学入試，機会，格差，均等，選抜，競争。

「財政・経済」系：予算，経費，計上，負担，補助，経済，助成，支出，貸与，授業料，奨学金，無償，私学助成，資金，増額，投資，お金，教育費，給与，補助金，財政。

「改革・対策」系：改革，改善，対応，改正，大学改革，教育改革，対策，是正，解決，対処。

第3部

高等教育政策のプロセス
4つのケーススタディ

第1部の第3章において，わが国では高等教育政策研究の対象としてマクロからミクロに至る様々なレベルで，数多くのイシュー・アジェンダを開拓・考察することのできる余地と可能性を指摘した。その一方で，あらゆるケースを政策過程分析ならびに理論モデルの俎上に載せられるわけではないことにも言及した。むしろ過程論のモデルを援用しないまでも政策過程を対象とした詳細な実証分析となっている論考も少なくないことを踏まえ，この第3部においては，特定の理論モデルに依拠・援用せず，モノグラフ的ではあるが4つのケースを取り上げて，その政策過程を追いかけてみたい。

　ただし特定の理論モデルに依拠しないとはいえ，同じく第3章で指摘したように，量と質双方における新たな分析手法の援用可能性や，「実施段階」までを視野に入れた分析の必要性を踏まえて，第6章・第7章では実施段階（具体的には各大学レベルでの対応・実施）までを包括した過程全般を扱う。また第8章・第9章では，ミクロなレベル，すなわちこれまでブラックボックスとされてきた各種政府委員会における審議過程を取り上げ，質的アプローチからその議事録・会議録の内容分析を試みる（特に第9章）。

　各章の具体的な内容は以下の通りである。

　第6章では，1957（昭和32）年に始まる理工系拡充計画から1961（昭和36）年の設置基準の緩和前後までの時期において，私大側の反応とそのロジックを中心として，この拡大政策の過程を考察する。その際，個別大学レベルでの実施状況まで視野を広げつつ，特に1961（昭和36）年のいわゆる「池正勧告」をめぐる私立大学各団体の対応に焦点を当てる。

　第7章は，抑制・削減政策を取り上げる。対象とするのは，1980年代後半から20年近く続いた医学部定員の削減政策である。この章では，拡大ではなく抑制・削減というそれまでにほとんど例のない政策に，各大学がどう対応し実施していったのかに着目する。その過程分析を通じて，拡大とは異

なる抑制・削減政策の特徴が浮き彫りになるだろう。なお，第6章，第7章で取り上げるのは「拡大」と「削減」という対照的な政策であるが，主なアクターである中間団体としての大学団体が分析対象となっている点は共通している。

第8章では，「高等教育懇談会」による50年度報告策定に関わる審議内容とプロセスを取り上げる。この報告は「50年代前期計画」と呼ぶに相応しい内容を持ち，これによって初めて高等教育政策は抑制方針へと明確な転換が行われた。しかし審議当初から明確な目標数値や算出方式が想定されていたわけではない。そこで，「規模設定の論理」「目標値設定」「地域配置と配分」という3点に着目して，その審議過程と内容を詳細に分析する。

最後の第9章では，プロセスよりも多少政策内容に重点が置かれるが，医師と法曹という専門職養成の「質」保証システムに焦点を絞り，その構築に関する政府・審議会（「医学・歯学の在り方に関する調査協力会議」と「中教審大学部会法科大学院特別委員会」）における議事録を質的アプローチから内容分析し，双方のアクター群による専門職養成に対するロジックと戦略を抽出する。第8章，第9章で扱う政策は，ミクロレベルもしくは政府審議会内部での過程であり，段階的には形成・決定段階に当たる。またそこに関わるアクターも文部官僚，大学教員，専門職などである。

第3部で取り上げるこれら4つのケースは，上記のように，イシューはもちろん，アクターや政策段階に関しても大きく異なっている。また対象となる政策過程においても節目が明確な段階論や，既存の理論モデルに乗るわけではない。しかし，こうした様々なモノグラフ的なケーススタディを通して，高等教育の政策過程に対する理解はより複眼的，立体的になるものと考える。

第6章

高等教育政策と私立大学の拡大行動
池正勧告を中心として

1. はじめに——問題と視点

　1961（昭和36）年7月，文部省は大学設置認可基準を大幅に緩和，学科増設・定員変更の「届出制」を容認する方針を発表する。1975（昭和50）年，私立大学の拡張を抑制しその質的充実を目的とした「私立学校振興助成法」がこの「届出制」を廃止し，1961（昭和36）年以前の「認可制」に戻したことからもわかるように，この設置基準の緩和措置はわが国の高等教育の拡大にとって重要な意義を持つものであった[1]。すなわち，文部省の私大対策が抑制政策から拡張基調へと転換したことを意味すると同時に，その後15年近くにわたる私立大学の拡大行動の起爆剤ともなったのである。

　文部省のこうした政策転換の背景には，直接的には同年3月の科学技術庁長官池田正之輔の勧告，さらには旺盛な拡充意欲を持つ私大側の圧力攻勢があったとされている[2]。しかし，これまで政府・文部省側の一方的な高等教育政策に視点が限定され，私大側の動向と政策対応のダイナミズム，あるいは個々の大学における理工系拡充の論理などは，捨象されがちであった。たとえば，あらゆる私大が拡充政策を熱烈に歓迎したというイメージが強いが，当時私大側は大学教育の理念をめぐって3団体に分裂していたのであり，政策への対応が皆一様であったとは考えにくい。また，各私大はそれぞれの学内事情を背景に，拡充政策に臨んでいたはずである。

　そこで本章では，1957（昭和32）年に始まる理工系拡充計画から1961（昭和36）年の池正勧告および設置基準の緩和前後までの時期において，私

大側が高等教育政策に対してどのような反応を示し，またどのような要求を突きつけたのか，そして理工系拡充の実態とそれを支える論理はいかなるものだったのかなどの点について，私立大学の団体および個別大学レベルでの対応の比較を軸に分析する。具体的には，戦後の私大団体の成立と発展を概観した後（第2節），1957（昭和32）年の文部省の理工系拡充計画から設置基準緩和に至る一連の政策に対する私大側の反応と圧力攻勢を跡づけ（第3節），団体別および個別大学別に拡大の実態を分析し，理工系拡充の要因を探る（第4節）。

2. 私大各団体の成立

まず，戦後の私大団体について素描しておきたい。そもそも私立大学の連合体として「日本私立大学協会」（以下，協会と略）が創設されたのは，戦後間もない1948（昭和23）年3月のことである。当初，旧制大学43校を中心にして運営されていたが，しかしその後の学制改革に伴って加盟大学が急激に増加するに至って，協会内部における意思統一が困難となり，これがセクト的機運を醸成するようになった。このため，1951（昭和26）年7月，慶應・早稲田・同志社などが脱退を表明，これらの大学を中心とした有力大学23校による「日本私立大学連盟」（以下，連盟）が誕生した。またこの紛争の中で，学習院（安倍能成院長）を中心とした7大学が仲介役にまわったが，両者の和解を果たさず，結局自ら「私立大学懇話会」（以下，懇話会）を結成，協会から離脱した[3]。

こうして，私立大学の団体は3分されることになったが，それぞれの団体の性格や大学教育の捉え方には，大きな相違が見られた。連盟は複数の学部を持つ旧制大学を中核とし，「同志的結合」を強調して，加入要件も厳格に取り決めるなど，「量より質」を重視する方針を創立当初から打ち出した（永澤1972，556頁）。一方，協会は旧制専門学校などから昇格した大学，特に理工系の単科大学や女子大などが多く，代表委員も大学経営側の理事長を中心としており，連盟に対し「数」で対抗すべく30年代以降の新設大学を

積極的に勧誘・加入させ，勢力の拡大を図っていったのである（同，553-554頁）。なお，「懇話会」は，学習院・武蔵・成蹊・成城といった旧制7年制高等学校が主体であり，中立的な立場を保っていたが，目立った行動や発言をするわけでもなく，1986（昭和61）年に解散し連盟に吸収された。

ちなみに，1994（平成6）年現在，協会は240校を擁し，また連盟は116大学で構成されている。また1984（昭和59）年，「日本私立大学振興協会」が新設され，現在，昭和女子大・武庫川女子大・福井工大・愛知医科大など20校が加盟しており，ほぼすべての私大はこれら3団体のいずれかに加入している。

次節では，こうした性格の異なる各団体が，昭和30年代の高等教育政策に対しどのような反応をしたのか，また逆に政府・文部省側にどのような要求を突きつけたのかを考察する。

3. 拡張期における高等教育政策と私立大学

(1) 科学技術教育振興と私立大学

文部省は，1957（昭和32）年11月5日，1962（昭和37）年度までに大量の科学技術者が不足するとの見通しの上に，1958（昭和33）年度からの3カ年計画として，国公私立および短期大学の理工系学生8,000人を増加養成すると発表し，私立大学・短大にも3,000名の増員を要求した（ただし短大は2カ年）。続いて，「中教審」もまた11月11日の総会にて，「科学技術教育の振興方策」を文部大臣に答申し，科学技術系の大卒者の増加などを提言した。

これに対して，私大側は，「私立に対しても設備，所要額に対して<u>大巾の補助金を交付して実施を促進するものとして私学に対し文部省の右計画に協力方を要望している</u>」（下線部，引用者）という表現をもってその計画を捉えた[4]。そして，これまで私学3団体の合同組織である「私大学術研究助成対策実行委員会」を解消し，新たに「私大助成対策委員会」（委員長：古田重二良）を発足させ，「この機に私立大学の理科教育に対する特別補助金を

大幅に増額し科学技術教育の振興を図る」こととしたのである5)。

そこで，私大 3 団体は早速 12 月 10 日に，「私立大学の学術研究及び科学技術教育の振興に必要な経費の概算書」を「文部省」に要求し，「わが国の科学技術の振興を図ることは緊急を要し，そのためには，国はこの際，……私立大学を充実活用することが最も適当である」として，第一に「私立大学の研究設備に対する国の補助に関する法律」(以下，「補助に関する法律」)を改正して，研究設備のみが対象であった「私立大学研究設備助成補助金」(以下，「研究設備助成金」)6) の補助対象を施設等までに拡大するとともに，現行補助率 2 分の 1 を 3 分の 2 まで引き上げ，その金額も大幅に増額すること，加えて「私立大学理科特別助成補助金」(以下，「理科助成金」)7) に関しても同様に増額することなどを要求したのである8)。

したがって，連盟の理事の一人が，「こんどの科学技術教育振興は私立大学側から哀願懇請したのじゃありませんよ。政府が自発的に科学技術者の養成が是非必要である，これがために急遽科学技術教育を振興しなければならないということになったのですから，私立大学側がそれを引受けるとなると，それ相当の注文がある。この注文を聞いて下さるなら引受けましょう」と洩らしたように9)，私大側はこの文部省の計画を，あくまでも助成額のアップと補助枠の拡大を実現する絶好のチャンスと捉えたのである。

しかしながら，文部省は大した復活要求もできず，結局のところ，古田を委員長とする助成対策委員会が奔走して，「特に私大振興に理解ある議員の協力を求めて関係方面に強硬に迫った結果」，1958 (昭和 33) 年度の私学関係予算は前年度に比べ 3 倍近い 3 億 9550 万円 (理科助成金と研究設備助成金) に増額された。しかし「これでは定員の増加はもとより既設の充実にも焼け石に水で，ましてや理工系学部学科の新設や文科系からの転換は私費のみによって御奉公せねばならぬ」として，委員の面々は「猛り立った」という10)。

その後，私大側ではこの「文部省が当初大見得を切った科学教育振興策は全然御破算となり，終始私大側はそれに踊らされたような恰好で幕を閉じた」と総括し11)，特に古田などは「政府の政策に呼応協力することに決定した吾々私立大学に対しても大きな侮辱を与えたことになり，此の点政府に

対して猛省を促す」べきだと檄を飛ばして，「従来兎角押し迫った局面だけで予算獲得を展開してきた方策を改め，もっと時間をかけた長期的な計画と準備の下に……関係方面に当たる様にいたしたい」と述べている[12]。

　こうして，安易な私大の利用をもくろんだ文部省の理工系拡充計画は，逆に私大側を刺激，理工系学部の助成を焦点とした政府攻勢を本格化させることになった。実際，私大3団体は翌1958（昭和33）年2月に，「私立大学助成対策委員会」を解消，「私立大学振興政策委員会」（以下，振興政策委員会）を新たに発足させて，委員長に古田を再任し，助成要求の実働部隊として各方面に圧力攻勢を強めていく。すなわち，この後，私大3団体はこの振興政策委員会の名をもって，毎年のように理科助成金と研究設備助成金の増額を盛り込んだ綿密な「国庫助成要求額概算」を公表，これと並行して，特に後者の補助金に関してネックとなっていた「補助に関する法律」の改正を繰り返し要求し，その補助率のアップと補助対象の拡大をもくろんでいくのである。

　ちなみに，1960（昭和35）年9月，文部省は1961（昭和36）年度から向こう7年間にわたる「16,000人理工系学生増員計画」を発表したが，私大側の関心はきわめて低かった。協会は，32年度計画と同様に，「かかる計画をもってしては需要の三分の一程度を充たすに過ぎず，……歴然たる官学中心主義の文教政策を露呈している」と論評するにとどまり[13]，また連盟の『大学時報』には，この計画に対する記事すら掲載していない。つまり理工系拡充は，私大側にとっては既成事実だったのであり，水面下での圧力攻勢が進行していたことを窺わせる。

　さて，昭和30年代前半のこうした私大側の動向の特徴として，以下のことが指摘できる。まず，この時期の私大側は，理科助成金と研究設備助成金という2つの助成補助金に関する「財政」的要求に終始しており，1961（昭和36）年の池正勧告前後から現れる大学設置基準の緩和という「行政」的要求に関しては，いっさい言及していないということである。つまり，私大側にとって，この時期においては大学経営に関わる助成対策が最大のイシューであったのであり，言い換えれば，すべての私大に共通する「財政」的側面に要求項目を絞っていたため，私大側は3団体に分裂していたものの，表

面的には非常に緊密な協力関係を維持できた。しかし，池正勧告以降，大学教育の理念をめぐる対立が再燃し，こうした私大側の足並みは乱れ始めていく。

次に，「文部省，大蔵省は，国立大学中心の文教行政であるがため，私立大学の振興は，どうしても国会に強力な拠点をもって活動しなければならない。したがって，私学出身並びに従来私学振興に理解ある衆参両議員をもって，『私学振興議員懇話会』を結成し（注－1958（昭和33）年9月以降のこと），当懇話会が，予算増額の実現の推進力となった」[14]と協会の公式資料にあるように，私大側は当初文部省に対し予算要求を行ったが，それでは埒が明かないと悟り，その後自民党などの国会議員に対するロビー活動を通じて，自らの要求を実現していったのである。「補助に関する法律」の改正に関しても，自民党文教部会を通じて国会に議員立法として提出する方策を採っている。またそのロビー活動において特筆すべきは，日大会頭古田重二良の存在の大きさである[15]。古田は，1970（昭和45）年に死去するまで，連盟のポリシーを超え，その幅広い人脈を利用して私大拡充の強力な牽引車の役割を果たしていく。池田正之輔は，そうした古田の古くからの知己の一人であった。

加えて，昭和30年代前半期の私大各団体の機関誌におけるテーマは，理工系を中心としたものであり，文科系に関する記事がほとんど見当たらないことなども，この時期の特徴と言える。当時，文科系学生のオーバー・プロダクションが社会問題化していたものの，私大側ではそれを私大特有の問題とは捉えていなかったのである[16]。

さて，こうした昭和30年代前半期の私大側の動向を踏まえてみると，次項で見るように，1961（昭和36）年の大学設置基準の運用緩和を求めた池正勧告は，古田の意向を色濃く反映した私大側のロビー活動の結果生まれたものであり，また行政レベルにまで拡大した私大側の要求を的確に汲み取るものであった。そして，文部省の私大政策を拡充基調へと転換させる直接の契機となったのである。

(2) 池正勧告と私立大学

　古田ら私大側が池田に接触し始めたのがいつ頃からだったのかは明確ではない。しかし池田は，表向きには 1961（昭和 36）年の 2 月 21 日に古田をはじめとする私大代表を招き，「私立大学における科学技術者養成計画」についての懇談会を開催した。4 月の「科学技術週間」を控えて各界の意見を聞くというのがその目的だった。その席で池田は，「科技庁では所得倍増計画にともなう科学技術者養成十カ年計画を考えているが，……私学側としても独自の案を持っておられることと思うので，今日はその具体的な問題点を指摘してもらいたい」として，私大側の案を聞いた。私大側は，これに対して，「1．科学技術者養成は，国立ではなく，私立大学を中心に考えて貰いたいこと，2．31 年の大学設置基準自体に問題があり，これが私学冷遇策の根本にある。この設置基準は，今日の技術者需要の増大化にそぐわぬ点があり，改める必要がある。3．私学に対する国庫補助はきわめて微々たるものであるので，文部省はもっと私学に助成をすべきだ」と要望したのである[17]。

　こうして古田らに「ハッパをかけられた」[18] 池田は，3 週間後の 3 月 11 日に至り突如，荒木文相に対し，「科学技術者の養成に関する勧告」として，文部省の理工系拡充計画（35 年度の 7 カ年計画）と設置認可行政の変更を要求した。すなわち，文部省の計画では，「国民所得倍増計画」などにおいて推算されている科学技術者の不足分約 17 万人の半数を満たすことも至難である，それ故もっと私立大学の役割を認識しそれを利用することが必要であるとして，教員資格・施設設備・校地面積などを定めた大学設置基準及び大学設置審査内規の改正を勧告したのである。

　いずれにしても，私大側が池田に対し従来の財政的要求に加えて大学設置基準の緩和という行政的措置を要請したことは明白な事実である。しかし，勧告後の連盟の冷めた反応などからすると，それが私大側の総意だったとは考えにくい。むしろ，池田と親密な関係にあった古田の強引なまでの要請があったと見るのが妥当である[19]。当時，「定員より以上にとるというヤミ入学うんぬんということなのですが，……この際，（科学技術者養成という）錦の御旗の下で，そういうものも公にして，いわば私生児の認知をさせようということが一つの大目的になって」いたのではないかという疑惑が出され

第6章　高等教育政策と私立大学の拡大行動

ているように[20]，1957（昭和32）年以降，「『私学の発展は不断の規模の拡大にあって成長の止まったときは大学の没落するときである』との信念のもとに，大学設置基準による学生定員に対しても『私大に定員はない』との特殊な解釈を下し，文部省と対立しながら多数の学生を収容させ」ていた日大古田にとって（日本大学編1982，54頁），この設置基準の緩和措置は，きわめて切実な要求であったと思われる[21]。したがって，この行政的要求が，古田の意向を強く反映して登場してきたことは明らかである。

さて，この池正勧告に対する反応は，連盟と協会双方では微妙に異なっている。連盟の『大学時報』は，その年の6月・8月号ともに「勧告」には全く触れず，ようやく10月号で勧告をめぐる新聞記者らの座談会を取り上げているに過ぎない。したがって，連盟の理事の一人がその席上，「池田科学技術庁長官が『私学をもっと活用しよう，本年度から私学の理工科系の学生を増員しろ』と勧告されても，それを私立大学側が無条件に尾をふって喜んでいるように思われたら困る」と述べたように[22]，連盟は勧告に対して一定の距離を置き，静観する姿勢を取っていた。その一方で，協会の『教育学術新聞』は，毎号勧告の関連記事を取り上げ，『事業年報』でもその成りゆきを詳しく報告している。

このように，池正勧告の受けとめ方は団体によって異なってはいたが，3団体は3月27日，振興政策委員会の名をもって「政府の経済成長十カ年計画達成に必要な科学技術者養成のための私立理工系の大学院・学部・短期大学の充実活用の具体策に関する要望」を文部大臣に提出する[23]。その「要望」の内容は「行政措置」と「財政措置」から構成されており，これまでと同様の「財政」的要求を繰り返す一方で，初めて「行政」的要求を「公式文書」で表明し，1961（昭和36）年度以降の増員予定16,000人のうち，私大に対する割り当てを増やすこと，そのための行政措置として大学設置基準の緩和などを要求したのである。

その4日後の3月31日，文部省は大学学術局長名をもって，「大学に係る認可届出事項等について」を各大学に通達する。その内容は明らかに，こうした私学側の動向を牽制するものであった。すなわち，文部省は大学に関係する事項を，「1. 認可事項」「2. 協議事項」「3. 届出事項」「4. 報告事項」

と大きく4分し、大学（学部を含む）の設置廃止は「認可事項」、また「新たに学科（専攻を含む）を増設し、又は既設の学部学科（専攻を含む）、学生定員を変更」という事項は「協議事項」に分類したのである。またその「場合には、当分の間、文部大臣に協議すること」とし、個別に事情を聴取することとした。他方、「届出事項」は、学長の任免や学費または経費などといった些末な事項に限られていた。従って重要なのは、文部省はこの段階では、その後問題化してくる学科増設や定員増加に関しては、「届出事項」ではなく、あくまでも認可と届出の中間である「協議事項」と位置づけていたことである[24]。

しかし、この文部省の一方的な通達は、1カ月ほどした4月25日、参議院文教委員会で、大きく取り上げられることになる。同委員会では、池田のほか、荒木をはじめとする文部官僚が委員の質問に立っているが、その中で、矢嶋委員が、「定員増は認可事項になっていないはずだが」と問い正し、村山大学課長は、「規模、大学の教授能力に関係するので協議するよう希望事項にしている」と3月31日の通達の内容を繰り返した。それに対し、矢嶋委員は、「この通達は法律違反ではないか」と反論し、続いて池田長官も、「中味をみておどろいた。こんな時期にだすのは私学への恫喝にも等しい。次官通達で拘束するのは法律違反ともいえる。法律改正をすべきものと思う」とつけ加えている[25]。

同日、こうした文教委員会での質疑応答と呼応するかのように、協会は独自に、「科学技術者養成の重要性に鑑み、私立理工系大学（部）の定員増員及び学科増設の実施と文部大臣への届け出に関する協力方御願いについて」を各加盟大学の理事長・学長宛に送付した。その文書の中で、3月31日の文部省の通達の法的効力は私立大学には及ばず、文部省サイドの一方的見解に過ぎないこと、従って学生定員の変更および学科増設については、「協議事項」などという一方的行政措置に属する性格のものではなく、学校教育法施行規則第二条の規定に基づく「届出事項」であるという結論に達したと表明した。したがって、定員増員・学科の増設は各大学が「届け出」をすればよしとし、学生定員の変更および学科の増設は文部省の審査事項ではないので、「今後文部大臣の諮問及び文部事務次官の意見うかがいに応ずべきでな

第6章　高等教育政策と私立大学の拡大行動

い」と，言明したのである[26]。

しかしながら，他の私大2団体は，公式にはこうした表明をしておらず，「届出制」の法律解釈に，協会ほど積極的ではなかった。また，文部省も，先の3月27日の振興政策委員会の要望書に対して，ようやく5月22日に回答を行ったが，「努力」「検討中」といった文言ばかりで，きわめて要を得ない態度に終始しており，省内で学科増設や定員増員の取り扱いに対して明確な意思統一ができていないことを露呈するものだった[27]。

その後1週間ほどした1961（昭和36）年5月30日，こうした混乱を突く形で，日大を筆頭とした理工系の10大学が，「私立理工科系十大学声明」を発表する。すなわち，日本（連盟），千葉工，近畿，工学院，武蔵工，大阪工，東京電機，東京理科（以上，協会），甲南，東海（懇話会）の10大学が，「学科の増設または定員の増加」の実施を「各大学が自主的に行う」ことを宣言したのである。

10大学の内訳は，必ずしも協会加盟の大学ばかりではなかったが，日大に関しては，「あの十大学の中でも大学連盟のものは，日本大学の一つしかありません」と連盟理事の一人が批判したように[28]，連盟の動向からは突出していたのであり，その意味でも，この声明は明らかに4月25日の協会の声明の延長線上に乗ったものであった。

(3) 設置認可の緩和と私立大学

ここに至って，文部省側も，こうした私学側の拡大攻勢に対して明確な意思表明をせざるを得なくなった。7月4日，「私立大学の学科増設及び学生定員変更について」，次いで8月21日，「公私立大学の学科増設等の取り扱いについて」として，文部省はその基本方針を発表した。これらの通達は，従来の私大に対する抑制政策を大きく変更するものであった。すなわち，従来「文部省としては，……学科の増設，学生定員の変更については，当分の間，文部大臣に協議の上実施させることとし，実質上認可事項と同様な取扱を行うこととして今日に至った」が，「この際，文部省としては，……従来大学の学部の設置認可の際に付していた学科増設，学生定員変更に関する条件を解除し，これらに関する事項の学則変更として，事前の届け出をもって

117

足りるものとする」としたのである[29]。

　こうした文部省の大きな政策転換に関して，協会と連盟とではその受けとめ方は対照的であった。まず協会側では，次年度の届出書申請の期限日に近い9月20日に緊急会議を開催し，文部省の大学学術局長，大学課長，庶務課長らを呼んで，学科増設および定員変更の事務手続について説明を求めた。その中で，協会側は再三にわたる質疑応答を通じて，「届出制」に対する文部省の確約を取っている。まず，「届出した場合の文部省事務当局の取扱いはどのようにするのか」と質問し，「届出は，届出文書書類で，結着いたします」という大学課長の回答を引き出した。また局長に対しては，「事前協議という場合と届出とは，最終的には，当局ではどうゆう点に差異が生ずるのか」という疑義を出し，「きょくたんに申し上げれば事前協議は届出をしていただいて，そしてこちらから，たりないところがあれば，御指摘申し上げるということでございますが，届出であれば，そうゆうことはあり得ないし，又，あってはならないと思います。おしつけられれば，それまでで法的にも拘束力はない」と言明させている。さらに，「届出が通ればそれで実際に効力が発するのか」という質問をし，庶務課長から「ええ，御質問のとおりでございます。形式的に申せば，届出という行政権の性質上，届出が通ったとすれば，効力が発生するのだという見解はなりたつと思います」という確認を取っている。こうして協会側は，届出制に対する文部省側の言質を取りつけ，学科増設・定員増員に本格的に乗り出す下準備を整えたのである[30]。

　しかし，連盟側では逆に文部省の真意をはかりかねている。たとえば，「私立大学と学科の増設」という座談会の中で，Gという幹部は，「届出そのものが有効でないと思うのです。……ここにわれわれ私立大学に関係しておる者が，学科の増設は届出でよろしい。認可を要しませんといわれて，やせ犬が一連の肉にありついたように尾をふって喜んでいると思ってもらっちゃ困る」として，文部省側を牽制した。またAも次のように警戒している。「文部省としては，なんらかの形でかならずや官僚精神を発揮して，非常に消極的な統制があるのじゃないか。私はそれを恐れているのです。官僚的な窓口統制も考えるのです」。それに続いて，Cは「文部官僚の側からいった

ら，……やるならやってみろ，やったらこっちは目を光らせておって，そう勝手にさせないぞ，と考えていることは想像に難くない。そうして結局この結果によって大学教育が低下するという面が少しでも現れて，それを機会に更に監督権を強化するほうに持っていかれる恐れが多分にあると思います」と，文部省の今後の出方を懸念している[31]）。

　このように，文部省の設置認可の緩和に対する私大側の反応は，連盟と協会では，大きく異なっていた。協会側は旺盛な拡充意欲をのぞかせる一方で，連盟側は思いも寄らぬ改革を前にして当惑を隠しきれない様子である。大学教育に対するポリシーの相違が，こうした対応の差異となって顕在化したと言える。この意味で，少なくとも1961（昭和36）年の段階では，私大のすべてが拡充政策に乗り気であったわけではないのである。

　なお，年が明ける頃には，両団体の機関誌にこうした理工系拡充計画に関する記事や特集が掲載されることはほとんどなくなる。1962（昭和37）年以降の私大側の関心は，私学振興会をめぐる財政投融資の可否，名城大学の紛争を発端とした学校法人紛争法への対応策，中教審38答申の「大学の管理運営」「大学入試」などを焦点とした論議など，様々に分化していく。拡充政策が再びクローズアップされるのは1964（昭和39）年度の急増対策以降のことであり，それとともに本格化する大学新設をめぐって連盟・協会両者の対立の構図がより鮮明になっていくのである。

　さて，以上のように，1957（昭和32）年度以降の理工系拡充政策の中で，私大側は様々な反応と圧力攻勢を政府・文部省に対して行ってきた。しかしながら，私大3団体は1957（昭和32）年以降の理工系拡充政策の中で，実際にどのような拡大行動を取ったのか。三者の間に大きな違いがあったのだろうか。また個々の私大では，この時期，どのような「御家の事情」を抱え，それは拡充政策とどのように絡み合っていたのか。次節では，1961（昭和36）年前後の理工系学部・学科における定員数の推移を団体レベルで検討した後，昭和30年代における個々の大学の理工系拡充の要因と論理を探る。

第3部　高等教育政策のプロセス

4. 私立大学の拡大行動

(1) 各団体の定員増加の実態

　図6-1〜図6-3は，私大全体及び各団体ごとに，定員数と定員増加率の拡大の推移をプロットしたものである（いずれも『全国大学一覧』各年度版のデータによる）。1958（昭和33）年度からの3カ年計画では，私大側に3,000名の定員増が求められていたわけだが（短大を含む），実際には私大全体では2,300名程度しか増員していない。短大の増員分約500名（昭和33, 34年度）を合わせても[32]，計画の目標レベルには達しておらず，私大側が拡充に積極的であったとは言いがたい。「大学側から見ますと，……既存のものさえ充実できていないので，それをやることがまず第一じゃないかということで，新しい学科の増設または定員の増加については余り気乗りがしないという傾向があります」と連盟会長が1959（昭和34）年当時述べている

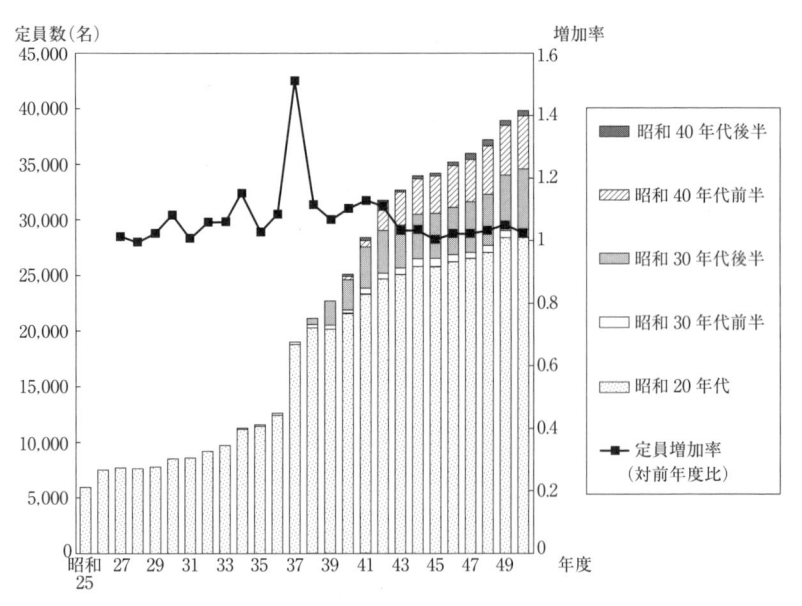

図6-1　私立大学全体の理工系学部定員の推移

第 6 章　高等教育政策と私立大学の拡大行動

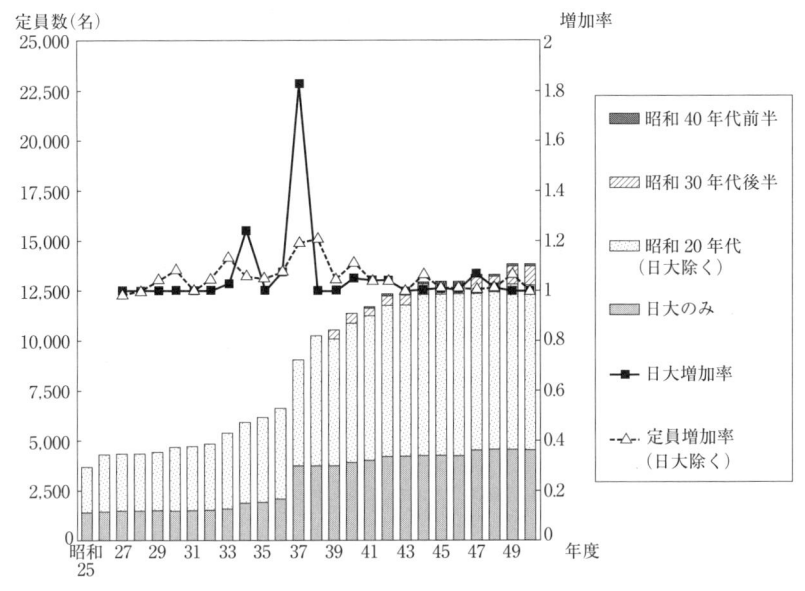

図 6-2　連盟の理工系学部定員の推移

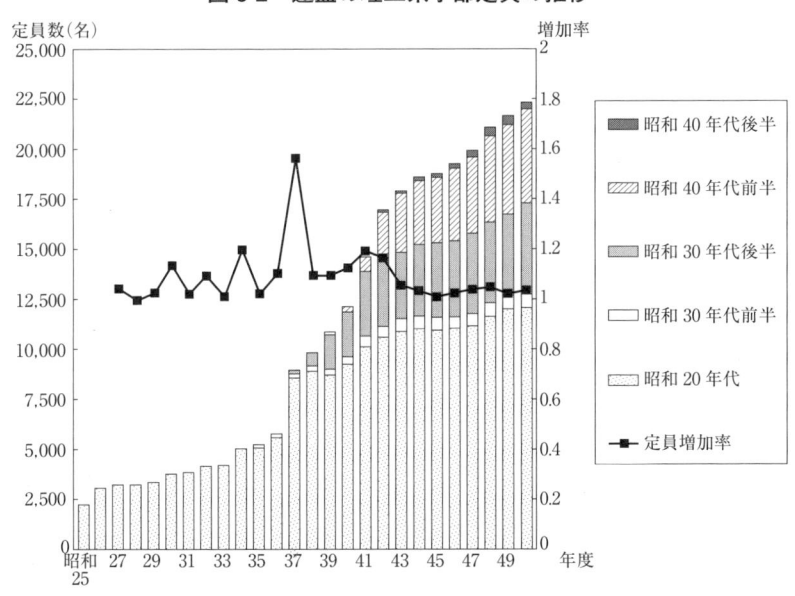

図 6-3　協会の理工系学部定員の推移

第3部　高等教育政策のプロセス

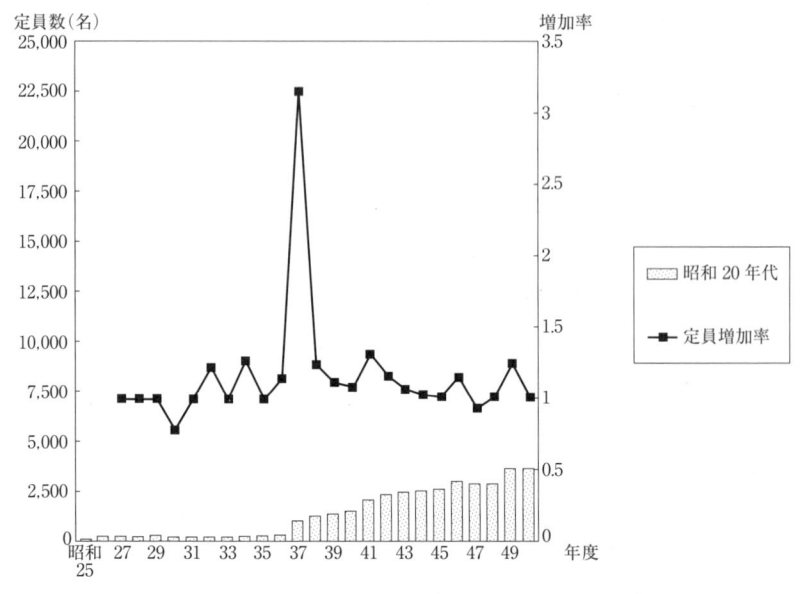

図6-4　懇話会の理工系学部定員の推移

ように[33]，この時期の私大は理工系拡充政策に対してそれほど忠実に応えていたわけではないのである。

　しかし，1961（昭和36）年から1962（昭和37）年にかけて，全体として急激な増加が起こっている。ただ各団体の増加率に着目してみると，協会では一挙に1.6倍ほどに跳ね上がっている一方で，日大を除く連盟の増加率は1.2倍程度にとどまっており，むしろ1963（昭和38）年度の増加率の方が高くなっている。連盟では1962（昭和37）年度での増設・増員を見送って翌々年度まで持ち越したのであり，しかもその拡大の幅も小さかったのである[34]。また，日大の増加率は1.9倍近く，突出した動きを見せている。つまりこうした事実は，旺盛な拡大意欲を見せていた日大や協会が，池正勧告・設置基準の緩和に敏感に反応しそれをテコに一挙に拡大を達成したのに対し，届出制の解釈に消極的であった連盟側は，文部省の出方を懸念しつつ拡大を躊躇していたことを意味している。

　ちなみに，1965（昭和40）年以降の推移を見てみると，協会は新設大学

を吸収しながら定員数を増加させていくのに対し，連盟側の定員数は新規加入を制限した結果，昭和40年代後半には頭打ちとなっていくことがわかる。協会側が新設大学の受け皿となり1964（昭和39）年以降の急増対策に応えていったことを窺わせると同時に，協会・連盟両者の大学拡充をめぐるポリシーの相違がますます顕著となっていく様子が示唆されている。

さて，以上のように，各団体の拡大の様態はそれぞれの政策への対応の在り方と密接にリンクしていた。昭和30年代の理工系拡充の中心的役割を果たしたのは，旺盛な拡大意欲を見せていた日大や，理工系の単科大学を数多く擁する協会であり，文部省の顔色を窺っていた連盟は拡充しなかったわけではないが，その幅は小さかった。

ただ，こうした団体レベルでの分析は，個々の大学の拡大行動やその論理まで説明するものではない。次項では，それぞれの団体を構成する個々の大学が，昭和30年代の理工系拡充政策の中で，どのような拡大の論理と契機を持っていたのかを考察する。

(2) 個別大学での拡大の論理

表6-1は，各団体の主要大学における理工系学部・学科の増設および定員増員の理由をまとめたものである（1965（昭和40）年度まで）。

まず指摘できるのは，どの団体の大学でも表向きには文部省・産業界が要求する科学技術者の大量養成，あるいは入学志願者の急増に応えるという大義名分をあげているケースが多いことである。しかし同時に，昭和30年代は多くの私立大学にとって学園創立以来の節目となる時期に当たっており，早稲田大学のように，理工系学部の増設や定員拡充がその記念事業の「目玉」となっていた大学も少なくない。また，中には理工系学部・学科を増設することで，（理工系）総合大学化の実現を図ろうとした大学もあったことがわかる。むしろ，こうした要因が折からの拡充計画と相俟って理工系学部・学科の新増設を促進したとも考えられる。

ただし，理工系拡充がすんなりと学内で決定されたわけではない。特に連盟所属の大学では，理事会や既設の文科系学部から，財政上の問題や建学の理念などを理由に反対意見が続出し，大きな障害となったことが記されてい

る。たとえば関西大学では,工学部が1962(昭和37)年度に6学科を増設する計画を立てたが,「既設学部に財政的影響を与える心配や,工学部だけの膨張に批判的な意見もあって,学内の同意を得ることができなかった」ため,結局2学科の増設に終わっている(関西大学百年史編纂委員会編1992,163-165頁)。また東北学院大学では,1962(昭和37)年度の工学部の新設の際,文科系学部から,これまでの文科系学校として一貫してきた伝統を離れて「唯物的思考」を養うような理工系学部の設置のごときは,建学の精神に反するという反対論も存在した,と記されている(東北学院百年史編集委員会編1989,1124頁)。さらに連盟の中には,拡充を拒否した大学も存在している。たとえば立教大学では,1949(昭和24)年に理学部を創設して以来,1989(平成元)年度まで理工系を拡充することはなかったが,それは「明治以来の立教が持つ少数教育主義」を「今日の状況においてもなお維持」するためだった(立教学院百年史編纂委員会編1974,441頁)。

　一方,協会側の大学では,理工系拡充に際して理事会や他学部と対立したという記述はほとんど見当たらない。その理由として,協会は理工系単科大学が多く,また理事長のイニシアティブが強かったことなどが考えられる。したがって,協会の方が政策への対応に敏感であり,1962(昭和37)年度に増設・増員を早々に達成できたのに対し,連盟は総合大学であるがゆえに理工系学部の拡充に必ずしも賛成でない文科系学部を抱え,その調整に手間取る大学が少なくなかったこと,また創立理念から拡充に否定的な態度を取る大学があったことなどから,政策に対する反応が鈍くしかも増員も抑制されたのである。

表6-1　各私大における理工系拡充の要因

大学名	大学設置年	学部・学科増設(年)	理工系学部・学科の増設理由	記念事業との関連	備考
日本私立大学連盟					
慶應義塾大学	1949	1957年(以下57と略記)工学部計測工学科,59管理工学科	100周年に合わせて,日吉,三田,小金井の教室,実習室,体育館その他の運動諸施設の新築の見通しがついたので,定員増加を図ることに。	1968(以下68と略記)年は,創立100周年。	

第6章　高等教育政策と私立大学の拡大行動

大学				
早稲田大学	1949	61理工学部鉱山学科を資源工学科に改称	技術者の大量養成の必要性。	62年は,創立80周年。理工学部の改革拡充と学生定員の大幅増員は,その記念事業の「目玉」。
上智大学	1948	62理工学部	経団連など財界の協力を得た理工系学部設置後援会が発足。	「文学・経済学部ともに完全ではないため,他学部を増設することはできない」と学長。
青山学院大学	1949	65理工学部		90周年の記念事業の中核として結実。
立教大学	1949	49理学部		明治以来の立教の持つ少数教育主義のため増設・増員せず。
日本大学	1949	52工学部工業経営学科,58理工学部一部・二部,59理工学部一部・二部数学科,61理工学部一部経営工学科,62理工学部一部交通工学科・精密機械工学科	59年以降「創立70年記念事業3ヶ年計画」として,第二工学部校舎,特に実験・実習の施設,図書館などの新増築。	59年は,創立70周年。

125

大学	年	学部・学科	理由	備考1	備考2
法政大学	1949	50工学部, 65工学部 土木科・建築学科	現在わが国の緊急の要務である科学技術の振興に応える。	工学部建設は, 大学創立85周年記念事業の筆頭。	大内総長をはじめとする理事会の反対。
明治大学	1949	50工学部第二部, 60工学部 第一部工業化学科	「明治大学工業振興会」が, 工学部の財政的基礎を固める。昭和30年代の産業界の「技術革新」の要求に応える。	60年は創立80周年。	文科系学部からは, 工学部における「産学協同」に対する警戒感。
関東学院大学	1949	49工学部 機械工学科・建築学科, 50電気工学科, 56土木工学科, 57工学部 第二部 機械工学科・電機工学科・建築工学科, 60工学部 工業化学科	科学技術工業の発展に伴う化学工業教育の拡充に関する要望に応える。進学者の急増に対処。		
東北学院大学	1949	62工学部	仙塩地帯の工業化計画に応える。卒業生を全国に就職させる。他学科よりも比較的低廉ですむこと, 急激な経済発展, 東京オリンピックの影響。	工学部の新設は, 創立75周年記念事業。	文科系学部からは,「唯物的思考」を養うような理工系学部の設置のごときは, 建学の精神に反するという反対論。
同志社大学	1948	49工学部, 54工学部第二部, 62工学部 電子工学科・機械工学第二学科・化学工学科	近代社会の需要に応え得るような学科増設による量的な発展。		

第6章　高等教育政策と私立大学の拡大行動

関西大学	1948	58工学部，59工学部管理工学科，62工学部機械工学第二学科・応用化学科	技術の時代を迎えて産業界は大学卒の技術者を要求。科学技術者養成を求める社会の要成に応えるとともに，文・理系を併せ持つ総合大学に躍進。文部省の科学技術者増員計画に応える。	55年は70周年記念。	財政上の問題から，理事会及び他学部の反対。

日本私立大学協会

武蔵工業大学	1949	57電気通信工学科，建設工学科を建築工学科・土木工学科に分離，59生産機械工学科・経営工学科	工学部，工業技術者の養成という社会経済の要請，入学志願者の激増—入学倍率の緩和。	59年は，創立30周年。	
工学院大学	1949	55工学部第一部・第二部電気工学科・建築学科，62工学部第一部生産機械工学科・電子工学科	志願者の増大・産業界の動向（理工系の需要の増大），工科系単科大学としての声望の向上。	62年は，75周年。工学部，57年は10周年記念。	
千葉工業大学	1950	53工学部一部電気工学科，55工学部二部電気工学科，61工学部一部電子工学科・工業化学科	工業単科大学としてその名にふさわしい工業科学の専門分野を網羅する。	65年は，創設25周年。飛躍の前提として実現したのが，精密機械工学科の増設。	
東京理科大学	1949	59理学部第一部応用化学科，60理学部第一部応用物理学科，61理学部第一部応用数学科，62工学部	社会的要求に応える。工学部を加え理工系大学として誇り高い存在を示す。理学と工学との高邁な相関関係を認識。わが国最初の理工系総合大学としてその真価を世に問う。	61年は，創立80周年。	

大学					
東京電機大学	1949	52工学部第二部, 60工学部第一部 電子工学科, 61工学部第一部 機械工学科・ 応用理化学科, 62工学部第二部 電気通信工学科・ 電子工学科・ 機械工学科	工業技術者の不足, 工学部入学志願者も増加 という社会のニーズと 大学発展計画を考慮。 第二部設置；勤労青年の 向学心に応え, 国の理工系学生の増募計画に 協力し,科学技術者の養成を はかり,わが国の産業発展に 貢献する。		
神奈川大学	1949	59第二工学部・ 工学部 応用化学科, 62工学部 工業経営学科	入学志願者の急増・ 科学技術の進歩と社会の要請 に応える。この定員増は 実際にはいわゆる「水増し」 状態を緩和する意味を 持つもの。	59年は 創立 30周年。 工学部の 増設は, その 記念事業。	
東洋大学	1949	61工学部, 62工学部 土木工学科・ 建築学科	産学協同を目指す。 名実ともに総合大学化。	57年は 創立 70周年。	産業界からの 強い バックアップ。
玉川大学	1949	62工学部	小原園長の念願。技術日本, 産業立国の国是から。 名実ともに総合大学化。	59年は 創立 30周年。	
愛知工業大学	1959	60電子工学科・ 応用化学科, 62機械工学科・ 経営工学科, 63工学部二部	工科系の総合学園としての 機能を整える。	62年は 学園創立 50周年。	
大阪工業大学	1949	50工学部第一部・ 第二部機械工学科, 57工学部第一部 応用化学科, 59工学部第一部 電子工学科, 60工学部第二部 応用化学科, 62工学部第一部 工業経営学科・ 第二部 電子工学科・ 工業経営学科	生産技術の著しい進歩と, それに伴う産業界の 急速な発展による。 総合的な工業全般に関する 高度の教育と研究とを 可能にし,学部の充実を 一層図る。	62年は, 40周年 記念。	

第 6 章　高等教育政策と私立大学の拡大行動

福岡大学	1949	62工学部, 64工学部 土木工学科・ 建築学科	68年に日本私立大学協会から国策に沿って工学部を設置してはどうかとの勧誘。物理工学だけでは，完全な工学部ではないという合意。産業界の発展につれて，中堅技術者の不足がひどくなり，各方面から工学部の新設が切望。		

私立大学懇話会

学習院 大学	1949	62理学部数学科	学問の基本としての哲学と理学の二つの柱を欠いてはならぬとの阿倍院長の信念。数学科：コンピューターの普及により卒業生の就職が比較的容易になったから。		
成蹊大学	1949	62工学部		59年は大学創立10周年記念。工学部増設は，学園50周年記念事業。	
甲南大学	1951	57理学部, 59理学部 経営理学科, 62理学部 応用物理学科・ 応用化学科, 64理学部 応用数学科	文部省の理工学系学生増員計画に応える。		政治経済学部の教授会の工学部増設への反対。
東海大学	1950	61工学部 経営工学科, 62工学部 機械工学科・ 海洋学部設置, 63第二工学部, 64理学部	時代の要請に応える。産業界からの要請に応じて，科学技術者不足に対処する。	62年は，大学創立20周年。工学部の増設拡充は，その記念事業の一つ。	

注 1)　学部・学科増設（年）は，『全国大学一覧』各年度版の記述による。
注 2)　各団体の大学をすべて掲載しているわけではない。また所属団体は 1965（昭和 40）年度段階のものである。
注 3)　上記の各項目は，参考文献に掲載した各大学史・学園史を参照した。引用ページは煩雑になるため，省略している。

129

5. おわりに——課題と展望

　以上のように，私大側は昭和30年代前半の理工系拡充政策に対しては，財政的要求を繰り返すばかりで，実質的な拡充には本格的に着手せず，政策に忠実に応えていたわけではなかった。しかし設置基準の緩和という行政的要求が古田らの手によって池正勧告という形で提起されると，文部省も学科増設・定員変更の取り扱いを届出制へと変更せざるを得なくなり，日大や協会はこの届出制をテコに一気に理工系の定員数を拡充する。しかし連盟に所属する大学は，古くからの伝統や建学の精神を引き継ぐ文科系学部を擁し，それらの学部は理事会とともに理工系学部の拡大には否定的な反応を取ることが多かったため，それらが足枷となって連盟では拡大が十分に果たせなかった。したがって，古田を頂く日大や理工系単科大学であるがゆえに機動性に勝っていた協会の方が，政策に感応的であり拡充もスムーズに達成することができたのである。

　さて，教育政策，特に大学をめぐる諸政策は，いつの時代でもそうであるように，様々な社会諸勢力の政治的過程の所産であり，その背後には諸集団が持つ様々な価値や論理の対立が隠れている。高等教育のマス化の画期となった池正勧告や設置認可の緩和政策もまた，昭和30年代初めからの政府・文部省・私大団体の政治的駆け引きの産物であり，そこには大学教育の質と量をめぐる理念の相違があった。ただし，戦後の私大はそれぞれきわめて多様な学内事情を抱えていたことも事実であり，私大を団体レベルで把握することには限界がある。したがって，私立大学の様々な拡大行動，さらには高等教育の抑制期における行動に関しては，さらに細かい考察が必要である。また本章は，1964（昭和39）年から本格化する急増対策まで分析が及んでおらず，高等教育拡大のいわば第一段階を扱ったに過ぎない。しかも，人文・社会科学などの文科系学部の動向に関しては全く触れていない。今後，文科系を含めた分析が進められなければならないだろう。

[注]

1) 黒羽（1977, 131頁），同（1990, 62-63頁），天城他（1993, 8頁）などを参照のこと。
2) Pempel（1975），Cummings（1975）などを参照のこと。また理工系拡充政策に関しては，荒井（1994）などを参照。
3) 戦後の私立大学の団体の変遷については，丸山（1992），日本私立大学連盟（1972）などを参照。またこの節の記述もこれらに負っている。
4) 「連盟の動き」『大学時報』私大連盟，昭和32年13号10頁，以下『時報』32-13-10頁と略記。
5) 日本私立大学連盟（1972, 116頁），「連盟の動き」『時報』32-13-9，「主なる事業報告」『事業年報』私大協会，昭和32年度44頁，以下『年報』32-44頁と略記。
6) 1953（昭和28）年度に文部省の科学研究費の第7項目に開設された「私立大学研究基礎設備助成補助金」を母体とし，1957（昭和32）年の「補助に関する法律」によって制度化。その分配額は「私立大学研究設備審議会」の審議を経て決定され，文科系にも分配された。
7) 私大の理科系学部学科の充実のため，1956（昭和31）年度文部省管理局振興課所管予算中に設置。
8) 「主なる事業報告」『年報』32-52-54頁。
9) 「座談会 理工系教育の振興について」『時報』33-14-20-21頁。
10) 「教育界の動静」『時報』33-14-34頁。
11) 「時報」『時報』33-15-1頁。
12) 「連盟の動き」『時報』33-15-11頁。
13) 「主なる事業報告」『年報』35-75-76頁。
14) 「主なる事業報告」『年報』33-52頁。
15) 古田に関しては，日本大学編（1976）を参照。
16) ただし，1960（昭和35）年1月29日の松田文相の「大学の文科系は今後私立大学を中心とすべし」との見解に対して，協会ではこれを「すべての国公立大学を私立大学とする第一段階として，まず文科系国立大学の私立大学への移行を実施しようとするもの」と捉え，「この機会を利用して文相の信念を対岸視せず，むしろバック・アップして一拠に私立大学の発展を期したい」と表明した（『年報』34-81-82頁）。そして『大学制度改革の根本方針に関する見解（案）』（『教育学術新聞』35年3月7日付，以下『新聞』35-3/7と略記）を決議し，国立大学の民営化を建議したが，画餅に帰している。一方，連盟では，松田発言は全く意味をなさず，現状では無理として，一蹴し

た（板橋菊松「松田発言と大学と大学制度」『時報』35-33-4-6頁）。
17) 『新聞』36-2/27。
18) 三宅毎日新聞記者発言「座談会　私学の諸問題をめぐって」『時報』36-43-12頁。
19) 「ぼく（池田）の方が古田の先輩で，あいつはおれがぶんなぐった奴なんだ。おれより二，三年あとだろう。古田が柔道部の大将で，ぼくは餓鬼大将で，……その時分（注－大正9年から12，3年の頃）からのつきあいだ」（江藤1961, 251-252頁）と池田が言うように，二人の間には同じ私学出身者として親密な関係が築かれていた。なお，山崎（1986）も参照。
20) 西岡東京新聞記者発言「座談会　私学の諸問題をめぐって」『時報』36-43-11頁。
21) 日大の1961（昭和36）年度の入学者数は，10,858人（1・2部合計）である（「年表」日本大学編1982, 112頁）。定員数は5,820人だから，1.9倍近い水増しを行っていたことになる。
22) 「座談会　私学の諸問題をめぐって」『時報』36-43-10頁。
23) 『新聞』36-4/3。
24) 「大学に係る認可届出事項等について」『年報』36-99-101頁。
25) 『新聞』36-5/8。
26) 「主なる事業報告」『年報』36-103頁。
27) 「私立大学振興政策委員会の要望について（回答）」『年報』36-107-108頁。
28) 「座談会　私学の諸問題をめぐって」『時報』36-43-11頁。
29) 「私立大学の学科増設及び学生定員変更について」『年報』36-110-111頁。
30) 「私立大学の学科増設および定員変更の事務手続き等に関する協議会議事要旨」『年報』36-130-157頁。
31) 「座談会　私立大学と学科の増設」『時報』36-44-5-13頁。
32) 『学校基本調査報告書』昭和32, 34年度版による（ただし，「学生数」の集計分）。
33) 大浜信泉「鼎談会　科学技術の振興はこれでよいか」『時報』34-30-5頁を参照。
34) 36年度から2カ年の増加率は，協会の1.62倍に対し日大を除く連盟は1.44倍である。

第7章

1980年代における抑制・削減政策
医学部の入学定員政策を事例に

1. はじめに

　戦後，わが国の医師養成は厳しい規制の下に置かれ，医学部数や入学定員数は一貫して抑制基調にあった。しかし1970（昭和45）年を境として，人口10万人に対し医師150人が「適正」であるとの「計画」の下に，「無医大県解消（1県1医大）政策」がスローガンに掲げられ，一挙に倍増近い入学定員の大拡張が敢行された。1970年代前半，わが国はオイルショックやそれに続く総需要抑制という大きな変動の波にのみ込まれ，無医大県の解消政策も幾度となく大蔵省からゼロ査定が下されるものの，結局のところ大きな変更なく堅持され，1970年代後半からの50年代前期・後期高等教育計画においても，医師養成は聖域化されて修正されることはなかった[1]。

　しかし，1979（昭和54）年10月の琉球大学医学部の開設（学生受け入れは1981（昭和56）年4月）を最後にこの大拡張政策が終結すると，1980年代初頭から医師養成をめぐる議論は抑制的な基調へと大きく転回することになる。しかし養成数の抑制・縮減策として入学定員の削減が政策決定されたのは，ようやく1984（昭和59）年6月のことであった。その後，文部省は愛媛大学医学部の入学定員削減の概算要求を受け，1985（昭和60）年度以降，各校の削減を進めていくが，しかしこの段階では厚生省ならびに文部省それぞれの検討委員会の勧告（中間報告）は出そろってはいなかった。つまり文部省による定員削減は，こうした委員会の審議結果を待つことなく，それに先行してインクリメンタル（デクリメンタル）な形で形成・決定されていた

ことになる。しかもこの形成・決定には、医師数過剰—抑制論とは異なる、医学教育の質の充実という新たなロジックが用いられていた。さらにその実施過程は、きわめて後ろ向きのものであり遅々として進まず、成果としても中途半端なものに終わった。

　本章では、第3部の冒頭で触れたように、戦後から続いてきた拡大政策ではなく、抑制・削減というそれまでに例のない政策過程を、各大学の実施状況に着目しながら考察する。以下に詳しく見るように、この形成・決定から実施・終結に至るまでの過程は各段階の節目も曖昧で、また長期にわたると同時に緩慢なもので、拡大とは異なる抑制・削減というフェーズにおける政策過程の特徴が表れている。以下では、拡大基調から抑制・削減のイシューが立ち現れ、個々の大学でどのように実施されていくかを考察する[2]。

2. 厚生省の認識転回とアジェンダ・セッティング

(1) 過剰論と「質」向上論の台頭

　さて、医師養成について、それまでの拡張主義一辺倒の論調に変化が現れてきたのは、1970年代半ば以降のことである。

　まず厚生省は、これまでの「量」を中心とした医療行政を転換して、「質」を重視する方針を表明するようになる[3]。たとえば、1975（昭和50）年5月に開催された全国医務主管課長会議では、滝沢医務局長が医師をはじめとする医療従事者養成などの「量」の確保は引き続き積極的に進める方針だが、その充足の目安はついたとして今後の医療においては地域医療計画との関連で、質の向上が大切になってくるとの見解を示している（『日本醫事新報』第2664巻（以下、「日医新2664」と略記）、1975年5月、98頁）。

　自民党でも、1975（昭和50）年5月以降、医療基本問題調査会において医療供給体制が検討課題にあげられ、同年6月の第3回正副会長会議では、「現在の文部省が行っている無医大県解消策は、人口構造等を考慮して行われているのか」「のべつまくなしに医大を作るのが果して良いのか。講座の数、種類等については考えられているのか」など、医師数拡大政策に対する

疑問・質問が提起されている（日医新2669，1975年6月，87頁）。医療・保険に詳しい議員（社労族）からすれば，文教族が主体となって進めている拡大政策への見直しの気運が高まっていたことが窺い知れる。さらに同調査会は，1977（昭和52）年10月，橋本龍太郎副会長の意見として「医療制度改正の基本的報告（案）」を発表し，今後は量の拡大・確保ではなく質の向上に努めるべきとして，これまでの拡大主義的な政策を再検討するよう促している（日医新2788，1977年10月，108頁）。

(2) 1980年代初頭における厚生省の認識転回

　厚生省（大臣官房統計調査部）は，1980（昭和55）年12月，1979（昭和54）年末現在の「医師・歯科医・薬剤師調査」の概況を公表し，1970（昭和45）年時に立てた当面の目標である人口10万人当たり150人という医師数が，目標の1985（昭和60）年を待たずに達成されることが確実となってきたとし，依然として地域的な偏在があるため，「現状では，まだまだ医師不足」としながらも，「長期的な養成計画からみると，今後目標数は，『これ以上増やすべきでない』とする抑制値とする必要がある」として，すでに検討を開始，近く医療関係者の審議会に諮問する，と発表した。またその抑制値は，具体的には諸外国の例から見て人口10万人当たり200人が一つの目安となる，ともしている（朝日新聞1980年12月25日付，以下，朝日1980/12/25と略記）。

　これ以降，厚生省側は消極的な形ではあるが，様々な場面で医師数の過剰に言及していくが，それらを勘案すると，この発表は厚生省が抑制対策に転回する予告であったとも考えられる。

　では，10万人対150人という想定がこれほどまでにもろく崩れたのは，どのような予想外の要因が潜んでいたのであろうか。それは，医学部・医科大学の新設，特に私立医大の急増が主な原因であることは疑いがない。1970年代前半の大拡張期に，国立セクターでは大学数ならびに入学定員で見ると，24校2,280名（1969（昭和44）年度）から43校4,660人（1981（昭和56）年度，自治医大含む）にまで拡大した（大学数では1.8倍，定員では2.0倍）。一方で，私立セクターでは，同じ期間に13校1,140人から29校3,040人と，

大学数では2.2倍，定員では2.7倍にまで拡大しており，国立セクターを大きく凌駕するまでに膨れ上がったのである。

このように，厚生省は1980年代初頭にはすでに医師養成計画の適正数達成が前倒しとなり，むしろ過剰供給される危惧があるとの認識に立って，新たに人口10万人対200人へと適正数を修正した。また第2次臨時行政調査会（以下，臨調と略記）による医療費抑制の勧告と医療法改正による医療供給の計画化などの流れの中で，厚生省は1982（昭和57）年半ばまでに，医師数の抑制・縮減の必要性を把握していた。医師養成の担当部局である医務局としても，そうした認識は他部局と共有しており，また医事課を窓口として文部省大学局医学教育課との間で，1981（昭和56）年7月以降，意見交換を定期的に行っている[4]。しかし，厚生・文部両省ともに実際にどのような対応を取るべきかについては，この段階ではまだ手探りの状態であったと言ってよい。

(3) 厚生省によるシンポジウム

さて，厚生省は1983（昭和58）年7月13日，病院管理研究所で『我が国における医師養成のあり方』と題した公開シンポジウムを開催する。大谷医務局長自らが座長につき，方波見重兵衛（国立公衆衛生院衛生統計部長），紀伊國献三（筑波大社会医学系教授），菊地浩（自治医大公衆衛生学教授），懸田克躬（医学教育振興財団理事長），佐野正人（日本医師会常任理事）らがシンポジストとして参加している。

大谷医務局長からこれまでの医師養成について厚生省側の対応が説明され，人口10万対150人という目標はこの1983（昭和58）年の段階ですでにクリアすること，医師数は過剰供給のおそれがあり厚生省はすみやかに対処するよう国会で議論されていることなどが述べられ，臨調の答申でも「過剰を招かないよう合理的養成計画を樹立せよ」との指摘が提起されている現状などが説明されている。この後，4時間あまりにわたる議論が続けられたが，医師の養成数をどれほど抑制すべきかについては明確な決着がついたわけではない。しかし，21世紀には人口10万対200人，2075年には300人程度にも達するという予測の中で，早急に医師養成の適正数に対し国民的なコンセン

サスを形成し検討を進める必要がある点では，意見の一致を見ている（日医新3091，1983年7月，97頁，3092，1983年7月，136-141頁）。

厚生省（大谷医務局長）は，このシンポジウムを「政府として公式に検討を始めた第一歩」（日医新3091，1983年7月，97頁）とみずから位置づけており，これにより医師養成数の抑制・縮減がアジェンダ・セッティングされたと見てよいだろう。

(4) 削減のオプション

さて，医師数削減については，入学定員を縮小させるか，あるいは医学部（医大）自体を削減するか，さらには国試（医師国家試験）でふるい落とすか，という3つの方策が想定されるが，このうち医学部（医大）の統廃合は，その莫大な開設経費と人的リソースに鑑みれば全く現実味はなく，また国試によるコントロールは国会でも「極力避けたい」として厚生省から否定されていたから政策的なオプションとはなり得なかった（横尾医事課長による発言，第102回国会，参議院文教委員会6号，1985（昭和60年）4月16日開催，以下，102参文教06，1985/04/16と略記）。したがって，このシンポジウムの後に新任の吉崎医務局長が，医師数過剰を認めつつ，「現実的な対応策としては，定員抑制ということになる」との考えを明かしたように（日医新3101，1983年10月，95頁），この後，既存の医学部（医大）の定員削減という方策が採られていくことになる。しかしその削減幅については，厚生・文部両省は1981（昭和56）年7月以来，意見交換を行ってきてはいたものの（日医新3108，1983年11月，115頁），この時点で具体的な数値を提示できるまでコンセンサスが得られていたわけではなかった。

そもそも文部省自身，シンポジウムの中で「医学部への国民の強い入学希望があり，医師の適正数を議論する場合，供給の側，医療費，医師の側の議論だけではすまない」として，削減した場合のシミュレーションに対する「合意形成ができないと対処できない」と前畑医学教育課長が明言しているように（日医新3092，1983年7月，141頁），定員削減についてはきわめて消極的であったから，この時点で削減幅をどれほどにするかについては，省内で議論があったにせよ，およそ公の議論の場ですり合わせするような段階

にはなかったと言えよう。後述するように，入学定員の削減には概算要求によって各大学側から要望を上げさせる形を取らざるを得ず，それはすなわち各大学・医学部の賛同を取り付ける必要があった。しかし，無医大県解消が着々と進んで各地に医大が開校されたとはいえ，まだ学年進行によって完成年度に達していない大学が多い中，手のひらを返したように削減を依頼するような正当性は，文部省といえども持ち合わせていなかったはずである。したがって，文部省は定員削減に当たっては「医師供給の側，医師の側」とは異なる大学・教育側のロジックを展開することにならざるを得なかった。次節で見るように，翌1984（昭和59）年2月には文相が定員削減について言及していることからすると，1983（昭和58）年の秋以降，入学定員についての対応策が省内で協議され始められていたと考えてよいだろう。

3. ディクリメンタルな政策形成・決定

以上のように，1983（昭和58）年中は，医学部・医大の定員の縮小についての具体的な議論は表面には現れてきていなかった。それが一挙に現実味を帯び公的な場で討議されるようになるのは，1984（昭和59）年2月からの国会（委員会）審議においてである。厚相ならびに文相の発言により，1985（昭和60）年度から国立大学医学部（医大）の入学定員削減の計画が表明されたのである。

(1) 国会審議

1984（昭和59）年2月17日に開かれた衆議院予算委員会で，大内委員から医師養成計画の再検討を促された渡部厚相は，「厚生省が最初にお願いした数より今の医科大学の定数ははるかに突破している……近く検討委員会をつくりまして，六十年度の政策に反映させる」と入学定員の削減について明言した。また森文相も，「基本的には，医師の定数がどの程度が必要なのかということは，これはぜひひとつ厚生省でお考えいただきたい」としつつ，「教育条件の改善という立場の中で，少なくともおおむね定員百二十名ぐら

いある国立大学のところは，少しは，そういう教育改善という立場の中で六十年度から，……大学の対応も考えながら検討を開始したい」と削減幅について初めて言及した（101衆予算06，1984/02/17）。

　文部省は，医師の適正数の算出とそれに関わる定員の削減幅については厚生省にも責務があると牽制し，地域的偏在や専門分野の欠員が必ずしも解消されているわけではないことから，定員削減には消極的な立場を崩さなかったものの，この時点で，初めて厚相と文相がそろって，1985（昭和60）年度から具体的な対策に取り組む意向を公式に示したことになる。この背景には，1983（昭和58）年秋口から厚生省と文部省との間で検討が進み，どのような形での定員削減が行い得るか，行政レベルである程度形作られていたことを示唆するものである。ただし，文部省はようやく琉球大学医学部の開設にまでこぎ着けたこともあり，定員削減をするにしても，前節で触れたように「医学教育の充実（量より質）」をその根拠としている点は，重要である。

　さて，この後の国会審議では，具体的に削減すべき定員幅が議題となっていく。1984（昭和59）年3月12日の衆議院予算委員会分科会では，厚生省は「検討委員会にお願いをいたしまして，できれば中間的な御答申でもいただきまして，昭和六十年から間に合うようにできるところから計画的にやっていく必要がある」（吉崎医務局長）と言明した。一方，文部省（佐藤國雄大学局医学教育課長）はあくまでも適正数の算定とその責務は厚生省にあるとの態度を崩さず，先の森文相が言及した国立大学医学部（医大）120名の削減についても，「従来から学生の臨床研修の充実等，やはり百二十名ではなかなかいい教育が行い得ないということで，各大学とも教育条件の改善という要望が出ている」とした上で，「地元との調整あるいは各大学の対応等を見ながら，やはり教育条件の改善という観点から検討をして」いくと繰り返し，教育の質の向上の側面を強調している（101衆予算第四分科会02，1984/03/12）。

　以上のように，厚生・文部両省は検討委員会を立ち上げて，その結論を得た後に定員削減を実施すると明言しているわけだが，しかし後述するように，文部省はこうした国会審議と並行する形で，すでに国立大学のいくつかに定

員削減の意向を打診していたのである。

(2)「将来の医師需給に関する検討委員会」

　上記のような議論を受け，厚生省は1984（昭和59）年4月27日に長期ビジョン「今後の医療政策の基本的方向（厚生省試案）：二一世紀をめざして」を発表し[5]，今後の厚生省の4つの目標の一つに，「地域医療を確立するための医療供給体制の整備」をあげ，「医師数は，……今後の人口高齢化に伴う医療需要の伸びなどを考慮してもかなり多く，抑制が必要である。このため，将来を見通した適正な医師数……を検討する委員会を設置し，地域医療，将来の医療需要の動向などの観点から多角的に検討を行う」とし（日医新3132, 1984年4月, 106頁），5月15日に「将来の医師需給に関する検討委員会」を設置，5月18日に初会合を開催した（日医新3134, 1984年5月, 93頁）[6]。厚生省は，来年度予算に検討結果を反映させるため，中間意見を夏頃までに提出するよう求めている（日医新3135, 1984年6月, 92頁）。

　6月8日には第2回の会合が開催，医師数の過剰供給に関するシミュレーションが紹介されたが，大学側の委員からは現在の定員100～120名は医学教育の「質」からすれば多いことは確かだが，しかし定員削減を行った場合には，国立大学では校費削減，また私立医大では経営の圧迫など，現場の大学にとっては定員政策が切実な問題を生じさせる可能性があることが表明されている（日医新3138, 1984年6月, 104頁）。検討委員会は，厚生省の要望に従って，概算要求に間に合うよう8月末までに計6回の会合を開催し，中間報告の取りまとめを行ったものの，結局，入学定員の削減数についてはコンセンサスが得られず（日医新3150, 1984年9月, 100頁），後述するように中間報告の提出は11月にずれ込むこととなった。

　さて，この検討会の委員構成を見ると，大学側からは国立大学ならびに私立大学の代表が，また専門職団体からは日本医師会（以下，日医と略記）の他に公衆衛生の現場と地域医療の代表が，さらに政府側からは厚生省はもちろんのこと文部省の大学局長が参加するなど，アジェンダ・セッティングされた際のシンポジウムの参加者の構成と同様に，医師養成をめぐるアクターのパワー・バランスが巧妙に取られていることがわかる。これは厚生省側が，

第7章　1980年代における抑制・削減政策

この検討委員会を「異なる利益団体の調整の問題でなく，高い次元に立って，いろんな観点から医師数問題に光をあてたい。……広い関係各方面が，養成力をどう評価し対応するか，意見をはっきりさせるなかで生まれてくる」と位置づけていたためであるが[7]，しかし削減という方策自体，大学側は国立私立ともに強く抵抗しており，その意向を受けた文部省としては消極的な立場を崩せなかったから，合意に達することは容易ではないことは明らかであった。したがって，結局のところ，厚生省の幹部自身が述べているように，「医師会と医科大学の対決の場という見方」という「一般の見方」通り（日医新 3162，1984 年 11 月，118-119 頁），厚生・文部両省は，こうした医師会と大学の狭間で身動きが取れなかったと言ってよい。

一方，自民党は厚生省の動きと連動して，1984（昭和59）年5月11日に医療基本問題調査会（橋本龍太郎会長）を開いて医師養成の見直しに対応していくことを申し合わせ（日医新 3134，1984 年 5 月，102 頁），5月18日には早々に「医療従事者養成計画等小委員会」を設けて[8]，医師をはじめ歯科医師や看護婦などの適正数，入学定員の再検討などについて具体的な取り組みを行うこととした（日医新 3135，1984 年 5 月，89 頁）。この小委員会は6月5日に第1回の会合を開催し（日医新 3137，1984 年 6 月，99 頁），8月27日には日医の瀬尾（常任理事）など三師会の代表から医師の適正数に関する意見を聴取するなど（日医新 3149，1984 年 9 月，101 頁），各アクターの調整的な役割を担っていく。1970年代前半の積極的かつ大胆な文教族による医師数拡大政策とは異なり，この時期においては橋本龍太郎に代表される社労族が中心となって，抑制と削減の調停役に当たっている点が対照的である。しかしながら，自民党社労族による調整は功を奏せず，検討委員会の中間報告の作成は難航し，概算要求時には間に合わないどころか大幅に遅滞することになるのである[9]。

(3) 検討委員会の中間報告

検討委員会はようやく11月2日になって，中間意見を増岡厚相に提出するに至る（厚生省健康政策局医事課1984）。今後の医療需要と供給をシミュレーションし，医大（医学部）入学定員を1割削減する勧告を柱とする内容

であった。

　委員会は，まず医師の供給に影響を及ぼす主な要因として，「新規参入」（定員，卒業者数，受験回数無制限，国試合格率，海外からの流入）と「稼働の低下」（女性医師，高齢医師，死亡，海外への流出）をあげ，また医師需要に関しては，「患者の動向」（人口・疾病構造，受療率，診療日数・間隔など），「医療の供給体制」（医師1人当たり患者数・病床数，医師の勤務時間，家庭医と専門医，医療システム，地域医療計画，へき地問題など），「医学の進歩」（専門分化，技術革新など），「非臨床系」（公衆衛生，基礎研究などの分野）をあげ（同13頁），これらの要因を勘案した上で，供給として2類型（S1，S2），需要として3類型（D1，D2，D3）の需給バランスのシミュレーションを行っている。

　これらS1からD3までの5通りの組み合わせのうち，いずれにおいても供給過剰になることは明らかであるとした上で，供給をできるだけ低めに見込んだS2と需要をできるだけ高めに見込んだD3を比較した「控えめな推計でも（2025年（昭和100年）には）1割程度の医師過剰が生じる」と推論し，「当面昭和70年を目途に医師の新規参入を最小限10％程度削減する必要がある」と結論づけたのである（同20頁）。また，その削減方法としては「入学定員の削減，卒業者数の削減，医師国家試験合格者数の削減等」（同22頁）が想定されているが，しかし出口管理はこれまでも行ってきておらず，また現実的にも無理であるので[10]，79校の医学部（医大）の入学定員8,260名（59年度現在。国立42校，公立8校，私立29校。編入ならびに防衛医大含まず）の1割を削減して，7,500名程度へと縮減することを示唆するものであった。

　しかし40年後の2025年（昭和100年）に「1割」の「過剰」が生じるとするような予測は，あまりに長期的なシミュレーションであり，刻々と変化する国民の医療需要や医学・医療の進歩からすると，むしろ展望あるいは予想といったものに近かった。しかもこの過剰分にしても，たとえば供給を高く見込んだS1と需要をできるだけ低く見込んだD1では，7割以上もの過剰分が生じるのであり，削減幅「1割」という数値は，「一種のアナウンスメント効果をねらったような政策」と厚生省関係者が述懐しているよう

142

に[11]，検討委員会による恣意的な結論である印象は否めず，大学側（特に私立医大側）の抵抗に屈したという報道もされている[12]。また高齢医師や女性医師の活動能力を，それぞれ男性医師の5割，8割とする見積もりに表されているように，供給側についてもかなり低めの試算をしている。

いずれにせよ，現実的には削減幅を7割とするわけにもいかず，検討委員会としては種々の状況を慮りこれを1割に抑えたという感が強い[13]。しかし1割といえども入学定員の削減は，前述のように国立大学では教員ならびに校費削減への危惧を呼び起こし，また私立大学ではダイレクトに収入減につながることなどから[14]，現場の大学関係者から反対や抵抗を招くことは必至で，その実現には紆余曲折が予想されていた（日医新3160，1984年11月，109頁）。実際に参加した委員の一人は，「痛感したのは，総論では過剰対策の必要性を認めても，具体的な入学定員削減に対する抵抗は国立・私立を問わず予想以上に強かった」と語っている[15]。したがって，各医学部・医大がどれほどの削減に応じるか，特に国立29校が20名ずつ削減したとしても600名に足らず，目標とする1割には届かないことは明らかであったから，私立医大の出方が重要な鍵を握っていたと言ってもいいだろう。しかし，後述するように，公立ならびに私立セクターはほとんどこれに協力せず，この削減政策は画餅に帰すことになってしまうのである。

(4) 文部省の動向

こうした検討委員会の審議と中間報告と並行して，文部省も各大学との間で定員の削減について調整を進めていた。

本章の冒頭で触れたように，1985（昭和60）年度から愛媛大学医学部が定員を120名から100名に削減している。この定員変更は前年の夏の段階で概算要求として決定されていなくてはならないが，実際に1984（昭和59）年6月初旬に愛媛大学評議会が医学部の定員削減を承認し，文部省へ概算要求を提出している（日医新3138，1984年6月，104頁）。5月11日の自民党医療基本問題調査会では，新設の国立医大3校（旭川医大，山形大，愛媛大）が定員20名の削減方針を固めていることが報告されているから（日医新3134，1984年5月，102頁），ここから逆算すれば，新年度が始まる以前

からすでに文部省と大学ならびに医学部との間では，ある程度の調整がすでに行われていたことを推測させる。先に見たように1984（昭和59）年2月から3月にかけての国会審議で，文相や文部省幹部が120名から100名への定員削減もあり得ると示唆していたことは，これを裏書きするものである。

愛媛大学医学部では1979（昭和54）年度に開設当初の100名の定員を120名までに引き上げており，この定員削減については，医師の資質向上を図るためにはマンツーマン方式や小人数方式による教育を行う必要があるが，現在の学生数ではそれができない，医学の進歩が著しく教育内容も増大しており量より質の教育を施す必要がある，愛媛県の地域医療面から見て定員削減を行っても必要な医師数は確保できる，などとして削減の概算要求を出したとしている（日医新3138，1984年6月，104頁）。また，医学部長はこの削減について，医師数の過剰問題とはリンクしておらず，たんに100名定員の「元の状態に復しただけ」であり「あくまでも医学教育上の問題と捉えている」としている（日医新3189，1984年6月，111頁）。

さて，この愛媛大学医学部の定員削減の決定について，医師養成の縮減政策として重要なのは，以下の点である。まず，この削減策については，厚生省による上記検討会，後には文部省自身が設置する「医学教育の改善に関する調査研究協力者会議」それぞれの審議ならびに中間報告に先行する形で政策形成・決定が行われていたことになり，文部省は検討会などの勧告を待たずに見切り発車をしていたことになる。これは厚生省からの意向を受けた措置であることは明らかで，厳しい抑制から定員拡大に転換した際に見られたインクリメンタルと同じ（デクリメンタルではあるが）行政レベルでの政策形成・決定の在り方を示唆するものである。

2点目は，その際に用いた文部省側と愛媛大学側のロジックである。上述したように，両者とも，定員削減は医師過剰問題とは直接関係なく，医学教育の質的な向上を図るためであるとする論理を前面に押し出している。実は医師数拡大期に膨張した120名の定員は，教員側に大きな負担を強いるもので，他の医学部・医大でもこれを拡大期以前の100名に戻すことを望んでいたようである。しかし，定員削減を行えば，かえって教職員数の削減や設備・施設の増改設や予算増額に歯止めがかかるのではないかなどの懸念も，

大学関係者の中には少なくなかった（日医新3138，1984年6月，104頁）。したがって，医師数過剰という時勢に応えるというよりは，医学教育の質の向上という，いわば教育側の論理を利用することによって，定員削減を可能にしながら校費の現状維持も意図したものと言えるだろう[16]。

しかし一方で，こうした文部省と大学側の目論見は，すべての大学側に受け入れられたわけではなかった。なぜなら，実は1985（昭和60）年度に削減案が浮上していたのは，愛媛大学の他に2校（旭川医大，山形大医学部）ほど計画されていたものの（日医新3171，1985年2月，105頁），結局，それらの2校は削減の概算要求は提出しなかったからである。その背景には地元の強硬な反対があったと言われている[17]。地域の医師会としては，へき地に医師が十分配分されていない状況に鑑みて，総論では医師数過剰に危機感を持ち定員の削減に賛成の意を示してはいたものの，しかし地元の医大・医学部がその対象となることはできるだけ回避したいという態度が顕著であった[18]。また文部省としては，大学側からの概算要求を出してもらわなければ定員削減を行い得ず，その決定権は大学・医学部側にあったと言えるだろう。それぞれの大学・医学部は，地域医療または病院運営の上ではそれぞれ個別の問題があり，文部省としても一律1割カットという指導は行い得なかったのが実情であった。この時期に開催された国立大学医学部長病院長会議でも，そうした方針が支持されたという[19]。

さらに，これより少しばかり時期は下る1984（昭和59）年12月，自民党の橋本龍太郎（医療基本問題調査会会長）が漏らしているように，定員削減分をどの専門分野・講座で分担するのかなどについては「大学当局も答がない」。また，同調査会で「国公私立大から意見を聞いても，全て医師過剰を心配し，数の縮減の必要性を主張しながら，国立は私立，私立は国立，公立は国・私立の数を減し，自分の所は減さないように（と言う），これでは話にならない」と半ば匙を投げていることなどからすると[20]，大学側は地元からの要求に逆らうわけにはいかず，また学内・学部内での調整にも手間取っていたというのが実態であろう。

(5) 帳尻合わせの審議会答申

　さて，1985（昭和60）年1月に，文部省は「医学教育の改善に関する調査研究協力者会議」を設置し，医学教育の質的な向上について議論を進めていくこととした[21]。文部省は愛媛大学医学部の定員削減をすでにこの段階で決定しており，その際に利用された教育改善という論理からすれば，こうした協議会を設置してそのロジックに正統性を与えようとするのは当然の成り行きであった。ただし，厚生省の検討委員会の中間報告を受けて入学定員の削減についてどのような審議が行われるかが，関係者の間での最大の関心事であったことも確かであり，この協力者会議で教育の「質」の向上に際して「量」（定員）の抑制・削減が問われることになるのは明らかであった。実際，この協議会には厚生省の吉崎健康政策局長（1984（昭和59）年7月に医務局が健康政策局に改組）がオブザーバーとして参加している[22]。

　さて前節で見たように，1984（昭和59）年11月に中間報告を提出した厚生省の検討委員会は，1986（昭和61）年6月に最終意見を提出した。中間報告以降の審議で10％削減の妥当性について検証を試みているが[23]，結局のところ医師数の削減対策としては，中間報告を踏襲して「昭和70年を目途に医師の新規参入を最小限10％削減すること」に落ち着いている。

　またその翌月1986（昭和61）年7月，上記の文部省の協力者会議が，設置以来13回にわたる審議を重ねて「中間まとめ」を発表し，期待される医師像や医学部入学者の資質改善，医学教育カリキュラムの改善などの教育面に関わる方策とならんで，1995（昭和70）年の新規参入医師数を10％程度抑制することなどを提言している。これは，厚生省の検討委員会の結論を引き継いだものであった（翌1987（昭和62）年9月に，同じ内容の「最終まとめ」を提出）。具体的な方法としては，①医学部入学定員を削減する，②医師に不向きな学生に対する適切な進路変更の指導，③医学部を他の学部・学科に転換する，などをあげている。文部省はこの「中間まとめ」を，全国79校の国公私立医大・医学部に送り，国立大医学部長会議，私立医科大学協会などに全体的な検討，協力を依頼しつつ，各大学の入学定員などの再検討を求めると報道されているが（朝日，1986/07/25），しかし次節の各大学での実施過程に見るように，この後1986（昭和61）年末までに矢継ぎ早に

第7章　1980年代における抑制・削減政策

厚生・文部両省の検討会などによる1割削減案が報告されるが，85年度入学定員を120名から100名に削減したのは国公私立合わせて，愛媛大学の1校，同じく86年度は徳島大学，長崎大学の2校，87年度は千葉大学，鳥取大学，鹿児島大学の3校に限られており，各大学の削減政策への反応は鈍かった。

この後，1988（昭和63）年度になって山形，金沢，山口，熊本の4大学，私立で初めて杏林，東海の2大学（ただしこれら私立大学はそれぞれ100名から90名，110名から100名と10名の削減），1989（平成元）年度に旭川医科，弘前，東北，新潟，神戸，岡山，広島，九州の8大学，私立では帝京，近畿の2大学（帝京大学は120名から100名の削減だったが，近畿大学は100名から95名へと5名削減にとどまる）と，多少削減に協力する大学が増えてきている。これは，上記の協力者会議が「中間まとめ」で目標として掲げた1995（昭和70）年の新規参入医師数10％削減をにらんで，文部省が1995年度卒業生の入学する1989年度までに定員削減を加速させ，各大学に要請を行っていたことを示唆するものだが，しかしそれでも全体ではなお5.6％の削減にとどまり，目標の10％にはほど遠かった。

こうした遅々とした進捗状況に鑑み，厚生省は1989（平成元）年8月，文部省に対し，さらなる削減を求める申し入れを行っている（朝日，1989/08/08）[24]。その後，国立大学では1990（平成2）年度までにようやく1割削減が実現したものの，公立大学では地方議会の反発もあり全く削減は行われず，また私立大学も5％の削減で，全体では7％の削減率にとどまった。次節に見るように，実は1990年度を境に，各大学の削減はいったん中断していたのである。厚生省はこれに対し，1993（平成5）年8月，医療関係者や専門家を集めた「医師需給の見直し等に関する検討会」を発足させ（朝日，1993/07/22），翌1994（平成6）年11月，全体の削減率が7.7％に止まり，医師数過剰が確実となり今後さらに見直しが必要であるとの意見を発表し，思うように削減が進んでいない状況を指摘している（朝日，1994/11/02）[25]。

このように削減は1990年代に入ってからほとんど進まなかった。したがって，その後もこの1割を目標値とした削減政策は，2000年代前半まで延々

と続けられることになる。厚生省は，1997年度に「医師の需給に関する検討会」を設置し（読売，1996/09/16），翌1998年5月に，再々度，2020年までに大学医学部の定員を10％程度削減し，年7,000人弱とすることを文部省に求める報告書をまとめている（読売，1998/05/16）。これを受けて，文部省は1999年度から2，3年かけて，国立大医学部42校で少なくとも100人減らす方針を固めている（朝日，1998/08/19）。

　以上のような厚生・文部両省の数度にわたる対応を見てみると，いかに実施レベルで削減政策が貫徹しないか，またその削減幅もきわめて僅少であり続けたかがわかる。1980年代初頭からの医師過剰論と政策対応が終息し，再び医師不足（地域ならびに診療科における偏在）が問われるようになってくるのは2000年代半ば以降のことである。したがって20年近くにわたって医学部の定員削減政策が延々と続けられたのであり，しかしピーク時の8,280名（1984（昭和59）年度）は2000年度に7,570名まで9.1％減員できたものの[26]，目標値である10％削減は達成できず，その結果も芳しくはなかったと言える。まさに，帳尻合わせに終始した感がある。

4. 大学側の政策対応

　では，実際にどのように削減は進められていったのか。政府によるインクリメンタル（デクリメンタル）な政策決定の場合，その過程は表舞台にはなかなか現れてこない。そこで以下では，各大学での政策対応を見ることによって，その実施過程の在り方を考察してみたい。

(1) 国公立セクター

　まず国立セクターであるが，1985（昭和60）年度から2005（平成17）年度までの定員削減の実施過程を見てみよう（いずれも『全国大学一覧』各年度版のデータによる）。その定員削減の進捗状況を年次別に見てみると，1991（平成3）年度から1997（平成9）年度については全く削減されておらず，その時期をはさんで1980年代後半の第1段階と1990年代末の第2の段

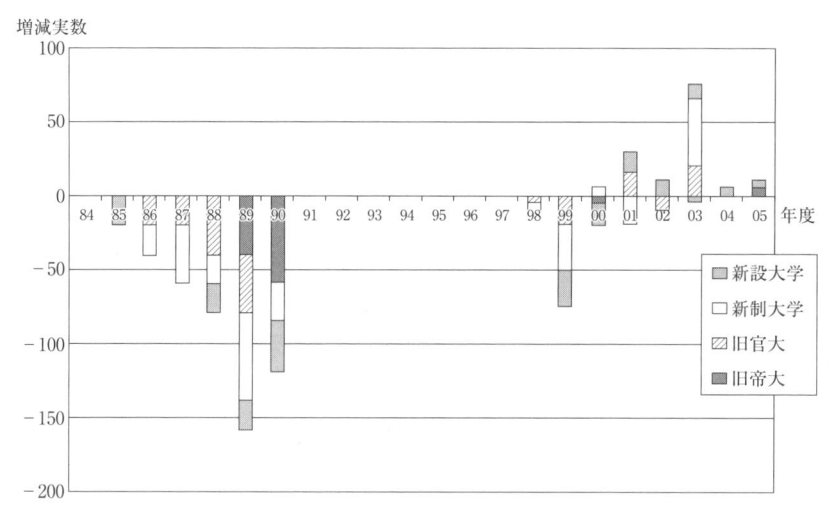

第7章　1980年代における抑制・削減政策

図7-1　国立セクターにおける定員削減の推移（大学カテゴリー別）

階の2つの時期に分かれていることがわかる（図7-1。なお，定員には2，3年次からの編入学者数を合算している）。

そこで時期別に削減時点での定員数，地域別の医師比率との関係を見てみよう。まず第1期における定員の多寡と削減数との関係であるが（図7-2），1984（昭和59）年度当時の定員が80名とそもそも少なかった2校（東京医科歯科大学，岐阜大学）の医学部は削減をしておらず，100名だった大学も6校が5名を削減したほかは大方（7割の13校）は削減を実施しなかった。しかし，120名を抱えていた大学群は，21校中1校を除いてほぼすべてが20名以上の大幅な削減を実施しており，中には40名削減の鳥取大学の例もある。したがって，ピーク時の1984（昭和59）年度時点で120名を抱えていた大学が最も削減が進められたのである。

一方で，各大学が所在する各都道府県内の医師比率（1984（昭和59）年時点での人口10万人対医師数）によっても，削減の幅には大きな差異が見られる（図7-3）。比率が130人を切っている地域の大学群では，その過半数がほとんど削減をしていない一方で，160人以上とすでに多くの医師数を擁している地域の大学群では，大幅な削減が進められたことがわかる。

149

第3部　高等教育政策のプロセス

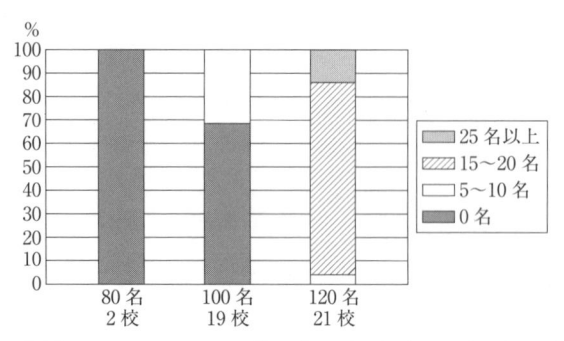

図7-2　国立セクターにおける第1期の定員（1984年度）と削減数

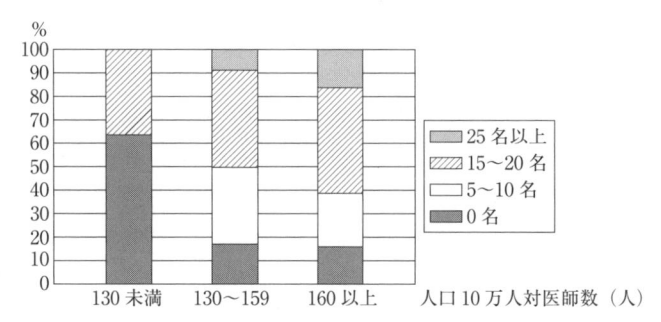

図7-3　国立セクターにおける第1期の地域医師比率と削減数

またこの時期の削減のスピードやタイミングも，各大学医学部の歴史（設立年）によっても，大きな差異があることが見て取れる。

図7-1は，42校の国立大学群を，その設置年によって「旧帝大」（北海道，東北，東京，名古屋，京都，大阪，九州の各大学医学部7校），「旧官立大」（千葉，東京医科歯科，新潟，金沢，岡山，長崎，熊本の7校），「新制大学」（弘前，群馬，信州，岐阜，三重，神戸，鳥取，広島，山口，徳島，鹿児島の各大学医学部の11校），1970（昭和45）年以降の「新設大学」（旭川医科，秋田，山形，筑波，山梨医科，富山医科薬科，福井医科，浜松医科，滋賀医科，島根医科，香川医科，愛媛，高知医科，佐賀医科，大分医科，宮崎医科，琉球の各大学の17校）の4つに大きくカテゴリー化している。森文相も国会で述べていたように，120名の定員を持つ医学部・医大が20名

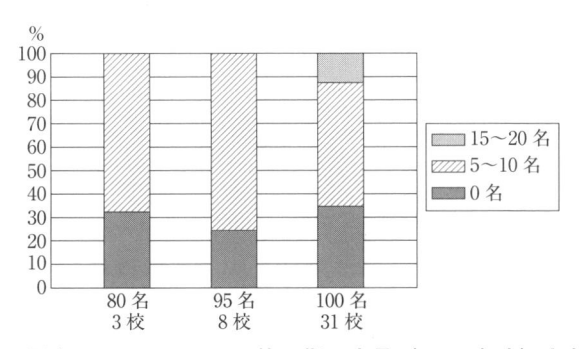

図 7-4　国立セクターにおける第 2 期の定員（1997 年度）と削減数

削減して 100 名に足並みをそろえる，というステップが想定されていたと思われるが，まず 1985（昭和 60）年度にそれに応えたのは上述のように新設大学（愛媛大学），続いて 1986（昭和 61）年度に旧官立大学・新制大学（長崎，徳島の両大学）であり，これらは西日本を中心とした比較的医師比率の高い地域ブロックの大学・医学部であった。旧帝国大学系の 7 大学医学部のうち 5 大学は 120 名の定員を有していながら，1989（平成元）年度まで削減を開始しなかった。旧帝大群は最終局面まで様子見だったと言える。そして 1984（昭和 59）年度時点で定員 80 名の医学部を除いてほぼすべての大学が，その規模と地域の医師比率に鑑みながら一定数の削減を進めた。こうして，前節で見たように，ピーク時の 4,580 名（1984 年）から 4,100 名（1990 年）へと削減が進められて目標の 1 割カットが達成された後は，文部省・国立大学側ともこれ以上の削減は終結し，後は私学セクターの削減を待つのみ，と受け止められていたのではないかと推察される。

しかし，その私立セクターの削減状況は，次項で見るように芳しくなかった。厚生省の要請を受けて，文部省は全体で 1 割カットの目標値に持って行くためには，国立セクターの削減を求めるしかなかったのではないかと思われる。第 2 期の 1990 年代末の削減はそうした私立セクターの遅々とした状況から引き起こされたものと言える。そこで，次に第 2 期の削減状況を見てみよう。

図 7-4 は，1990（平成 2）年までの削減がいったん休止されプラトーが続

第3部　高等教育政策のプロセス

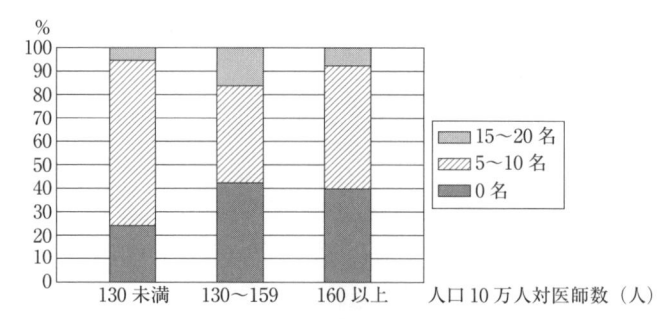

図7-5　国立セクターにおける第2期の地域医師比率と削減数

いた後，削減が再開する直前の1997（平成9）年の定員とその後の削減数の関係を見たものだが，確かに100名を抱えていた大学群4校に15名以上の削減が進められていることがわかるが，削減をしなかった大学も11校を数え，85名，95名の大学群とそれほど大きな差異はない。また医師比率との関係も明確な違いは認められない（図7-5）。大学カテゴリー別に見た進捗状況も，旧帝大系は動きが遅れるという点は第1期と同じだが，新設大学が最初に引き受けたわけではなく，むしろバラバラな対応が取られているようである（図7-1）。しかも，この時期は新入生の定員を削減しつつも，2年，3年次への編入学者を受け入れる方策が開始されており，それらを差し引きすると2000年代に入ってから定員がプラスに転じる大学群も現れる状況となっている。

したがって，第1期の削減はある方向性を持って進められたが，第2期については，そうしたパターンは見られない。これは80年代後半に私立大学側の削減が遅々として進まず，全体として目標の1割減が達成できなかったため，厚生省からの再三の要請に対して，文部省・国立セクターがこの私立分の削減を引き受けざるを得ず，しかしどの国立大学もさらなる削減をするだけの十分な余裕はなかったためと考えられる。実際，どのセクターも削減が休止していた1995（平成7）年，全国医学部長病院長会議は一連の削減政策について大学現場のアンケートを行い，その調査結果を公表しているが，77校中これ以上の削減に反対の意見も最も多く（44校），消極的賛成を含めた賛成が32校，意見なしが1校と，「全体としては強い反対意見」が占めて

いると総括している（全国医学部長病院長会議1995, 8-9頁）。

こうして90年代末期に削減が再開されたものの，現場の大学側はその対応もままならず，結果的に一定のルールもなく手探りで削減が進められたと思われる。すでに見たように，そもそも文部省は1984（昭和59）年春の時点で，愛媛大学の他に山形大学，旭川医大にも定員削減の意向を問い合わせて調整したものの不首尾に終わっていることに表されているように，当初から文部省の意向は大学側と上手く合致しなかったと言えるだろう。

なお，公立医大8校は1995（平成7）年度まで，660名の定員を削減することなく維持し続けている（1997（平成9）年度になって，奈良県立医大が5名削減して95名としているが，その後2004（平成16）年度まで655名で推移している）。もともと定員が100名以下の大学が多く，削減政策には全く無反応だったと言える。

(2) 私立セクター

次に，この削減政策の大きなストッパーとなった私立医大側の反応とロジックはどのようなものだったのだろうか。

まず進捗状況から見てみると，1988（昭和63）年度に初めて杏林大学が100名から90名に，東海大学が110名から100名に削減した。その後，1989（平成元）年度は帝京大学が120名から100名に，近畿大学が100名から95名に，1991（平成3）年度は川崎医大が120名から100名に，1992（平成4）年度に東京慈恵会医大が120名から100名に，久留米大学が120名から100名に，また1994（平成6）年度に北里大学が120名から100名にしている。このように，私立セクターではまず1970年代の新設医大を中心に定員削減が進められたことがわかる。しかし，この北里大学を最後にその後，私立医大はいずれも削減を行うことはなかった（「全国大学一覧」のデータによる。なお，文部科学省の資料では，昭和大学医学部，東京医科大学などが「募集人員」を110名に削減したことになっている）。この結果，第1期の削減期には，合計125名（3,040名から2,915名）の入学定員を減少させたが，これは4％程度の削減に過ぎず目標値の1割には遠く及ばなかった。したがって，すでに述べてきたように，医学部全体で1割削減が達成できな

かったのは，この私立セクターの後ろ向きの態度（特に1990年代後半以降）によるものであったと言ってよいだろう．

　私立セクターが削減政策に乗らなかったのは，ひとえに経営的な要因が大きい．削減議論が本格的に開始されて間もない1984（昭和59）年6月，日本私立医科大学協会（以下「協会」と略記）の「医学教育委員会」は，浅田敏雄会長（東邦大学長）宛ての「要望書」の中で，将来の適正医師数の問題は軽々に決定できるものではないこと，定員削減のための財源不足が学納金にはねかえることが入学志願者の質の低下を招来し，各私立医科大学の建学以来の努力を水泡に帰す恐れがあることなどを，早くも表明していた．（協会『医学振興』20号，1984年11月）．また浅田会長もこれを受けて，同じ6月の自民党医療基本問題調査会において，①政府は昭和45年以降に政策転換をし，特に昭和48年の無医大県解消の新政策に基づいて医師数の拡充を進めてきた，このような状況の中で私立医大は内容の充実に心血を注いできており，それを医師数過剰の観点から，直ちに私立医科大学をも含めた入学定員削減に結びつけることに疑問があること，②最小限必要な医師数は比較的容易に算定出来るが，将来のあるべき医療にふさわしい必要にして十分な医師数の算定はきわめて困難で，長期的展望から慎重を期して検討すべき問題であること，③定員削減は私立医科大学の経営に深刻な影響を及ぼし，これを学生の納付金に加算することは不可能であることなどの意見を陳述している（『医学振興』25号，1987年5月）．

　さらに同年10月11日に，協会は座談会「医師需給問題にどう取り組む」を開き，国内外のマクロ計画や個別の私立大学での対応などを討議しているが，この中で浅田敏雄会長は，「私立大学にとって入学定員というのは生命に関わる問題」として，「削減の手続きは学校法人の自主的な申請によるほかはない．文部大臣といえども，削減の権限はない」と強弁し，またすでに見たように（注14），「私立医科大学の定員1割削減が完成する6年目の年で学納金の不足分は80億円に上る」と述べ，定員削減はできないと繰り返している（『医学振興』20号，1984年11月）．

　実は当初，私立セクターはこの削減政策に対しては定員を厳守する，すなわちかけ持ち受験者の入学辞退を見越した水増し入学をできるだけ抑え，実

質的な入学者数を削減するというオプションで対応しようとした（朝日，1986/06/21）。協会では「学生定員に関する対策委員会」を設置し，1986（昭和61）年1月の同委員会による意見書を受けて，協会理事会は1986（昭和61）年度入学者より入学定員を遵守することが望ましいとの結論を出し，加盟各大学長宛てにその旨の通知を行ったのである。この結果，加盟各大学の積極的な協力を得て，昭和61年度の入学者総数は定員3,040名（29大学）に対して，「僅か28名の超過の実数にまで抑制することが出来た」と協会は自賛している[27]。

したがってこの時点では，「私立医科大学協会はここ1，2年をかけて入学定員を厳守しつつ社会の動向を見極めながら，文部・厚生，国会，日本医師会など関係方面と協議しつつ，ウルトラCの方策を含めて局面の打開に動くほかはない」と浅田会長自ら語っているように（『医学振興』23号，1986年5月），私立大学側は定員遵守を含めた何らかの妙案で，定員削減は切り抜けられると考えていたことを窺わせる。

しかし，国立大学の削減が本格化し，厚生省による最終意見（1986（昭和61）年6月）および文部省中間まとめ（1986（昭和61）年7月）などが発表されると，こうした関連筋の動向を見極めて，協会執行部は私立医科大学の立場から同問題に対する見解を示すべき時であると決断したとして，1986（昭和61）年11月20日，「入学定員削減問題に対する私立医科大学協会の見解」（試案）を秋季総会に諮ることとした（『医学振興』25号，1987年5月）。そして，翌1987（昭和62）年5月発行の『医学振興』紙面で，協会の最終的な公式見解を公表した。この中で，上記の1984（昭和59）年の浅田会長談話を繰り返しつつ，「10％削減の場合の試算では，6年後に毎年80億円～100億円に上る。一方で，私大経常費補助金は昭和56年度のピーク時に比して協会加盟大学の全てで100億円に近い削減であり，そのために年々高騰しつつある学納金はすでに限界に達している」との試算から，「63年度以降の対応については，『学生定員に関する対策委員会』を中心に検討を進めるとして，1. 文部省に対しては，①国立大学を重点とした削減を措置すべきこと，②経常費補助金について私立医大については特段の配慮をすべきこと，2. 厚生省に対しては，私立医大の財政基盤の大半を担う大学附属病

院の特性に見合った特段の措置などを検討すべきこと，3. 大蔵省に対しては，学納金は高騰し続けており，父兄の教育減税の方策を策定すること，4. 日医に対しては，医師の養成に熱意ある理解と協力を求めること」などを，表明したのである（『医学振興』25号，1987年5月）。

しかしこの時期になっても，定員削減の実施については言明していない。私大側が定員削減に言及するのは，1988（昭和63）年の夏のことである。7月1日，協会は29校の加盟校に，来春から定員120人規模の大学は10人カットして110人で募集する，それ以下の大学は定員を厳守する，という2本柱で臨むという方針案を通知した。また削減の場合には，前年の公式見解と同様に経常費補助等での補塡を要求するとも表明している。ただし，協会の理事会では，各大学が自主的に対応するとの原則を踏まえつつ，「痛みは各大学均等に」という基本姿勢を確認しているとも報じられている（朝日，1988/07/02）。

この結果，すでに触れたように，すでに1988年度に削減を開始していた杏林大学，東海大学に続いて，さらに帝京大学，近畿大学（1989（平成元）年度），川崎医大（1991（平成3）年度），東京慈恵会医大，久留米大学（1992（平成4）年度），北里大学（1994（平成6）年度）が削減を実施した。しかし120名定員を有しながら，昭和大学，東京医科大学，日本大学（ただし前2校は文部省資料によれば，募集人員110名にしたと記載されている）は削減を実施しなかったため，上記の協会の方針は反故にされることとなった。

そして1994（平成6）年度以降は削減は沙汰止みになってしまい，結果的には4％そこそこの削減幅にとどまってしまう。しかしこれは私学側なりの了解の上でのことであったという。すなわち，1987（昭和62）年9月の文部省の最終まとめの後，私学は協力して5.1％の削減を行い，国立も目標の10％削減を達成したので，一応これでこの問題は終結したかのように見えた[28]。また（平成6年から）数年前の私立医科大学のある会での挨拶の中で当時の文部省高等教育局長が入学定員削減問題はこれで決着がついたと考える旨の発言もあって，5.1％以上の削減は行わずにそのまま経過してきた，というのである[29]。この5.1％の削減幅とは，実質的な水増し入学分などを

含むものだが，私立側としては十分な対応を行ったので，削減問題は決着がついたとの認識であったようである。しかし，1993（平成5）年5月の全国医学部長病院長会議の席で，当時の文部省高等教育局長が「平成7年をめどに入学定員10％削減達成を各大学に要請し，私立医科大学ではさらに160名の削減を要望した」という発言があり，私学側には「定員削減問題の再燃」として，危機感を持って捉えられたことが協会執行部から漏らされている[30]。

こうして私立セクターにおいては，第1期は4％程度（定員の実質化を考慮すると5％程度）の削減，そして第2期においては削減をせずに終わった。経営的な観点から定員削減は難しいというのが総論的な立場であったことは確かだが，私立セクター内での相違に着目すれば，医師数の膨張は1970年代前半期の医大新設に依るところが大きく，それ以前からの既設医大（医学部）では，拡大期にあっても定員を100名のまま維持してきたところが多かった。したがって，既設医大（医学部）にとっては定員を削減することは，それまでの経緯からもまた経営上からしても考慮されるべき選択肢ではなく，その対応をめぐっては新設医大との間で温度差は小さくなかったと言えよう。実際に，削減を行ったのは新設医大が中心であり，既設医大は120名を有していた慈恵会医大を別にして動きはなかった。また私立セクターの政策対応は，当初，水増し入学者を縮小するという実質的な形で乗り切ろうとしており，政策結果として目に見える形での国立セクターにおける削減の在り方とは一線を画するものである。「定員」という政策に対する反応を考える際に重要な示唆を提起している。

5. おわりに

さて医師養成数に関しては，2000年代の前半から再び不足論が台頭し，一部大学で定員増加が実施されるに至る。したがって，医学部定員の削減・抑制政策は，1980年代前半から20年余り継続され，2000年代半ばには終結したと見なせるだろう。その政策成果としては，国立セクターではなんとか

その目標値をクリアできたものの，私立セクターにおいてはその半分の達成に終わった。政策評価としては，全体として見れば失敗と結論づけられそうだが，その形成・決定から実施・終結に至る政策全般を振り返ってみると，それ以前の拡大期のメカニズムとは異なる点がいくつか確認できる。

　まず，これまでの政策過程と同じように1980年代の削減期にあっても，政策形成・決定に至るプロセスでは，厚生省や文部省が果たした役割は小さくなかった。しかし医師養成に関わる各アクターの代表者を一堂に会したシンポジウムというアジェンダ・セッティングの形式に象徴的に見られるように，厚生省は日医側と文部省・大学側との意見・思惑の調整役に回り，また文部省も定員削減に抵抗する大学側に対して教育の質の改善・向上というロジックを用いて説得に追われるなど，文部・厚生両省は医師養成をめぐるアクター間の調整役・調停役を引き受けざるを得なかった。

　中央政府がこうした役回りを演じることになったのは，拡大期を通して医師養成政策が注目され，そこに関与・参入するアクターがある程度決まってきて一種のネットワークが構築され，政策過程全般にわたって単独で強いイニシアティブを握るアクターが存在し得なくなったとともに，そうしたアクター群を調整する必要がこの時期に生じてきたことを示唆するものである。

　また削減期には文教族はほとんど登場しておらず，代わって調整役として橋本龍太郎などの社労族が登場したが，拡大期の文教族のような政治的影響力は行使できなかったと言っていいだろう。定員政策は行政的なレベルでの改変が可能であり，拡大期のような政治的手法は有効ではなかったとも言える。しかし以前とは異なって，中央官庁同士の内々な形での対応というわけにはいかず，医師養成に関わる諸アクターの注目の下，定員削減はある程度オープンな形で進められていくこととなった。国立セクターの場合は，文部省が各大学側と相談の上で，定員を削減するという手順が取られたが，これは逆に大学内あるいは学部内での政策決定・施行の障壁・制約ともなった。各大学・医学部は，文部省側からの働きかけに諾々と応じたわけではなく，むしろ各地域の医療事情と学部内の予算配分の関係から，非協力的な対応を取る場合も少なくなかった。政策決定・実施に関して強いイニシアティブが働くと思われる国立セクターであっても，実施過程を垣間見ると抑制・削減

政策については文部省の意図は貫徹しにくく，またその進捗状況は遅々としてはかどらないことが示唆されている。また私立セクターについては，基本的に易々と政策に乗らないというスタンスが，この抑制・削減政策の場合にはより強く浮き彫りになっていると言えよう。当初の政策対応では，水増し入学の抑制という実質的な削減で切り抜けようとしたものの（また抑制・削減についてはより効果的だったにもかかわらず），目に見える形での実施成果という意味では，政府・自民党・日医などの諸アクター，ひいては世論に対してはアピールしなかった。定員削減の実施においても，既設と新設の大学間の温度差があり，その対応は五月雨式であっても一枚岩的な国立セクターとは異なり，それらを取りまとめる私立医大協会も各校への協力要請という形態によらざるを得なかった。

政策過程の研究は，わが国の戦後政策全体の基調がそうであったように，拡大・開放という形態を扱うことがほとんどであった。しかし本章で見たように，抑制や削減という後ろ向きとも言える政策過程については，異なる力学が働いており，拡大期におけるメカニズムとは異なる裂け目が浮き彫りになっていると言えよう。

[注]

1) 1976（昭和51）年3月15日に，高等教育懇談会の「高等教育の計画的整備について」，いわゆる「50年代前期計画」で，文部省は公式に抑制計画を公表したが（『大学資料』57・58合併号，1976），その中で，3「前期における計画の内容」1「計画期間中に整備を図るべきもの」1「計画養成を必要とするもの」として，「医師，歯科医師，看護婦その他の医療技術者，初等教育教員等の養成を目的とするもののほか，新しい学問分野や研究者養成等に係る将来の需要にこたえるもの（国，公，私を問わないが，医・歯科大学については，原則として私立は予定しない）」とされている。そして，続く2「規模の目途」として，「医歯・医療技術」は，国立で2,900名（50年度の定員は5,300人）の増員を見込んでいる。ただし，5年後の「後期計画」（56年度から61年度）では，医師養成については前期計画でほぼ目標を達成しているとして「後期計画では私大の医師及び歯科医師の養成についてはその拡充は予定しないこととする」としている。

2) 本章は，橋本（2008）の第7章「1980年代における抑制・削減の政策過程」を大幅に補筆・修訂したものである。
3) 本章では政府・自民党ならびに大学（団体）を中心とした考察を主体としており，紙幅のため日医や病院団体など医療関係者の動向，医療法改正による地域医療計画や臨調の医療費抑制といった医療分野における計画・政策との関連については省略している。また抑制・削減政策の「実施」段階を分析の主体としており，その形成と決定段階についてはそのプロセスの概要にとどめている。これらの点を含め，1970年代後半からの医師養成が拡大から抑制に転換する政策形成と決定過程については，橋本（2008）の第7章を参照されたい。
4) 「医師数マンパワー研究会」なる会合によって，1983（昭和58）年11月までに6回の意見交換を行っている（日医新3107，1983年10月，94頁）。また，これと並行して，厚生・文部両省は，それぞれの科学研究費によって専門家に研究を委託している（日医新3091，1983年7月，97頁）。
5) 同年4月3日の衆議院本会議での健保法改正案の趣旨説明に対する各党代表質疑，衆議院社会労働委員会などで，野党側から審議の前提となる長・中期の計画について，厚生省にその提示が求められており，それに応えたもの。
6) メンバーは，座長に佐々木智也（杏雲堂病院長）のほか，委員として浅田敏雄（東邦大学長，日本私立医科大学協会専務理事），猪初男（新潟大学長，国立大学協会医学教育に関する特別委員会委員長），開原成允（東京大学医学部教授），上村一（社会福祉事業振興会会長），木村亮太郎（神奈川県衛生部長，全国衛生部長会会長），熊谷通夫（慶應義塾大学医学部客員教授，新宿区衛生部長），瀬尾摂（日本医師会常任理事），福武直（社会保障研究所長），諸橋芳夫（全国自治体病院協議会会長，日本病院会会長）などであり，オブザーバーとして文部省側からは宮地大学局長が参加している。
7) 1984（昭和59）年11月22日の第3回日本私立医科大学協会秋季総会での横尾医事課長のコメント（日医新3162，1984年11月，119頁）。
8) これまでの医薬品問題等小委員会のほか，医療保険将来構想作業，地域医療計画などに関する小委員会も増設。
9) なお，1984年3月14日，私立医科大学協会は都内で「大学病院のかかえる諸問題」（座談会）を開催しているが，出席した小沢辰男と橋本龍太郎は同じ社労族とはいえ，私立医大の定員削減については鋭く対立する発言をしている。小沢は国権の力で私立（医大）の定員を削減することはできない，とする一方で，橋本は医療基本問題調査会の長の手前，国立だけでなく私立も協力願わないといけないとするなど，真っ向から対立している。さらに橋本は，4月の半ば過ぎになれば正式に議論を党内で始めるが，国立だけでは対

応できるとは思えないため，私立側にも定員を抑えてくれという要請に変わる．その際，私学振興財団からの資金に引っかけられたり，あるいは積算校費に絡められたりという可能性がないわけではないと指摘し，私立側にどういう考え方を打ち出すのかを今のうちから整理しておいた方がいいと述べている（日本私立医科大学協会『医学振興』第 19 号，1984（昭和 59）年 5 月発行）．

10) 吉崎健康政策局長は，削減の方法について，国家試験の受験回数を制限するなどのことは適切ではない，一番は入学定員削減と思っている，と第 3 回私立医大協会総会（1984（昭和 59）年 11 月 22 日）の場でコメントしている（日医新 3162，1984 年 11 月，118 頁）．

11) 「座談会：医学・医療における今日の課題」の中での佐分利輝彦（病院管理研究所長）の弁（日医新 3169，1985 年 1 月，11-12 頁）．

12) たとえば，日本医事新報では，私立医大側が「供給削減のマクロ推計を 10 ％のラインに"抑えこませる"ことに"成功"した」としている（日医新 3162，1984 年 11 月，119 頁）．

13) 検討委員会が議論を行っていた時期は，健康保険法の改正が国会で審議されており，8 月にその法案が通過しているが，その附帯決議でも「医師，歯科医師，薬剤師及びその他の医療従事者については，今後の医療需要の動向等を踏まえて，養成確保対策を見直すこととし，適正な水準を確保すること」とされている．

14) 1984（昭和 59）年 11 月 22 日，第 3 回日本私立医科大学協会秋季総会が開催された折りに，検討委員会の委員でもある協会専務理事の浅田東邦大学長が委員会での審議内容を説明し，私立側が削減に協力した場合，10％カットで 6 年間 80 億円の学納金不足が生じ（1 校平均 2 億 7649 万円），学債返済のデメリットを含めると 100 億円の不足を私立 29 校でかぶる，との試算を示している（日医新 3162，1984 年 11 月，119 頁）．

15) 「各界代表に聴く① 瀬尾摂（医師需要検討委員会委員，日本医師会常任理事）へのインタビュー」（日医新 3160，1984 年 11 月，105 頁）．

16) 愛媛大学の柿本医学部長自身，「定員削減の要求に際して，教官の削減，予算カットの心配はなかったか」とのインタビューに対し，「行革の時代だし，その危険はあった．だから十分な教育をするために必要だという理由づけを要求にあたって徹底した」と答えている．また実際には，予算の減額は誤差範囲で，医学部の教官は現状維持のままであったという（日医新 3189，1985 年 5 月，111 頁）．

17) 浅田敏雄私立医科大学協会会長の弁，私立医科大学協会『医学振興』第 20 号，1984（昭和 59）年 11 月発行．

18) 「各界代表に聴く① 瀬尾摂（医師需要検討委員会委員，日本医師会常任理事）へのインタビュー」（日医新3160, 1984年11月, 105頁）．
19) 愛媛大学柿本医学部長の談話（日医新3189, 1985年5月, 111頁）．なお，国立大学医学部長病院長会議は，1984年10月18日に山形市で開催された会議で，学生定員削減について，東京大，東京医科歯科大，千葉大，群馬大，愛媛大，山形大の各医学部長を委員とする専門委員会を設置することを決定している（朝日, 1984/10/19）．
20) 1984（昭和59）年12月1日，日医・医政シンポ「当面の諸問題—21世紀の医療をめざして—」での講演（日医新3165, 1984年12月, 105頁）．
21) ①社会的要請に応えうる医学教育の在り方，②基礎医学の充実・振興，③国際化への対応，を柱としていた．
22) 協議会のメンバーは，阿部正和（慈恵会医科大学長），植村恭夫（慶應義塾大学医学部長），紀伊國献三（筑波大学教授），西園昌久（福岡大学教授），西丸與一（横浜市立大学医学部長），半田肇（京都大学附属病院長），古川哲二（佐賀医科大学長），三宅史郎（日本大学医学部長），森亘（東京大学教授），吉岡守正（東京女子医科大学長），吉田亮（千葉大学医学部長）らで，すべて医学部関係者であった（日医新3170, 1985年1月, 99頁）．
23) このほかに，①厚生省による都道府県衛生部長へのアンケート調査など地域医療の視点，②医師数過剰が問題となっているオランダなど欧米諸国の実情の視点，③国民医療費，医師所得などの医療経済の視点を基本とした審議が続けられた．
24) この厚生省の要請は日本医師会の意向を受けたものとも言われている（読売, 1990/06/19）．
25) なお，拡張期以降の供給量増大の結果，医師の地域分布に関しては，地域分散が若干解消されているとの報告がなされている．すなわち，市町村の人口10万人対医師数の均等度を検討した小林（1994）によると，1980年時点のジニ係数は0.331, また1990年時点では0.340であり，さらに，金子（2005）はこの小林と同じデータと手法を用いて2000年時点のジニ係数を算出しているが，その値は0.302であった．また，金子は人口規模別の市町村ごとに，80年，90年，2000年3時点での人口10万人対医師数の中央値の変化も分析しているが，それによれば90年代の変化は80年代の変化よりも小さくなっており，これらのことから，日本の医師分布の地域格差は，90年代に若干縮小したと言えるとしている．
26) なお，文部科学省高等教育局医学教育課の資料などのデータでは，医学部定員の推移は1999（平成11）年から2002（平成14）年までが7,630名，2003（平成15）年から2007（平成19）年までが7,625名となっているが，本

章のデータは「全国大学一覧」による定員に依拠しており，これらと若干異なっている。これは前者が私立大学の入学定員を募集人員としてカウントしていることなどからくるものと考えられる。
27) 「入学定員削減問題に対する私立医科大学協会の見解」『医学振興』25 号，1987 年 5 月。実際に，定員遵守だけでも 5％程度の削減効果があると言われていた。後述するように，厚生省検討委員会の最終報告（1986（昭和 61）年 6 月）の際の佐々木座長の「残りの五％について，文部省と相談してほしい」とのコメントは，こうした実態を裏付けている（日医新 3244，1986 年 6 月，89 頁）。
28) 塚原勇（協会副会長，関西医科大学理事長）「私立医科大学が直面する諸問題(2)」『医学振興』40 号，1995 年 5 月。
29) 塚原勇「私立医科大学が直面する諸問題」『医学振興』38 号，1994 年 5 月。
30) 同上。なお，上述の 1995（平成 7）年の全国医学部長病院長会議による「アンケート調査」結果では，セクター別に大きな相違があり，国立では賛成 23 校，反対 16 校に対して，公立では賛成 1 校，反対 7 校，私立では賛成 8 校，反対 21 校と，私立セクターでは財政上の理由から圧倒的に反対意見が強かった（全国医学部長病院長会議 1995，9 頁）。

第8章

高等教育懇談会による「昭和50年代前期計画」の審議過程
抑制政策のロジック・アクター・構造

1. はじめに

　戦後わが国の高等教育政策は，昭和40年代末頃まで自由放任と拡大基調が続き，後に「50年代前期計画」と呼ばれる高等教育懇談会の50年度報告によって大きく抑制方針へと転換され，その後10年余り続く抑制時代に入ったとされている。また進学率も昭和51年度をピークに60年代に入るまで微減傾向が続いた。

　こうした昭和50年代における政策ならびに進学率の抑制志向については，これまでにも先行研究が蓄積されてきている。オイルショックによる財政的危機，私学振興助成法に則った質向上への転換，18歳人口のプラトー化，進学よりも就職や専門学校進学への選好など，供給側と需要側双方に関して様々な要因があげられ，実証研究が進められてきた[1]。ただし政策面について言えば，後述するように，高等教育懇談会50年度報告の審議当初においては，むしろ47, 48年度の拡大基調を踏襲しており，その後の審議過程においてもその抑制規模については明確な方向性があったとは言い難い。また大学規模の目標値の算定方法やそれを支える理念についても，数合わせ的な意味合いも否定できない。

　審議過程の中で，それまでの拡張政策はどのような要因によって修正され，またいかなる論理で抑制への転換が図られたのか。そして国公私立ならびに地域ブロックごとの規模の目標値はどのように算出されたのか。さらに審議過程を牽引し政策形成・決定に重要な役割を果たしたアクターは誰か。

第 8 章　高等教育懇談会による「昭和 50 年代前期計画」の審議過程

　本章は，これまで十分解明されてこなかった高等教育懇談会による 50 年度報告策定に関わる審議内容とプロセスを詳細に分析することにより[2]，わが国の高等教育政策の拡大から抑制への政策内容を考察するとともに，これまでブラックボックスのままほとんど解明されてこなかった政府諮問機関（審議会）[3] による政策形成・決定のプロセスとその構造の一端を浮き彫りにすることを目的としている。

2.「昭和 50 年度報告」に至る政策背景

　高等教育懇談会は，中教審 46 答申を受けて設置されたものである。文部省は，「高等教育改革推進会議」を設けることとして，その会議を「高等教育懇談会」と銘打ち，1972（昭和 47）年 6 月に第 1 回会合を開催している。ただし，懇談会は「法制に基づかない審議会」のたぐいに属するものであり，行政管理庁の方針で，その後大学設置審議会の中の専門委員会へと引き継がれることとなる（黒羽 2001，108 頁）[4]。懇談会は，1973（昭和 48）年，1974（昭和 49）年，1975（昭和 50）年，1976（昭和 51）年の各 3 月に，それぞれ 47，48，49，50 年度の報告を 4 回にわたって行っているが，すでに黒羽（2001，2002），小林（2009）をはじめとするこれまでの先行研究でも指摘されてきたように，47，48 年度報告は「拡張」を基調とし，49，50 年度報告が一転して「抑制」に転じ，その後の高等教育政策の画期となったとされている。ただし後述するように，一貫して高等教育全体の規模，国公私立の役割分担，財政負担などが基本的な政策課題として議論の俎上に載せられている。

　47 年度報告「高等教育の拡充整備について」（1973（昭和 48）年 3 月 1 日）では，46 答申に沿った拡張基調の下で，1986（昭和 61）年の大学・短大進学率を全国平均で 40％という目標数値を設定した。続く 48 年度報告「高等教育の拡充整備計画について」（1974（昭和 49）年 3 月 29 日）では，この 40％進学率を踏襲しつつ，地域の教育機会の均等化を拡充するための国立大学の拡張と，それによる地域間，専門分野別の格差・不均衡の解消に

ついても言及されている。

　これら両年度の報告は，先述のように拡張主義に立っており，48年度報告では，48年度の進学者数554,000名を61年度に743,000人にするという19万人の増加計画が立てられており（国公立約9万人，私立約10万人）（高等教育懇談会1974，5頁），国公立に関しては，10年間で毎年1万人に近い増員を提起していた。過去に多くても3,000人以下だったことを考え合わせると，これは「異常な方針」とまで言われている（黒羽2001，108-109頁）。

　しかし49年度報告「昭和49年度における審議のまとめ」（1975（昭和50）年3月）は，これまでの拡張方針には言及せず，国立大学の大増員計画なども全く触れられることはなかった。「昭和五〇年代に到達するであろう進学率四〇％より低い進学率を当初の目標とすることは適当でない」という48年度報告の趣旨は踏襲するにしても，「高等教育の規模」をこれまでの大学・短大・高専に限るのではなく，放送大学，通信教育，高等教育レベルの各種学校などといった他の中等後教育機関をも包含して，目標年度を61年度として進学率40％を到達させようとする方策が示されている。この理由としては，第1次石油危機の後遺症として財政状態が悪化して，国公立の大幅拡充が困難になったこと，自民党文教部会・文教制度調査会が「高等教育の刷新と入試制度の改善及び私学の振興について」を発表し，大学・短大の新増設抑制方針（特に私学は当分の間新設を認めない方針）を正式に打ち出したこと（黒羽2001，110頁），1974（昭和49）年6月にこれまで拡張主義を取ってきた木田宏大学学術局長が学術国際局長に転出して，後任に個別大学からの申請に応じた積み上げ型を旨とする井内慶次郎が就任した，などの理由があげられている（黒羽2002，189頁）。

　なお，この49年度報告（1975（昭和50）年3月）は，自民党文教部会・文教制度調査会による「高等教育改革案」（1974（昭和49）年5月）の影響がかなり大きいとされる（黒羽2001，小林2009）。この自民党の改革案の中で，これまでの懇談会報告では言及されず49年度報告で初めて登場した項目としては，「昭和五〇年度から五九年度までの一〇年計画によって施策を推進することとし，前期と後期に分けて計画案を作成する」という前期・後期案を提起している点，「国公立の医大，教員養成大学院大学，技術科学大

第8章　高等教育懇談会による「昭和50年代前期計画」の審議過程

学院，体育大学，医療技術系・社会福祉系専門家養成のための高等教育機関，その他政策的に要請されるもの」以外は新増設・定員増を認可しないとした点，「特定地域（政令都市等）における大学の新設等は，前項に掲げた『特別の部門』も含めて，全面的に禁止する」とした点，などである。ただし49年度報告では，たとえば自民党案の前期・後期の区分案には触れつつも提案のレベルに終わっているように（高等教育懇談会1975，5頁），これらはいずれもが同報告においては，曖昧な文言で終始するかもしくはその一部を踏襲するにとどまっている5)。

　さらに，この49年度報告によって抑制方針に転換したとされるが，しかし同報告では「昭和48年度懇談会の報告が提案したこの高等教育計画（高等教育機関の全国的配置計画）は，昭和50年度中に策定することを目途として，今後の作業を取り進めるものとする」（2 高等教育計画策定の目途等(1)）として，具体的な数値について明示されることはなかった。上記の自民党案への曖昧な対応などからも，49年度報告は全体的に拡張から抑制への方向転換を行うにしても，その着地点を測りかねている感が強い。

　この意味で，次年度の50年度報告「高等教育の計画的整備について—昭和50年度高等教育懇談会—」（1976（昭和51）年3月15日）は，これまでの3次にわたる計画を受けつつ，細かな数値目標を提示しており，「50年代前期計画」と呼ぶに相応しい内容となっている。また拡張か抑制かという点からすれば，前年度の49年度報告の抑制方針を踏襲したものではあるが，同時に拡張基調にあった47，48年度報告における高等教育の国公私立間，地域間，専門分野間などの不均衡の是正といった理念も同時に引き継いでいる。

　以上のように，拡大方針から抑制基調へと転換があるものの，この4度にわたる報告書に通底しているのは，高等教育の全体規模，地域間・専門分野別の格差是正，国公私立の比率，大学院拡充，短大制度の再検討，私学助成，高等教育の柔軟化・流動化，財政負担など，大学進学率の上昇の動向に合わせて高等教育の大衆化にいかに対応するかといった方策である。

3.「50年度報告」(50年代前期計画)の審議過程

　上記のように，49年度報告で抑制基調が示されたものの，具体的な数値目標や全体規模などについては全く言及されることはなく，50年度報告によって初めて抑制方針へと明確な転換が行われたのであった。しかし，以下で詳細に考察するように，審議当初から確固とした理念に基づいて目標数値が想定されていたわけではなく，またその数値の算出方法についても試行錯誤が続けられていくこととなる。

　以下では，この50年度報告作成に至る審議過程を詳細に跡づけていくが，その際の考察のポイントの一つは，まず高等教育の「規模設定の論理」に関わるものである。すなわち，拡充・抑制方針を支える理念はどのようなものであったかのか，どれほどの期間（前期・後期に分けるなど）でどの程度の全体規模にするか，さらにその中にどの範囲までの機関を包含させるか，といった諸点である。

　次に，その拡充・抑制に関わる方策と手法があげられよう。これはさらに大きく2つのカテゴリーに分けられる。まず「目標値設定」についてである。たとえば，大学・短大などでの収容率の是正措置，私立新増設の不認可，例外措置としての特別人材の養成の範囲と目標値，既存私立の抑制などがこれに当たる。次に「地域配置と配分」である。これは大都市抑制の程度と範囲，地域ブロックの区割りとそれぞれの想定数に関してである。

　そこで以下では，この3点を中心に審議内容と計画策定の過程を詳細に跡づけていこう。なお，専門委員会が開催された回次や日時を時系列的に追っていくのではなく，各回で配付された資料のそれぞれに記されている日付順に審議内容を追っていくこととする。まず，審議会の構成と日程から見ておきたい。

(1) 構成と日程

　50年度の懇談会は4月21日付の事務次官裁定によって設置されているが，その趣旨は「今後における高等教育拡充整備計画の策定，その他我が国高等

教育の改革を推進するための具体的方策について研究協議する」ことにあった。また協議事項として，「(1) 高等教育計画（高等教育機関の全国的配置計画）の策定，(2) 高等教育の経費負担のあり方，(3) その他高等教育改革の基本的な事項」があげられ，その実施方法としては，「別紙の高等教育機関関係者及び学識経験者により「高等教育懇談会」を組織し，2の事項について研究協議を行う。『高等教育懇談会』には，必要に応じ部会を設け，上記以外の者の協力を得て，専門的事項について研究協議を行う。」とされている[6]。

懇談会は，茅誠司（日本学術振興会会長）を座長とする29名から成り，国公私立の大学長や大学関係団体の長のほか，金融，マスコミ，行政など各界の重鎮が選出されるなど，錚々たる顔ぶれであった。この下に12名から構成される高等教育計画部会が置かれ（座長），さらに実質的・具体的な審議はその中の専門委員会で進められた[7]。

専門委員は，天野郁夫（名古屋大学助教授，ただし第1回で配付された委員名簿には掲載されていない），市川昭午（国立教育研究所室長），伊藤善一（東京女子大学教授），喜多村和之（広島大学助教授），黒羽亮一（日本経済新聞社論説委員），新堀通也（広島大学教授），成田克也（国立教育研究所室長），橋本晃和（システムロード総合研究所長），原芳男（東京工業大学助教授），というメンバーであった[8]。この専門委員会には，計画部会の天城座長，文部省大学学術局の局長以下，高等教育計画課のスタッフが同席していたものと見られる。

高等教育懇談会の下の高等教育計画部会の，さらにその下部の専門委員会において前期計画が審議・立案されていくわけだが，実際に専門委員会での議論が始まるのは8月2日のことである。第1回では，委員名簿，検討日程，49年度の懇談会での審議のまとめ及び附属資料，高等教育の規模拡大に関する資料，昭和49年度の学生生活調査結果などが配付されているが，それらの資料によれば同年6月時点から事務局によって検討事項の取りまとめなどが進められており，年度内の審議ならびに報告の日程（案）も詳細に取り決められている（表8-1，参照）。以下では，時系列的に審議過程をトレースしていくが，まずは6月時点での天城座長ならびに事務局（文部省）の認識を整理していこう。

表 8-1　昭和 50 年度高等教育懇談会検討

	7 月	8 月	9 月	10 月
高等教育懇談会総会	12日　第1回 研究協議の進め方		第2回 部会の検討状況報告	第3回 部会報告の検討
高等教育計画部会 ①高等教育計画策定について	25日　第1回 審議の進め方	第2回	第3回	第4回
専門委員会		第1, 2回	第3回	
②経費負担の在り方について				検討開始

表 8-2　全体規模の目標値の推移

50 年 6 月　天城勲「高等教育計画について（メモ）」(8 月 2 日配付)

	国・公立	私立	合計	
60 年代初頭まで	90,000	100,000	190,000	（うち短大 53 千人）

8/11　専門委員会試案

区分	国立	公立	私立	計
前期（51 年度〜55 年度）	12,500	1,500	25,500	39,500
後期（56 年度〜61 年度）	24,000	2,400	54,000	80,400
計	36,500	3,900	79,500	119,900

8/15 専門委員会中間報告

	国立	公立	私立	計
前期	12,000	1,500	25,000	38,500
後期	24,000	2,500	55,000	81,500
計	36,000	4,000	80,000	120,000

9/23　高等教育計画部会専門委員会報告骨子（案）

	国立	公立	私立	計
（案1）前期	10,000	1,500	15,000	26,500
（案2）前期	10,000	1,500	25,000	36,500

10/3　高等教育計画部会専門委員会報告（案）

	国立	公立	私立	計
前期	10,000	1,500	20,000	31,500

12/16「中間報告」

	国立	公立	私立	計
前期	10,000	1,500	20,000	31,500

51 年 3/15「最終報告」

	国立	公立	私立	計
前期	10,000	1,500	20,000	31,500

第 8 章　高等教育懇談会による「昭和 50 年代前期計画」の審議過程

日程（案）（第 1 回専門委員会配付資料から）

11 月	12 月	1 月	2 月	3 月
		第 4 回	第 5 回	第 6 回
関係者の意見聴取				最終報告
			第 5 回	
			第 5 回	
第 4 回			第 5 回	
第 1 回	第 2 回	第 3 回	第 4 回	第 5 回

(2) 審議内容と計画形成

(a) 専門委員会開催以前

① 50 年 6 月「高等教育計画について（メモ）[9]」(以下，天城第 1 メモ)

専門委員会で本格的な議論が開始される以前の 1975（昭和 50）年 6 月の段階で，計画部会座長の天城勲は，これまでの 3 度にわたる懇談会報告を踏まえて，今後の計画指針をメモの形で取りまとめている。このメモでは，60年代初頭までに「増員数は 190 千人（うち短大 53 千人）とする。国・公立 90 千人，私立 100 千人と振分ける」Ⅱ (2), (3)) としているが，この数値目標は 48 年度報告と同じである。またその算出の根拠と理念としては，「60年初頭 40% の進学率に見合う収容力を用意する」（Ⅱ (1)），「地域間の進学率，専門別及び国・公立と私立の教育条件の格差を是正する」（Ⅱ (4)），「大都市への今後の集中を抑制する」（Ⅱ 5) といった，これまで 3 度にわたる報告と同様のものであった。

また，「計画数の処理で最大の前提条件は，Ⅱ (5) の大都市集中の抑制である」（Ⅲ）と明言しているが，この点についても，これまでと同様の方向性である。ただし抑制地域については，「抑制地域の限定——①例えば，東京 23区内は抑制する。都下ないし近県は認め，これら巨大私学のこれらの地区での拡大に期待する」という案と，「②非大都市地域での私学の拡大に財政助成措置をとる」の 2 案の両論を併記しているが，具体的な数値などを提示しているわけではない。

ただし，計画策定の前提として，「計画作業の過程でいくつかの問題点に

ぶつかるが，その要因が政府側の行政，財政の要因もあれば，大学側の動向，意向，能力にかかわる要因もある。従って，要因の対応策により，計画の前提条件が無理と考えられたり，再検討されたり，また計画が複数となりうる」（Ⅰ(2)ならびに(3)）として，年度内中の変更が大いにあり得ることをあらかじめ示しており，これまでの審議を踏まえつつ従来通りの拡張的な数値目標を踏襲したものの，今後の審議の転換があり得ると示したことは，後述するように国会での私学助成振興法案の審議と並行していたことを考え合わせると，十分理解ができる。

表8-3　ブロック別収容力の目標値の推移

8/11 専門委員会試案

ブロック	拡充見込数（S61年度まで）		
	国公立	私立（A案）	私立（B案）
北海道	3,700	1,400	2,900
東北	4,900	5,200	5,100
関東	6,000	23,800	23,300
甲信越・北陸	5,700	3,800	3,700
東海	3,300	10,400	10,300
近畿	3,600	17,400	17,100
中国	3,700	5,200	5,100
四国	3,500	1,700	1,600
九州	6,000	10,600	10,400
計	40,400	79,500	79,500

9/12　第3回専門委員会

ブロック	拡充見込数
北海道	
東北	
北関東・甲信越	
京浜・南関東	
北陸	
東海	推計なし
京阪神・近畿	
中国	
四国	
九州	
計	

9/23　高等教育計画部会専門委員会報告骨子（案）

ブロック	拡充見込数（S55年度まで）	
	国立	公私立
北海道	500	
東北	800	
北関東・甲信越	1,500	
京浜・南関東	700	
北陸	700	推計なし
東海	800	
京阪神・近畿	1,000	
中国	1,000	
四国	1,000	
九州	2,000	
計	10,000	

第 8 章　高等教育懇談会による「昭和 50 年代前期計画」の審議過程

10/3　高等教育計画部会専門委員会報告（案）			
ブロック	拡充見込数（S55 年度まで）		
	国立	公私立	
北海道	500	推計なし	
東北	800		
北関東・甲信越	1,500		
京浜・南関東	700		
北陸	700		
東海	800		
京阪神・近畿	1,000		
中国	1,000		
四国	1,000		
九州	2,000		
計	10,000		

12/16「中間報告」・3/15「最終報告」		
ブロック	拡充見込数（S55 年度まで）	
	国立	公私立
北海道	1,000	2,000
東北	1,100	1,900
関東・甲信越	2,200	4,800
東海	1,000	4,000
北陸・近畿	1,700	4,300
中国	1,000	2,000
四国	800	1,200
九州	1,200	1,800
計	10,000	22,000

② 50 年 6 月「高等教育計画に関する検討会における検討」

　この天城第 1 メモと同じ 1975（昭和 50）年 6 月時点で，事務局サイド（大学局高等教育計画課[10]）から「高等教育計画に関する検討会における検討」が取りまとめられており，この時点での事務局のスタンスが示されている。

　この文書には，全体規模，前提事項などが記されているが，その最後に「高成長から低成長へ変わりつつある現在，きわめて将来を予測しがたい。（ただし：筆者注）ここで 48 年度懇談会報告の想定を全く考え直すことに疑問あり」（3. 留意事項）との注意書きが添えられており，今後の予測がきわめて難しいとの認識が示されている。そうした態度は，全体規模などの算出においても，顕著に表れている。

　まず全体規模として，これまでの懇談会報告と同様に，61 年までに 40％の進学率を達成することを踏襲しつつも，「A 案――昭和 48 年懇談会報告に基づくもの（昭和 61 年までに，大学・短大・高専で，40％以上の進学率にたえうる規模の目途）」と「B 案――昭和 49 年懇談会報告に基づくもの（昭和 61 年までに，大学・短大・高専の他，通信教育，放送大学，高等教育レベルの各種学校を含めて，で，40％以上の進学率にたえうる規模の目途）」（1.）の 2 つのオプションを両論併記する形で提示して，高等教育の範囲拡大についてはいずれの方向とすべきであるかは明示することは避けている。

また,「前提事項」として大都市部の抑制があげられているが,これはこれまで通りの路線であるものの,その方法についても2案提示されている。一つは「工場等制限法による規制区域（首都圏,近畿圏）」については「全面・完全抑制」に抑制し,その他の地域（「政令指定都市及びその周辺・隣接都市」）は「原則抑制」するが,「機能的不完全な学部の充実,経営上の適正規模,医療短大など」の設置については例外措置を設けるという方法であった。もう一つのオプションとしては,少なくとも50年代前期については,「当分の間,全面的新増設等抑制」するものの,56年以降は大都市あるいはその他の地域も緩和をしていく,というものであった。いずれの案も,8月以降に現れてくる大都市に関しては全面抑制するという方向性とは異なるニュアンスであった。

さらに,私学助成についても取り上げているが,これについても「2～3年の推移を見ないと予測がつかめない」としている。

このように,専門委員会での議論が開始される以前の1975（昭和50）年6月段階では,天城座長・事務局サイドとも,60年代初頭での進学率40％確保,大都市抑制などの大筋はこれまで通り踏襲する原則ではあったものの,その方策についてはいくつかのオプションを併記し,目標数値は明記を避けるなど,具体的な試案・試算については暗中模索であったと見てよいだろう。

この6月から7月にかけて国会（第75回国会）では私学振興助成の方策が議論されており,7月11日に私立学校振興助成法が成立し,私立学校法の一部改正も行われて,その附則第13項として「文部大臣は,昭和56年3月31日までの間は,大学設置審議会及び私立大学審議会の意見を聴いて特に必要がある場合を除き,私立大学の設置,私立大学の学部又は学科の設置及び私立大学の収容定員の増加に係る学則の変更についての認可は,しないものとする」となった。したがって,この天城メモならびに事務局案が作成された6月は上記法案の審議のさなかであり,それを横目に見ながら様々なオプションが練られていたと言えよう。高等教育の規模の具体的な目標値が提起されるのは,8月に入ってからのことであり,上記法案を受ける形での作業が進められたことが示唆されている。

第8章　高等教育懇談会による「昭和50年代前期計画」の審議過程

(b) 専門委員会開催以後

① 50年8月11日「高等教育計画の策定について」(以下，8/11案)
• 規模設定の論理

さて，専門委員会による具体的な計画案が初めて提示されたのは，8月11日の第2回委員会である[11]。このときに同時に配付された資料「48年度懇談会報告における諸前提と現状」では，48年度報告での計画の現時点での進捗状況が整理されており，それを踏まえて「50年度の作業に際し留意を要する事項」として，

1. 従来の実員ベースを再検討し，私立の定員に対する実員収容率の是正を見込むこと
2. 私学法改正による認可の運用を前提とし，特に大都市等全面抑制を行うべき地域の範囲，他の地域における抑制の方針について明らかにすること。
3. その際，地域区分を実態に即しより細分することを検討すること。
4. 前期と後期の拡充規模の配分について，合理的な工夫をすること（その場合，49，50年度の拡充分について留意の要あり）。

といった事務局の認識が記されている。私立大学では実員収容率の是正，私学振興助成法・私立学校法改正による認可制への転換を見込むこと，抑制地区については大都市とその他を区分すること，50年代計画を前期と後期に分割すること，などこれまでにない新しい基軸を打ち出している点で注目される。

また計画規模には専門学校，通信教育，放送大学を含めるとしており，これ以降の試案においても，これらの機関を高等教育（計画）の範疇に包摂することについては，方針としてぶれることはなかった。なお専門学校，通信教育については，49年度現在の規模が示されているだけで（後述するように，これらの1条校ではない機関は，「自由な進展」に委ねられるカテゴリーに入れられることとなる），前期・後期における試算はなされていないが，放送大学についてはその拡大規模を54年度3,500人，61年度10,000人と想定

175

するなどして，合わせて進学率9.1％に相当するとのシミュレーションを行っている。

● 目標値設定

目標数値としては，「高等教育計画の全体規模の見込み（試案）」において，「1条学校の規模」（ママ）として，表8-2のような具体的な数値をあげて，その拡大規模を示している（(1) 1)）。

その算出根拠として，国立については，「前期——過去5年間の平均増加数を考慮し，年平均2,500人の増加を見込む。後期——年平均増加見込み数を4,000人とする」とした（(1)（ア））。また公立については，国立と同様に，過去の実績から前期では300人を，また後期では400人としている（(1)（イ））。

私立については，「前期——過去の平均増加数9,000人から大都市による増分（約40％）を減じ，さらに，残余の2分の1を抑制するものとして，年間定員増を3,000人と見込み，その定員収容率を1.7倍として，年間増加数を5,100人とする。後期——大都市抑制を維持し，かつ，実員収容率を1.5倍に是正するものとして，年間増加数を9,000人と見込む」としている（(1)（ウ））。

ただし，この目標数値の但し書きとして，私立大学については定員と実員のギャップ（実員収容率）の上限を変えた試算がいくつか試みられている。これによると，前期・後期ごとに，1.7，1.5，1.3倍のオプションが想定され，到達規模の数値が算出されている。また，国立に関しても上記の2,500人よりも抑制した2,000人の試算が行われている。このように，国立・私立ともにその定員収容率等では拡充分に様々な幅があることも含みを持たせている。

さらに，「既設私立の定員収容率の是正」として，「8都道府県（大都市所在県）内の私立大学・短大について，実員収容率の是正を見込んだ場合」（(2)）の試算も提案されているが，これによると，「Ⅰ——実員収容率1.5と現状の差の1/2引き下げた場合，Ⅱ——実員収容率1.7と現状の差の1/2引き下げた場合，Ⅲ——計画前期に於いて1.7と現状との差の1/2引き下げ，後期において，さらに1.5と現状の差の1/2引き下げをした場合」という3つのパターンのシミュレーションを行っている。全国レベルで見た場合，この実員

第 8 章　高等教育懇談会による「昭和 50 年代前期計画」の審議過程

収容率の現状の是正に伴って，「収容率 1.5 倍の場合の減少数」として 34,200 人，同じく「1.7 の場合」は 14,400 人，さらに「1.3 の場合」は 54,800 人が減少することがシミュレーションされている（細かい数値（図表）については省略）。

• 地域配置と配分

地域別拡充見込みの試案も行っているが，これは現有敷地を基礎とした国立大学収容余力を推計した後，ブロック別に昭和 61 年度進学者数を考慮して，拡充見込み数が想定されている。私立については，61 年度までの拡充目標値である 79,500 名を，ブロック別に大都市分を除いた場合の増加数の比率によって按分する案（A 案）と，北海道の地理的事情などを考慮して，札幌市に係る抑制を 2 分の 1 程度に緩和すると仮定した場合の案（B 案）が試算されている（表 8-3，参照）。このブロックの区分けは，これまでの報告書を踏襲したものであるが，後述するように，9 月以降の試案では，関東と近畿をさらに細分化し，甲信越と北陸をどのブロックに分類するかなど，細かい作業が行われていく。また，表 8-3 からも明らかなように，9 月以降の試案では私立については拡充見込み数が算定されないまま進められ，それが示されたのは最終報告の時点であった。

また，「③大都市抑制の対象となる地域」として，「・首都圏及び近畿圏の工業（場）等制限区域：東京都区部，武蔵野市（以上全域），三鷹市，横浜市，川崎市，川口市，大阪市，京都市，守口市，東大阪市，堺市，神戸市，尼崎市，西宮市，芦屋市（以上一部），・その他の指定都市の区域：横浜市，川崎市，京都市，大阪市，神戸市の残部，札幌市，名古屋市，北九州市，福岡市の全域」が想定されており，6 月段階での都市別ならびに前期・後期によって曖昧な対応ではなく，大都市圏は一括して抑制，また後期においても抑制維持という形に変化している。

以上のように，8/11 案は初めて 60 年代初頭までの 50 年代を前期（51 年度～55 年度）と後期（56 年度～61 年度）の 2 期に明確に分ける案を提起し，全体規模について具体的な数値をあげてシミュレーションを行っており，後の中間報告・最終報告のたたき台となるものであった。また，これまで高等教育の全体規模を専門学校等まで拡大するかについてはペンディングされて

いたが，この段階で初めて1条校のほかに専門学校，通信教育，放送大学の三者を全体規模に包含することが明記され，具体的な数値も想定されている。さらに，私立大学については，私学振興助成法の成立に伴って，私立大学全体ならびに大都市圏の既設私学についても実員収容率を1.3,1.5倍，1.7倍の3パターンに抑制・減員する案が提起され，定員とのギャップ是正を目論むと同時に，実員ベースでの全体規模を算定するという現実的な方策が打ち出されている。

②50年8月15日「高等教育計画部会専門委員会の検討結果の中間報告について」（以下，8/15案）
　この専門委員会の8/11案は，8月15日に開催された高等教育計画部会（第2回）に，「高等教育計画部会専門委員会の検討結果の中間報告について」として提出されている。4日の間で事務局サイドで目標数値などに変更が若干加えられ，その後の「中間報告」のひな形としてまとめられてきている。その異同を中心に整理しておきたい。
● 規模設定の論理
　冒頭の「計画策定の趣旨」（Ⅰ）において，「49年度高等教育懇談会報告」を踏襲するものの，その後に成立した私立学校振興助成法附則による私立学校法の一部改正に伴い，私立大学の新増設は認可しない旨を確認した上で，年次計画としては，「高等教育計画の策定に当たっては，上記の私立学校法の一部改正，新経済計画の計画期間（51～55年），今後の18歳人口の推移などを考慮し，昭和55年度を区切りとして，前期（質的向上，拡充抑制）および後期（質的向上，計画的拡充）に分けて作業を進めるものとする」としている。
　また，「大学通信教育，放送大学及び学校教育法の一部改正により創設された専修学校（専門学校）をも含むものとして，全体規模を設定するものとする」として，1条校以外の上記三者についても全体規模に包含するとし（Ⅲ　全体規模の目途　1），それらの規模についての記述は8/11案とほぼ同様の内容であった。ただし，「計画的に実現すべき高等教育の規模等については，次の考え方による」として，以下の3カテゴリーがあげられている

(Ⅲ 4)。

(1) 実現を確保すべきもの——計画養成を必要とするもの,国立大学の整備等
(2) 実現を期待すべきもの——主として私立大学の拡充で,行政及び財政措置にかかるもの
(3) 自由な進展に委ねるべきもの——専門学校等で,(1),(2)以外のもの

　あくまでも専門学校などについては,高等教育の範疇には包摂するものの,その養成数はリジッドな計画には含めない認識を示している。上記の3カテゴリーは,この4日間で新しく立ち現れてきたものだが,すでに49年度報告にも同様の記述はあり,また50年度最終報告にも同様の認識が示されることとなる。
　また,留意点として以下の5点があげられているが,8/11案とほぼ同じものである(Ⅲ,3,A(1))。

ア,私立大学について,量の拡大を抑制し,質の向上を図ることが要請されていること(特に前期)。
イ,従来,実員ベースで想定した拡大規模について,実員と定員の格差の是正を考慮して計画規模を設定する必要があること。
ウ,大都市の新増設抑制等を行う場合には,後期においても従来のような私立の拡充を予定することは適当ではないと考えられること。
エ,公立については,従来の実情から判断して,今後とも量的には多くは期待できないと考えられること。
オ,国立については,地域間の格差,専門分野別の不均衡の是正を図るため,地方における大学の拡充整備を進める必要があること。

• 目標値設定
　ただし,全体規模の目標値については,微減している(Ⅲ,3,A,(2)規模の目途)。その内訳を見てみると,公立については変化はないが,国・私立では,年間の増加数は11日段階と同じであるものの,合計部分で若干端

数が四捨五入されているようである。この結果,前期計画については,国・私立とも500名がカットされ,合計1,000名分が減少している。その算出方法については省略するが,11日と同じものである。

ただし,私立の全体規模については,前期・後期ともに8/11案で算出基準となった実員収容率については一切言及されていない。また「前半特に51年度においては,従来の制度からの移行に伴う経過的な増が生ずることを見込む必要があろう」という但し書きがついており（Ⅲ3. A(2) ウ),これは51年度に学科増設などの届け出に伴う実員増の出来に対する経過措置を想定したものと考えられるが,中間報告,最終報告の際には全体規模の抑制に関わる項目として重要となってくる。

また,既設私立の実員収容率の是正については,49年度現在で全国平均1.77倍の現状を,「今後の拡充分についての実員収容率の是正の見込みに加えて,8都道府県(大都市所在県)内の私立について,次のように実員収容率の是正を見込むこととした場合には,私立の拡充規模(前期(2), 80,000人)は14,000人(筆者注:収容率1.7の場合の減少数)から34,000人程度(筆者注:収容率1.5の場合の減少数)減少することとなる」(Ⅲ3. A(2) カ(イ))としており,8/11案で試算されていた1.3というオプションは消えている。

- 地域配置と配分

地域配置については,「(全体規模を前提として)各地域における国立大学の収容余力及び私立大学の規模の拡充見込みの推計,専門分野の不均衡の是正の方針……,収容力の不均衡是正の目途等をさらに検討し,48年度高等教育懇談会報告で示された地域配置の想定数を再検討すること」としており,48年度報告における地域ブロックの区割りやそれを踏襲した8/11案について再検討の対象としている(Ⅳ 1. (1))。さらに,「地域の区分については,例えば,関東地区及び近畿地区における工業(場)等制限地域とそれ以外の地域,北海道地区における札幌市とそれ以外の地域,九州地区における北九州と南九州など,できる限り今後の新増設抑制と計画的拡充のための指針を示すことができるように,実態に即し適切な検討を加える」とし,さらに細分化を進める用意があることを示している(Ⅳ 1. (2))。札幌市を例外的に抑

制緩和するとした案については8/11案でも試算されていたが，こうしたきめ細かい作業を行う用意があることを示したものと言えるだろう。

ちなみに，この高等教育計画部会に提出した専門委員会中間報告の内容に対しては，計画部会において，特に異論はなかったことが，9月12日に開催された第3回専門委員会で報告されている。

③50年8月20日「高等教育計画に関する第2の構想（メモ）」（以下，天城第2メモ）

さて，この専門委員会中間報告が計画部会で発表された直後の8月20日，天城座長はより踏み込んだ全面抑制のための計画案を事務局に提出している。

その冒頭で，「先の国会における私学振興法の成立に関連して，昭和51年から5年間原則として私学の新増設抑制の方策が規定された趣旨を厳しく理解し，同時に高等教育懇談会のこれまでの中間報告や検討過程の議論も考慮し，抑制規定中の『特別の必要のある場合』に特に注目して，高等教育計画とくにその前期（昭和51～55年）について，以下のような第二の構想を検討すること」として，これまでの微温的な抑制ではなく，よりラディカルな全面抑制である第2案を提起したのである。

すなわち，「『特別の必要のある場合』を次のように限定的に解釈する。計画養成を必要とするものに関する大学，学部，学科とする。これは，医療関係者や教員などに限定せず，新しい学問分野や研究者養成に係る将来の需要，学術研究の基盤となるものを含む。この目的に該当するものは，国・公・私立を問わない」（Ⅳ 1）とした上で，「国立についても，前期5年間は，全体として抑制方策の趣旨に即して，学生数の規模は抑える」（Ⅳ 2）として，私立のみならず，「国・公・私立にわたって，四年制大学の新設，学部・学科の新増設及び学生の定員増を，Ⅳに述べるものを除き（筆者注：上述の医療関係者・教員など），全面的に抑制する」（Ⅰ）としたのである。

天城は，こうした全面抑制へと大きく舵を切るに至った理由として，以下のように述べる。「全体として第一案よりも抑制型の計画であるが，これは，政党方面の意図や少なくともここしばらくの財政事情を考慮したものであるが，同時に，この期間中に可能な限り高等教育全体の在り方により意を注ぎ，

後期の拡充の礎石を築く必要があると考えるためである」（付）。

また，「私立大学の拡大抑制に対応して，財政助成については私学振興法の趣旨を十分活かして可能な限り速やかに二分の一を実現し，かつ，配分については，法的事由を十分考慮して私学の教育条件の是正につとめるとともに，特別交付についての法の趣旨に則し新しい大学教育や私学の特色発揮に役立つようにつとめる」（Ⅲ）とも指摘している。

次項で触れるように，8月15日の計画部会では専門委員会中間報告については特に異論が出されたわけではないことがわかる。しかし，天城がこうした第2メモを提出することに至ったのは，政治的な情勢，財政的な裏付け，ならびに法律の遵守という文部行政に長く関わる中で培われてきた天城自身の判断があったと言うべきだろう。これ以降の専門委員会での議論は，この天城第2メモを契機として，完全抑制に大きく傾いていくこととなる。

④50年9月12日　第3回専門委員会

9月12日，専門委員会（第3回）が開催される[12]。その際に配付された「高等教育計画部会専門委員会検討資料」によれば，冒頭で8月15日の「専門委員会中間報告の内容に対しては，計画部会において，特に異論はなかった」との報告がされている。またそのほかの各項目についても，「特に異論はなかった」との記述がほとんどであり，専門委員会の中間報告（8/15案）が大きな問題なく了解されたことが窺い知れる。

しかし，一方でこの専門委員会での事務局の「検討資料」では，全体規模の目途について「天城メモ（第2構想）による拡充の全面抑制（特に4年制大学）の提案がある」とした上で（Ⅱ(2)），「全体規模の目途については，より抑制の方向で第2案を検討する必要があるのではないか」（Ⅱ(3)），「私学の実員収容率の是正については，さらに検討すべき余地はないか」（Ⅱ(4)），「大都市抑制地域は，中間報告どおりで良いか」（Ⅱ(5)）といった検討課題が事務局サイドから改めて提示されており，抑制の程度や手法について再度練り直されることとなった。上部の計画部会での了解よりも，むしろ天城第2メモが大きな影響力を持っていたことが示唆されている。

このほか，地域区分の見直しが取り上げられている。これについても，

「地域の区分については，特に意見はなかったが，地域の区分割について再検討の要がある」（Ⅲ (1)）として，計画部会からの注文というよりは事務局独自の発意が示されている。地域区分についてはすでに8/15案でも，48年度報告での区分割を再検討することが言及されていたが，その新たなアイディアとして，これまでの「関東」ならびに「甲信越・北陸」ブロックを，それぞれ「北関東・甲信越」および「京浜・南関東」「北陸」という3ブロックに再編する構想が出されている。後述するように，この再編案は結局のところ，中間ならびに最終報告では，「関東・甲信越」「北陸・近畿」といった区分に決着することになる。

以上のように，高等教育計画部会では専門委員会中間報告（8/15案）は大方了承され，異議も出ていなかったにもかかわらず，天城第2メモが事務局サイドに大きなインパクトを与え，全面抑制，地域別格差の平準化への方策を再度検討させることになったと見てよいだろう。

⑤ 50年9月23日　高等教育計画部会専門委員会報告骨子（案）（以下，9/23案）

この9月12日の専門委員会での議論を受けて，9月23日に，「高等教育計画部会専門委員会報告骨子（案）」が発表されている。この骨子案は12日の天城第2メモによる全面抑制案を受けて，きわめて厳しい数値目標が提示されている。

• 規模設定の論理

まず，「計画策定の趣旨」（2.）として，「(1) 私立―55年度までの認可の際，『特に必要があると認める場合』を判断する基準となりうるよう。国公立―整備の目標を示すものとなりうるよう」な計画とすることが示された。また，続けて「(2) 高等教育の全体構造の柔軟化等の必要性の指摘―将来の高等教育の発展の基盤を作るための計画的整備」として，「柔構造化」も大きな課題であることが明記されている。

さらに，「4. 計画の内容(1) 基本方針」として，「（イ）大学通信教育，放送大学，専修学校をも含むものとして，計画を策定する。（ロ）高等教育の制度・構造の弾力化を含めて考慮する。（ハ）前期の計画について，後期に

183

おける発展を指向しつつ，できる限り具体的な目標を示すこととする」としているが，これらはこれまでの案と同様である。ただ，前期では「質向上，拡充抑制」を，後期には「質向上，計画的拡充」を「それぞれの計画期間における政策志向の重点」とするとして，前期を明確に「抑制」計画と位置づけたのである。

また「計画的に実現すべき高等教育の規模等」（4．(1)(ニ)）については8/15案と同様に，「a) 実現を確保すべきもの」として，「①計画養成を必要とするもの」「②地方における国立大学の計画的整備」をあげ，また「b) 実現を期待すべきもの」として主に公立及び私立大学の拡充などを対象とし，さらに「c) 自由な進展に委ねるべきもの」として専門学校を取り上げている。国立大学に関しては計画が貫徹するものと位置づけ，公立・私立については期待とするにとどめ，さらに1条校ではない専門学校については放任的な態度を維持している。

● 目標値設定

全体規模について，上述のようにこの9/23案は非常に厳しい規模抑制案を提示している。すなわち，「前期においては，国・公・私別に規模の目途（5年間の総量）を具体的に示す」（4．(2)(イ)）とし，「前期における規模の目途」として（4．(2)(ハ)），表8-2のような試算をあげている。この試算では，私立の目標数値については，「(案の1) 3,000人　計15,000人」と「(案の2) 5,000人　計25,000人」の，2通りのオプションを提示するなど，依然として確定的なものではなかったが，国・私立とも大幅な抑制案となっている。国立では8/15案より2,000人減，私立の「案の1」は5,000人減と，これまでの6割近くまでの削減案が示されている。

大幅な削減案が提示された私立の目標数値の算出の仕方については，「定員重視，実員収容率是正の方針の下に，次のいずれかの考え方をとることとする」として，上記の2つのオプションの試算方法を示している。まず，「案の1」については，「従来，年平均定員増9,000人，実員増23,000人が過去5年間の実績であるが，年平均定員増を約5分の1に抑え，既存大学をも含めた実員収容率を1.7倍に止めるものとして，実員増3,000人を見込む。（この場合は，3,000人が対前年度純増分となる）」というものである。また

「案の2」は,「年平均定員増分（9,000人の約5分の1）に対応する実員収容率を1.2倍として実員増2,000人を見込み,さらに,大都市所在8都道府県の既存大学実員収容率是正（1.7倍）による減14,000人分を振替えて,地方における需要に対応することとする。（この場合の新規実員増分は,年平均約5,000人となるが,対前年度純増分は2,000人となる）」（4(2)(ニ)）。

　私立については,定員ではなく実員ベースでの試算となっていること,また抑制をより利かせた「案の2」では収容率1.2倍というこれまでにないレベルのアイディアが提示されている。ただいずれの案も,収容率の操作や大都市部分の振替えなどといった方策で目標値を算出しているが,15,000名と25,000名という2つのオプションが最初にありきの印象も否定できない。事実,10/3案以降では,これらの目標値の中間である20,000人が設定されていくことになり,その妥結案提示のための試案に過ぎなかったのではという見方もできよう。実際,収容率1.2倍については,「全体の実員収容率については,将来,1.3倍までを目標として今後の是正を進めるものとする」（4(2)(ニ)の注）とあり,事務局サイドとしても,その現実味については注釈を施している。

　また,「51年度に経過的な定員・実員の増加が,相当数生ずる見込みがあるので,それを考慮して,計画を実施する必要がある。（場合によっては,52年度以降の規模の目途について,補正の必要が生じうる）」（4(2)(ホ)）との留保も加わっている。これは,10/3案以降では,20,000人が目標値となっていく際の算出方法として,「案の1」（15,000名）が採られた場合の目標値に対する補充分として充てられていくことになる（後述）。

　以上のように,私立についてはきわめて厳しい抑制目標や収容率の案が提示されたが,すでにこの段階で20,000人という結論が想定されていたのではないかと思われる。

- 地域配置と配分

　9月12日の専門委員会での試案を受け,48年度報告とは異なる区割りで,初めて国立について増員10,000人分の地域配分を行っている。北関東・甲信越,京浜・南関東,京阪神・近畿など新たに設けられた各ブロックの配分については,「三大都市圏等を考慮」したとある（4(4)）。また国立に限って

目標数を設定しているが,「この目標数は,認可に際しての量的枠取りとする」と言明している。

また大都市地域の全面抑制については,これまでと同様であったが,8/15案で触れられていたように,札幌市など「工業（場）等制限地域以外の政令指定都市の区域については,若干の緩和を考慮するものとする」（4(4)(ホ)）と,より明確な形で一部の例外を設ける記述が追加されている。この後の10/3案,中間報告,最終報告でも,大都市については新増設を行わない地域に設置され,また上記のような例外的な緩和を考慮すると言及されている点ではほぼ同一である。

なお,この9/23案では,初めて「計画期間中の所要経費の見積もり」について項目が立てられ,48年度報告と同様に,総経費の見積もりを行うとしている。また「私学振興助成法の趣旨にかんがみ,私学の教育条件の是正に資するよう運用につとめる」との注釈も加えられている。ただし,具体的な見積もり案などは全く記載されてはない。表8-1にもあるように,計画部会としては,これまでの専門委員会で議論されてきた「計画策定」の他に「経費負担のあり方について」も審議の対象とされており,また50年10月から検討を開始するとある。ここで示された項目についてはその予定を盛り込んだものとも読めるが,しかしこの後の10/3案,中間報告でも,「見積もりを行う」と簡単に触れられただけで,具体的な審議の結果や経緯は報告されることはなかった。

⑥50年10月3日　高等教育計画部会専門委員会報告（案）（以下,10/3案）
　以上の議論を受けて,12月16日に公表される高等教育懇談会の正式な中間報告（案）が10月3日に作成されている。

本編として,「Ⅰ. 計画策定の前提」では,これまでの3度にわたる報告の概要,高等教育機関の状況変化,関係制度の整備（特に50年1月11日から発足した専門学校制度と,50年7月11日に成立した私立学校振興助成法ならびに私立学校法の一部改正など）,社会情勢と経済状況などの変化を整理した後,「Ⅱ. 計画策定の趣旨」,「Ⅲ. 計画の期間」,「Ⅳ. 計画の内容」,「Ⅴ. 高等教育の構造の柔軟化・流動化」,「Ⅵ. 計画期間中の所要経費の見

第8章　高等教育懇談会による「昭和50年代前期計画」の審議過程

積り」といった構成になっている。

ここであげられている内容は，若干の表現の違いはあるものの，その後の中間報告ならびに最終報告とほぼ同じである（ただし後述するように，「Ⅵ. 計画期間中の所要経費の見積り」については中間報告では私学助成の注釈の部分が大幅に削減されている）。また全体規模についての国公私立の数値目標についても，これ以降変化はない。事務局としてはこの10月初旬の段階で全体規模の範囲や目標値については決着させたものと考えられる。しかし，その算出根拠・方法，また地域ブロックの区割りとそれぞれの配分に関しては，中間報告ならびに最終報告と大きな違いがあることがわかる（後述）。

● 規模設定の論理

「計画策定の趣旨」（Ⅱ）では，「国公立については，今後の整備の目標を」示し，また私立については「56年3月31日までの間，文部大臣が大学設置審議会，私立大学審議会の意見を聞いて認可すべき，『特に必要があると認める新増設』に該当するか否かを判断するに当たって参酌すべき基準」とするべき旨が述べられている（Ⅱ 3.）。いずれも「今後の高等教育の発展の基盤となる整備を図ることに計画の重点を置くものとする」（Ⅱ 1.）とし，さらに「高等教育の全体構造の柔軟化，弾力化等を図るための諸施策と並行して進められなければならない」（Ⅱ 2.）としているが，これらの点については9/23案と同様の内容である。そのほか，計画期間の設定，前期は「高等教育における質的充実，規模の拡充抑制に重点を置」き，「できる限り具体的な目標を示すものとする」というスタンスを取っていることも，9/23案と同様である。また8/15案以降の「計画的に実現すべき高等教育」の3カテゴリーとその内容については，この10/3案でも踏襲されており，新たな変更は特にない（Ⅳ 1(2)）。

● 目標値設定

前期計画における国公私立ごとの目標数は表8-2の通りだが，先述のように，私立に関しては9/23案の15,000人案と25,000人案との中間の20,000人となっており，まさに妥結案というべきものに落ち着いている。

それぞれの算出基準は，以下の通りである（Ⅳ. 2. (1) (ア)）。まず国立1万人については，「現に計画進行中の医科大学の新設，技術科学大学等新構

187

想大学の創設のほか，歯科医師，医療技術者，初等教育教員等の計画養成，地方国立大学の計画的整備等のため，年平均 2,000 人増を見込むものとする」。このうち，「医師・歯科医師」は 2,000 人，「初等教育教員」は 1,600 人，「看護婦その他の医療技術者」および「その他」は検討中との目処が立てられている（Ⅳ 2.(3)）。また公立については，「医療技術者の養成，女子教育その他地域の社会的需要への対応を考え，従来の実績である年平均 300 人増を見込むものとする」とした。これらの説明は，これまで拡充の例外的措置として「実現を確保すべきもの」として扱われてきた計画養成の想定数を織り込んだものである。ただし，これまでの審議過程の経緯を考え合わせると，国公立とも目標数値ありきで，後から計画人材のロジックをかみ合わせた感もぬぐいきれない。

　私立については，昭和 49 年度現在で「1.79 倍」（Ⅳ 2 (1)（イ））という「定員超過の現状に留意しつつ，定員重視，定員超過率是正の方針の下に，次のように増加数を見込むものとする」として，「過去 5 年間の実績（年平均定員増 9,000 人，定員増 23,000 人に対し，上記 1 の基本方針によって私立に期待すべきものを，定員において約 5 分の 1 と見込み，既存大学をも含めた定員超過率を 1.7 倍に止めるものとして，年平均実員増を 3,000 人と見込むものとする」としている。過去の実績算定ならびに，定員超過率を 1.7 倍に収め実員増を 3,000 人とした点では，9/23 案における「案の 1」を採択したということになる。ところが，後の中間ならびに最終報告ではこの過去の実績算定は 25,000 人と 2,000 人増え，また定員超過率も 1.5 倍に改変されており，9/23 案の私立の目標値設定の際に考察したように，まず目標値が設定され，それに合わせて実績算定や超過率が決定されていったのではないかとも推測される。

　また 9/23 案では，51 年度に生じる経過的な実員の増加数を相当数見込んで計画を実施する必要があると触れられていたが，この 10/3 案では「51 年度について別途 5,000 人増を予定する」との想定がなされている。したがってこの 51 年度分の別途 5,000 人と，上記のように各年度の実員増を 3,000 人，5 年間で 15,000 人と合わせて，計 20,000 人という想定数が導き出されてくるのである。この算定方法は，中間ならびに最終報告でも踏襲されているが，

第 8 章　高等教育懇談会による「昭和 50 年代前期計画」の審議過程

なぜ経過措置として 5,000 人を見込むのかについては理由は付されていない。

なお，私立大学における実員と定員のギャップについては，この 10/3 案から「収容率」から「超過率」というタームに変化しているが，「私立については，定員超過率を将来 1.2 から 1.3 倍まで是正することを目途に，私立側の自粛を求めつつ，所要の行財政上の措置を積極的に講ずるべきである」（Ⅳ 2 (1)（イ））と，9/23 案と同様に，認可の際に厳しい抑制方針で臨むことが触れられている。ただし，この記述については，最終報告では，「1.5 倍以内にとどめ」るとして（Ⅲ 2 (2) ③ C），現実的な路線に落ち着いている。

ちなみに 10/3 案では，1 条校以外の専門学校などについても，55 年度時点での想定数が記載されている。これによると，専門学校は 143,000 人，通信教育は 16,000 人，放送大学は 3,000 人が見込まれている。

• 地域配置と配分

地域配置計画についても，9/23 案と同一の区割りのものが提示され，国立大学に関してのみ各ブロックの拡充見込み数が想定されている。また，全面抑制する大都市地域ならびに政令指定都市の一部についての緩和措置についても，9/23 案と同様であった。

⑦ 50 年 12 月 16 日「中間報告」

50 年の 12 月 16 日に高等教育懇談会は，正式な「中間報告」を発表している。専門委員会はこの中間報告を公表した後，各界からの意見などを聴取・収拾し，51 年の 2 月 18 日に第 5 回が開催されている。第 4 回の委員会資料については未入手であるため，開催日時が不明であるが，10 月 3 日案とこの 12 月 16 日に公表された「中間報告」とは目標数値などが微妙に異なっており，また全体の構成や表現・文言なども大きな相違があることからすると，第 4 回の専門委員会はこの 10 月 3 日から 12 月初旬の間にかけて開催されたものと考えられ，その際，中間報告の案が議題になったことは想像に難くない。

中間報告は，まずその報告作成に至る経緯が冒頭に述べられている。本編としては，48 年度ならびに 49 年度の報告の要旨とその後の高等教育の規模の拡大，入学者数の変化，社会情勢の変化，関係制度の整備等が述べられて

おり，表現や文言は異なるが，趣旨としては内容的に 10/3 案と大きな変化があるわけではない。

- 規模設定の論理

「計画策定の方針」（Ⅱ）として，10/3 案では末尾に近い部に記載されていた「V. 高等教育の構造の柔軟化・流動化」の各項目（短大卒業者の編入学，通信制の夜間制と昼間制の交流，単位累積加算制度，大学間交流など）が，この部に移動されてその重要性が強調されている。

また私立学校振興助成法の趣旨，私立大学の質的充実などが述べられているが，これは 10/3 案でも触れられていた点であるが，中間報告ではこれを敷衍させて高等教育全体の話としてふくらませている。すなわち全国的，構造的な均衡，地方における高等教育の質・量の充実，地方国立大学の計画整備，短期大学の弾力的発展，などが言及されている。また高等教育への進学状況などの全国的及び地域的な推移，高等教育の構造の柔軟化，流動化の進展，専修学校の整備等々の点に留意する旨が述べられており，かなりの分量が割かれている。最終報告でもこれらの部分は踏襲されているが，同じ報告書の中で内容的に重複する部分も多く，10/3 案に比べると冗長な感は否めない。

8/15 案以降 10/3 案まで踏襲されていた「計画的に実現すべき高等教育」の 3 カテゴリーとその内容については，この中間報告でも「計画の内容」の部に大方踏襲されている。ただし，これまでのように「実現を確保すべきもの」「期待すべきもの」「自由な進展に委ねるべきもの」といった括りではなく，すべての項目は「計画期間中に整備を図るべきもの」として一括され，自由な進展に委ねるとされた専門学校についてはこの部分では言及されず，「規模の目途」（Ⅲ 2 (3)）の部分で取り上げられている。ただしあくまで専門学校は「自由な進展に委ねるべきもの」とのスタンスは崩してはいない。

またこの中間報告では，大学院の拡充整備が重要な課題となる，との項目が新しく現れてきている。48 年度報告でも大学院については触れられてはいるが，これまでの試案では特に項目を立てられていたわけではないので唐突な感があるが，大学院問題懇談会が並行して設置され，議論が進められていることを踏まえたものと言えるだろう。

第8章　高等教育懇談会による「昭和50年代前期計画」の審議過程

- 目標値設定

　さて目標値については，すでに見たように，10/3案から最終報告までは大きな変化はない。ただし国立大学における10,000人の内訳として，計画養成の人材想定数は，「医歯・医療技術」が3,300人，「教員養成」が1,600人，「一般」が5,100名の，計10,000人となっており，これらの具体的な目標値については10/3案までは見られなかったものである。ただし「最終報告」では，「医歯・医療技術」は2,900名に，一方で「一般」が5,500名に変更されており，計画養成とはいえども医療系や一般的な人材については，専門学校など他機関における養成数を勘案せざるを得ず，確定的な数値は厚生省などとの議論を詰める作業が残されて「最終報告」までもつれ込んだと見てよいだろう。また公立については，想定される人材像ならびに年平均300人，5年間で1,500人増，と10/3案と変わりはない。

　私立についても年平均3,000人（実員），5年間で20,000人増（1カ年3,000人の5カ年分に，51年度の経過措置として5,000人がこれに追加されるという計算である）については10/3案と同じである。ただし，前項で見たように，その想定数の試算方法（値）が若干変化している。10/3案では，過去5年間の実績は，実員増として23,000人を計上していたのに対し，中間報告では25,000人となっている。さらに10/3案では，定員超過率を1.7倍にとどめて年平均実員増を3,000人と試算していたものが，中間報告では定員超過率を1.5倍以内にとどめて3,000人増の範囲とする，としている。また前述のように「51年度においては，経過的に学科増設などの届け出に伴う実員増」を5,000人と試算しているが，どのような試算に基づいているかは不明である。またそれを年3,000人分と追加して5年間の実員増加数を20,000人と試算としており，上記の超過率の限度の変化（1.7倍→1.5倍）などと考え合わせても，当初から20,000人という数字と帳尻を合わせた印象はぬぐえない。

- 地域配置と配分

　9/12案から10/3案まで「北関東・甲信越」「京浜・南関東」「京阪神・近畿」という新たなブロックが策定され，国公私立による拡充見込み数が配分されていたが，この中間報告では「関東・甲信越」「北陸・近畿」という区

分けに変わり，国立の場合，北海道の配分数が2倍になり，逆に九州は約半分になっているなど，その配分数も大きく変化している。またこの段階で，ようやく公・私立の配分数も算出されている[13]）。

このように地域ブロックを恣意的に区分けする方策は，進学率の低い甲信越・北陸を分けて関東と近畿に割り振り，地域別進学率の見かけ上の平準化を図ったためであるといわれているが（黒羽2001，114頁），実際，10/3案で試算されている55年度時点の各ブロックの進学率では，「京浜・南関東」は47％と平均40％よりも突出していたものが，中間報告・最終報告では，「関東・甲信越」にすることによって42％に落ち着いている。

なお，「計画期間中の所要経費の見積り」（V）として「48年度懇談会報告以後の事情の変化を考慮して，この中間報告に引き続き，総経費の見積もりを行う」との章が10/3案と同様に，最終部分に記載されているが，「私学振興助成法の趣旨にかんがみ，私学の教育条件の是正に資するよう運用につとめる」という，9/23案ならびに10/3案の文言は削除されて，上記のような簡潔な文章となっている。ただし，この経費の見積もりについては，結局の所，最終報告には取り入れられなかった。

⑧ 51年3月15日「最終報告」

中間報告の後，事務局は翌1976（昭和51）年2月9日の段階で，「中間報告に対する関係団体等の意見」という資料をまとめている。これによれば，日本私立大学連盟，国立短期大学協議会，全国公立短期大学協会，大学基準協会，大学設置審議会委員（7名），三重県知事からコメントが寄せられている。国立大学協会，公立大学協会，私立大学懇話会，日本私立短期大学協会，国立高等専門学校協会，全国各種学校総連合会からは，特別の意見は寄せられなかったとのことであり，またこの時点では，日本私立大学協会では検討中とのことであった。

1976（昭和51）年2月18日に開催された第5回の専門委員会では，上記の各団体の意見とともに，中間報告発表後の12月17日，18日の全国紙，地方紙の社説・解説を収集・紹介している。また，この段階で「計画期間中の所要経費の見積もりについて」（2月18日付）と題された試案が配付され

ている。ただし，すでにこれまでに何度も触れてきたように，最終報告では経費についての項目は一切割愛されてしまっている。このほか，最終報告の添付ならびに参考資料として掲載される高等教育の各種データ類が配られている。

さて，1976（昭和51）年3月15日，文部省大学局は50年度の最終報告書「高等教育の計画的整備について―昭和50年度高等教育懇談会―」を公表する。この報告書と先の中間報告との間には，すでに指摘してきたような多少文言や表現が変更になっているところや細かい数字などの修正があるものの，内容・趣旨にほとんど変わりはない。中間報告と大きく異なるのは，「大学院の拡充整備」の項目が追加されたこと，「計画期間中の所要経費の見積り」（V）の部が削除されたことである。

この経費見積もりについては，実際にその試案が専門委員会において上がるのは，すでに見たように最終報告の期限に近い2月18日の第5回会議においてである。しかし詳細な数値を公表するには間に合うはずもなかった。表8-1の日程表からすると，経費についての検討は1975（昭和50）年11月から予定されているが，実際に専門委員会では議論がされた形跡はない（ただし第4回専門委員会での議論については不明である）。つまり50年代前期計画は，48年度報告のような詳細な高等教育経費の試算，ひいては財政的な裏付けを取ることはなかったのである。これは，拡大政策ではなく抑制を基調としていたために国立などの整備にはそれほど財政支出は必要がないと踏んだためなのか，財政支出に縛りをかけられる計画立案を忌避する大蔵省の意向を汲んだものなのか（黒羽2001，114頁），その点については不明である。

4．考察

以上，50年度報告策定に至る審議過程を詳細に追いかけてきたが，特に「規模設定の論理」「目標値設定」「地域配置と配分」の3点に焦点を絞って考察してきた。それぞれについて，これまでに明らかになった知見を整理し，

さらに全面抑制への舵を切ることになった要因とアクターについて考察しておきたい。

(1) 全体規模と論理

　まず,「規模設定の論理」に関してであるが, 進学率の地域間格差の解消, 大都市集中の抑制を最大の課題としている点は, それまでの懇談会の方向性を踏襲したものであり, 地域配分の均等化, アクセスの平等化という文部省のスタンスはぶれていないと言える。また1986 (昭和61) 年までに40％の進学率を達成するという目標も, 抑制基調にシフトしつつあっても堅持されている。ただし, 懇談会が開催される以前の1975 (昭和50) 年6月段階では, 天城座長ならびに事務局とも, 高等教育の範囲, 大都市抑制のレベル・方法, 前期・後期などの期間設定などについてはいくつものオプションを提示するなど, その具体的な方策については決めかねていた。しかし7月中旬に懸案だった私学振興助成法が成立すると, 8月には私立大学については実員収容率の是正, 認可制への転換を見込むことが取り決められ, そのほか専門学校などの1条校以外の機関を高等教育に包摂すること (ただしこれらは自由な進展に委ねるべきとされている), さらに50年代計画を前期と後期に分割することなどが, 基本方針として明確にされた。こうして8月中旬には, 1条校以外も包摂する形で, 実員ベースによる計画を55年度までの期間内で実施する大枠が決定されたことがわかる。その後, 天城第2メモのラディカルな全面抑制の方針が提起されるに至って, 前期計画は「質向上, 拡充抑制」を旨とすることが明確に示されることとなったのである。

　ただし, この50年代計画は拡充と抑制という側面ばかりが取り上げられがちだが, 看過してはならないのは, それらの計画に通底している基本方針は高等教育の大衆化に伴う需要と供給のバランスとそれへの政策的対応であり, さらにそのためには制度的にも内容的にも高等教育の構造を多様化, 弾力化, 流動化する必要があるとしている点である。本章では十分に取り上げられなかったが, 短大・高専卒業生の大学編入学, 単位の相互認定, 累積加算制度など, そうした高等教育の柔構造化のアイディアは46答申にすでに提起されており, 50年代の前期・後期計画においても踏襲されている。

(2) 数値目標と地域配分

　次に「目標値設定」についてであるが，具体的な数値目標が示されるようになるのは，8/11 案からである。それまでは 48 年度報告を踏襲して 60 年代初頭までに 19 万人という大増員が掲げられていた。しかし，8/11 案の試算はその後何度も変更されて，国立 10,000 人，公立 1,500 人，私立 20,000 人の計 31,500 人に落ち着いたのは，10 月初旬のことであった。試算の方法・根拠には，過去 5 年間の実績評価，年間定員数の積み上げ，実員収容率（超過率）の幾通りものシミュレーション，大都市地域の画定と増分試算，医療系など計画養成数の見込み，私立大学の 51 年度届け分の算定，など様々な要因が織り込まれていたことがわかる。中間ならびに最終報告だけを見ると，国立大学では医療・教職関係の計画的人材養成をベースに，また私立大学では実員収容率（超過率）を 1.5 倍以内などに収めるなどの試算を基に，全体規模の目標数が弾き出されているように一見思われるが，しかし審議過程を詳細に追っていくと，その試算方法は様々なオプションが想定され，またその算出の根拠や基準も明確であったとは言い難いことがわかる。特に私立大学に関しては，最も厳しい抑制案を採った場合の目標値と従来型の試算値の，ちょうど中間を取った妥結案であったとも見える。また 10 月初旬に算出された上記の目標数についても，まず目標数ありきで，それを逆算して算出基準を案出した側面も否定できない。

　「地域配置と配分」もまた，目標値算定と同様に，様々なオプションが取り上げられてきた。大都市圏の抑制方針については基本的にぶれることはなかったものの，全面規制する大都市圏の画定，緩和措置を行う例外など，当初からその配分の試算方法についてはいくつかの試案が提起されていたことがわかる。また区分割については，すでに指摘されてきたように，進学率の低い北陸地域などを関東圏や近畿圏と統合して，全国的な平準化を試みる方策が採られてきたことがわかる。しかし全体規模が定まらない中，公私立については各ブロックの見込み数の配分もままならず，12 月の中間報告までもつれ込んでいる。また人材養成の計画が見込みやすい国立についても，10 月段階までの配分数と中間報告以降では，北海道や九州などのブロックによってはその配分数が全く異なっている。このように，中間ならびに最終報告

だけを見ると，地域配置と配分が的確に整理・算定されているように見えるが，各ブロックを恣意的に区分割する試行や，見込み数も時期によってバラバラに算定されてきた経緯に鑑みれば，「計画」と言うべき合理性が十分担保されているかどうかは疑わしい。しかし，数値が公表されればそれが一人歩きすることとなるのである[14]。

(3) 抑制転換の要因とアクター

　最後に，50年度報告において抑制政策へと転換した要因と，それを牽引したアクターについて考察しておきたい。

　まずその策定過程を詳細に追ってみると，これまでの先行研究でも指摘されてきたことだが，私学振興助成法の議論ならびに成立が全面的な抑制への転機となったことが，改めて確認できる。事務局は法案審議の経過を慎重に見守っていたはずであるが，1975（昭和50）年6月の時点では，すでに見たように，どの程度抑制すべきかなど具体的な数値目標などは曖昧なままであった。法案成立後，私学助成の取り扱いと附則第13項による完全抑制が決定したことによって，一気に目標数値の設定作業が進められていったのである。ただその際に，最も大きな契機となったのが天城第2メモであった。この第2メモは，私立大学のみならず国公立についても，「全体として抑制方策の趣旨」に即すとして，その後の専門委員会での全面抑制の方向性や目標値の設定においてきわめて重要なインパクトを与えた。

　ところで，いわゆる審議会は行政庁の「隠れ蓑」であり，会長や副会長，主査や座長が担当の事務局とともに審議をリードしていくことはよく知られていることだが，このメモを提出した天城が，計画部会の座長として専門委員会で果たした役割は非常に大きかったと言えるだろう。天城は文部省大臣官房会計課長，調査局長，管理局長，大学学術局長などを経て事務次官を最後に退官（1971（昭和46）年），高等教育懇談会にはその設置当初の1972（昭和47）年6月から関わっている（当時，日本育英会理事長）。38答申，46答申，さらには50年代計画を含め，天城がわが国の高等教育政策に大きな影響力を持っていたことは，改めて指摘しておく必要があろう。

　天城自身，私立大学の規制を可能にした私学振興財団法（1970（昭和

45)年)ならびに私学振興助成法が，戦後大学政策の画期となったことを次のように述懐している。バランスの取れた地域配置は新制大学発足以来の戦後大学改革の主眼であり，大学の「一種の国土計画的配置」が教育刷新委員会からの「宿題」であったが，戦後長らくの間，「レッセ・フェールですから，国立大学は何とかできても，私学はどこまでできるか分からないんです。そういうことで，長期計画をやるためには，私学に，ある程度の規制がないとできない」。しかし，私学振興財団法によって「ある程度の規制と助成という筋道を付けたから，……長期計画もやれるかな，ということになった」。そして，「私学振興助成法で，例えば法令違反や水増しをしたら，助成金を減額するとか，不交付だとか」いう形での対応が可能になったという（天城2002，77頁）。戦後の高等教育政策の要が私立大学政策であることが図らずも語られているが，逆に言えば高等教育政策・計画の当否もまた，私立セクターをどのように政策的に誘導するかにかかっていることになる。

5. おわりに

　本章は，主に高等教育懇談会専門委員会での配付資料に基づいて，50年度報告（50年代前期計画）の審議内容と計画策定を詳細に跡づけてきた。審議過程で提案された試案・試算などを詳細に比較分析することで，それぞれの時点での委員会ならびに事務局の論理や認識，目標値の試算方法などを考察するというアプローチを取ってきた。これまでブラックボックスといわれてきた審議内容や中心的なアクターについては，部分的にではあるがその一端を明らかにできたと思われる。しかし残念ながら，懇談会総会，計画部会・専門委員会レベルでの議事録（会議録）は残存しておらず（残存していたとしても未入手である），天城メモのような資料は別にして，個々の（専門）委員や事務局サイド（特に局長など）の意見が，どのように試案や報告に取り入れられていったのかは十分解明できているとは言えない。
　また本章では，この前期計画に則った各大学の実施状況や，その後の政策評価については全く触れていない。「前期は，いろんな点で大変上手くいっ

て，国公・私立の配分計画も，ほとんど案の通りにいきました」と，天城自身総括しているように（天城2002, 78頁），実績で見ると，50年代前半の拡充は計画よりはるかに下回って推移している（黒羽2001, 112頁）。政策誘導が効き過ぎたということかもしれないが，それを検証するにはさらに個々の大学の対応や，分野別・地域別の分析，さらには50年代「後期」計画についての考察が必要だろう。これらの課題に関しては，他日を期したい。

[注]

1) Pempel（1978＝2004），黒羽（2001ならびに2002），天野（2003），小林（2009）などを参照のこと。
2) 利用・依拠する資料は，高等教育懇談会高等教育計画部会の50年度専門委員であった黒羽亮一氏の提供によるものである。当時の政策過程についてのインタビューをふくめ，たいへんお世話になった。記して感謝の意を表したい。
3) 審議会に関する研究としては，荻田（1969），Pempel（1978＝2004），三輪（1986），清水編（1989）などを参照のこと。
4) この昭和40年代後半の時期は，文部大臣の諮問機関である中教審の他に，様々な懇談会が簇生されており，「ご意見番ラッシュ」だと評されている（『朝日新聞』昭和47年6月30日付）。政・官・財・学の各界のトップ層をまんべんなく揃え47年度は19名だったものが，48年度には26名，50年度には29名に膨れ上がっている。法令に基づかない私的諮問機関のためか，各界の重鎮を擁する大規模な布陣を取らざるを得なかったとも言える。
5) 確かにこの自民党案の抑制計画は49年度報告に盛り込まれている項目も少なくないが，すでに46答申，47, 48年度報告にも言及がされている項目もあること（「新学園都市の建設」「大学院の整備充実と大学院大学の検討」「短期大学制度の再検討」など），またこの自民党案は自民党文教部会単独の計画案と考えるよりは，この当時の他の文教関連の自民党プロジェクトチームなどの活動を考え合わせれば，自民党文教族と天城をはじめとする文部省関係者との共同作業であった可能性もある。したがって，自民党案が一方向的に49年度報告に影響を与えたとする点については留保が必要だろう。
6) 「高等教育の改革に関する研究協議について」（事務次官裁定　昭和50年4月21日）
7) 高等教育懇談会ならびに高等教育計画部会の構成（昭和50年度）は，以下

第8章　高等教育懇談会による「昭和50年代前期計画」の審議過程

の陣容である。天城勲（民主教育協会会長），有山兼孝（全国公立短期大学協会会長，名古屋市立女子短期大学長），飯島宗一（広島大学長），岩佐凱実（富士銀行会長），上野直蔵（大学基準協会常務理事，同志社総長），牛尾治朗（ウシオ電機社長），円城寺次郎（日本経済新聞社会長），太田善麿（東京学芸大学長），大沼淳（文化学園理事長），懸田克躬（順天堂大学長），加藤静一（信州大学長），金森久雄（日本経済研究センター理事長），茅誠司（座長，日本学術振興会会長），熊谷尚夫（大阪大学教授），公江喜市郎（日本私立短期大学協会会長，武庫川学院理事長），細郷道一（公営企業金融公庫総裁），桜井和市（私立大学懇談会副会長，学習院長），瀬川美能留（野村証券会長），関口勲（東京家政学院大学長），谷村裕（東京証券取引所理事長），中根千枝（東京大学教授），中原実（日本私立大学協会会長，日本歯科大学長），仲谷義明（愛知県知事），成田喜澄（全国高等学校長協会会長，東京都立青山高等学校長），林健太郎（国立大学協会会長，東京大学長），伏見康治（名古屋大学名誉教授），藤田健治（お茶の水女子大学名誉教授），村井資長（日本私立大学連盟常務理事，早稲田大学長），森川晃卿（公立大学協会会長，大阪市立大学長）。

また，高等教育計画部会の構成は以下の通りである。天城勲（座長，民主教育協会会長），飯島宗一（広島大学長），太田善麿（東京学芸大学長），大沼淳（文化学園理事長），懸田克躬（順天堂大学長），金森久雄（日本経済研究センター理事長），公江喜市郎（日本私立短期大学協会会長，武庫川学院理事長），細郷道一（公営企業金融公庫総裁），谷村裕（東京証券取引所理事長），藤田健治（お茶の水女子大学名誉教授），村井資長（日本私立大学連盟常務理事，早稲田大学長），森川晃卿（公立大学協会会長，大阪市立大学長）。

8)　48年度と50年度の専門委員を比べてみると，全く異なる構成となっており，伊藤善一（東京女子大学教授）が引き継いだ程度である。
9)　この天城メモは第1回専門委員会の8月2日で作成されたというよりは，同時に資料に出されている「検討会における検討」が50年6月との記入があることから，これと同時期の天城の認識メモであると考えられる。
10)　4月21日付の事務次官裁定では，「5. その他　この研究協議に関する庶務は，大学局高等教育計画課において処理する」となっている。
11)　第2回専門委員会での配付資料は，1. 48年度懇談会報告における諸前提と現状，2. 高等教育計画の全体規模の見込み（試案），3. 案の1における1条学校増加数の地域別拡充見込み（試案），4. 過去5カ年の定員増，実員増の状況，5. ブロック別の入学者増数，6. 大都市の入学者増数の推移，7. ブロック別，専門分野別入学者数，8. 放送大学の教育需要に対する予測調査，などである。

199

12) 第3回専門委員会での配付資料は，1．高等教育計画部会専門委員会検討資料，2．高等教育計画部会専門委員会の検討結果の中間報告について，3．高等教育計画に関する第二の構想（天城第2メモ），4．大学・短大の構成比の推移，5．地域の区分割について，などである。
13) なお，公私立大学の拡充見込み数が22,000人となっており，表8-2にあるような公立1,500，私立20,000の合わせて31,500名と食い違っているが，これは1,000名単位での試算のために切り上げた結果である（Ⅲ3(3)注⑤C）。
14) これは50年代後期計画に関してのことだと思われるが，座長であった天城自身，以下のように述懐している。「推計ですから，数字を出すのは非常に難しいんです。でも，出しましたけどね。……新聞や世間や大学側まで，みんな数字ばかりを気にするんです。……僕は，『数字は出さなければいけないかも知れないが，経済計画とは違うんだから，それにあまり囚われたら困るよ』と言ったんです。しかし，結果は，やはり数字に囚われ過ぎたという感じがしましたね。というのは，推測できない点がたくさんあるんですよ」（天城 2002，79頁）。

第9章

専門職養成の「質」保証システム
医師と法曹の教育課程を中心に

1. はじめに

　本章は，大きな転換期にあるわが国の専門職養成の在り方について，その「質」保証システムに焦点を絞り，高等教育をめぐる政策とそこでの取り組みについて考察する。具体的には，医師と法曹という専門職の2つのプロトタイプを取り上げ，それぞれの大学（院）の教育課程における「質」保証の取り組みを対象とし，その導入の背景と実施プロセスを跡づける。さらに，質保証の在り方に関する政府・審議会の議事録分析を通じて，医学（教育）界，法曹（教育）界におけるアクター群の「質」保証に対するロジックと戦略を抽出し，他の専門職養成に対するインプリケーションを考察する。

　さて，「専門職」[1]の養成には，一連のプロセスがある。すなわち，①高等教育（入学選抜〜専門準備教育〜専門教育〜実習〜卒業試験）—②資格試験（国家試験での選抜・認定）—③現場での採用・研修・生涯教育などのプロセスである。これらのプロセスの中で，専門職の「量」と「質」は，それぞれの段階ごとに様々な要因に左右されており一貫した整合性があるわけではなく，その量と質を誰が決定しているのか，つまり養成プロセスの各段階をどのような集団・勢力が支配的な影響力を持っているか，という点が専門職養成を考える際には重要な論点となる。橋本（2008）ならびに橋本編（2009）では，そうした論点を踏まえた上で，医師をはじめとする様々な専門職の「量」に関する議論から，それぞれの専門職養成に関わるアクター群のロジックとヘゲモニーを分析した。本章では，さらに専門職養成の「質」

ならびにその保証システムに関する議論を深めるため，医師と法曹に関して①段階の教育課程における取り組みを考察する。

ところで，昨今のわが国の専門（職）養成プロセスを概観してみると，まず高等教育機関では，法曹，会計士・税理士さらにはビジネスプロフェッションなどのように，専門教育を学士課程段階で完結してきた形態から，「理論と実践を架橋」するアメリカ型の「専門職大学院」へと移行させている分野もあれば，薬剤師，看護師のように，これまでの教育体系を6（4）年制の学士課程教育へと延長・統一し，専門教育と関連病院での卒前実習を統合させて専門職養成の充実を行おうとしている分野もある。また初中等教員の養成については，現時点ではその成り行きは未確定ではあるが，既存の大学院修士課程もしくは教職専門職大学院に連結させる形での6年制化が企図されている分野もある。また，こうした制度的改編や教育期間延長だけではなく，入口と出口それぞれの「管理」，たとえば入学試験・卒業試験の厳格化なども進められてきている。またその中身，すなわち教育課程面での改革も急である。後述するように，コア・カリキュラムや共用試験の導入・実施，（臨床）実習と現場実務との緊密化，などが図られてきている。次に，資格試験（国家試験）での在り方については，その実施主体，時期，内容，方法などは各専門職によって大きく異なるが，多くの専門職養成で高等教育機関での教育内容との連関をどう整備するかが大きなイシューとなってきている。第3段階目の現場への参入時点においても，研修・修習システムに関して改革が進んできている。たとえば医師では国家試験合格後2年以上の臨床研修を必修とする制度改革が施行されてきたが，そのマッチングにおける都市偏重や大学病院における人員補充が問題化しており，法曹もこれまでの司法修習制度は期間短縮とともにそこでの研修システムや給与の可否が大きな問題となってきている。また公認会計士では国家試験制度の変更に伴い，その要件となる実務経験・補習が大きく改変されてきている。

このように，わが国の専門職養成のプロセスは大きな変動期にあると言えるが，こうした改革の大きな動因の一つは，専門職としての適正な資質や能力（専門職コンピテンシー）について，その「質」保証を求める国家，社会側からの要求・要請によるところが大きい。専門（職）教育が扱う知識と技

第9章　専門職養成の「質」保証システム

術の量は，幾何級数的に増大するとともに細分化も進んできている。また専門職のサービスや効用に対する顧客層からの視線も厳しくなっている。さらに社会各層の新たなニーズへの対応とともに，業際的・学際的な分野やそれに携わる人材養成も求められるようになってきている。こうした環境の変化に対応するため，各専門（職）教育は，その質を維持・確保するとともに，一層の改善・向上が図られてきている。それには教育内容・方法と現場（知）とのレリバンスを強め，顧客層のニーズに応える形で再編成を図り，またその成果（達成度）を客観的に評価するといった方向性が要請される。

　しかし現実的には，各専門（職）教育の学習内容は，上述のようにきわめて膨大化・複雑化して従来のカリキュラムではそのすべてを学修することは不可能になってきている。同時にそれに並行する形でそのカリキュラムや方法論も各大学（高等教育機関）ならびに担当教員の裁量に任されて区々様々であるため，同じ専門（職）教育といっても，それぞれが養成・創出する専門的な能力（専門職コンピテンシー）にも一定の水準確保への懸念が生じかねない。こうした現状に鑑みて，昨今の専門（職）教育は，精選された基本的内容を重点的に履修させる「コア・カリキュラム」の確立と，現場実務（知）にリンクしつつ顧客層の視点に立った「（実務）実習」の強化・改善，さらにはそれらの「教育成果の統一的な評価」に重点が置かれるようになってきていると言える。

　本章では，こうした専門職（コンピテンシー）に対する質保証の在り方とその方策（「仕掛け」）に関して，政府における政策と高等教育機関における取り組みを概観し，専門職養成を取り巻くアクター群のロジックと戦略を考察し，他の専門（職）教育に対するインプリケーションを得ることを目的としている。具体的には，医師と法曹の養成に関して，学士課程における医学教育の改編と，法科大学院における法曹養成の改革を取り上げ，それぞれその政策背景と改革の現状を俯瞰した上で，「質」保証システムの導入・実施の画期となった「医学・歯学の在り方に関する調査協力会議」と「中教審大学部会法科大学院特別委員会」両者における議事録を質的アプローチから内容分析し，双方の専門職養成の質保証の在り方とそれに関わるアクター群のロジックと戦略を考察して，今後の改革に関する方向性を探る。

2.「質」保証に関する政策動向

(1) 認証評価システムと「専門分野別評価」

　まず，専門職養成の質保証に関わって，昨今の高等教育全般に関わる「質保証」システムについて，特に専門職に密接に関連する「専門分野別」の質保証ならびに専門職大学院の認証評価の政策動向を押さえておきたい。本章で取り上げる医師養成（医学教育）におけるコア・カリキュラムは専門分野別認証評価の先行事例としてモデル化されているとともに，法曹養成に関わる法科専門職大学院もまた専門分野別認証評価に当たって最も重要な案件となっている。

　さて，「質保証」については，2000年代に入ってから高等教育全般にわたって大きな政策的イシューとなってきた。特に，大学学部・大学院教育に関する質保証は，これまでの設置基準・設置認可といった事前評価から事後評価への大きな流れの中で，2004年度からスタートした「認証評価」制度のもとで具現化されてきたと言える[2]。

　認証評価制度は，国・公・私立を問わず，すべての大学・短期大学・高等専門学校が定期的に国（文部科学大臣）が認証した評価機関によって評価（認証評価）を受ける制度である。機関別評価（7年以内ごと，教育研究，組織運営，施設整備などの総合的な状況について）と専門分野別評価（5年以内ごと，教育課程，教員組織，その他の教育研究活動の状況について）の2種類の認証評価がある。前者の評価機関としては，大学評価・学位授与機構，短期大学基準協会，大学基準協会，日本高等教育評価機構が認証されている。また後者は現在のところ専門職大学院にのみ適用されるものであり，特に本章で取り扱う専門職養成・教育の質保証について言えば，このうちの専門職大学院における専門分野別評価がポイントとなるが，その認証評価を行う第三者機関としては，法科大学院では大学評価・学位授与機構，大学基準協会，日弁連法務研究財団，経営分野では，大学基準協会，ABEST21，会計分野ではNPO法人国際会計教育協会，助産分野ではNPO法人日本助

第9章　専門職養成の「質」保証システム

産評価機構，臨床心理分野では日本臨床心理士資格認定協会，公共政策分野では大学基準協会，学校教育分野・教職大学院では教員養成評価機構，産業技術分野では日本技術者教育認定機構（JABEE），ファッション・ビジネス分野では日本高等教育評価機構などが認証されている（2010（平成22）年8月現在）。

　このように，専門分野ごとの質保証は当初は専門職大学院に限定されており，学士課程段階ならびに既存の大学院教育について言えば，こうした観点は希薄であった。しかし，2005（平成17）年1月の中教審「我が国の高等教育の将来像」（答申）では，「高等教育の質の保証」として，上記のような学協会等の協力を得た分野別評価の積極的導入，またその「質の向上に関する考え方」として，学士課程段階で分野別のコア・カリキュラムづくりとその実施は機関別・分野別の大学評価と有機的に結びつけることが期待されるものとの提言がなされるようになった。さらに，同年9月の中央教育審議会「新時代の大学院教育―国際的に魅力ある大学院教育の構築に向けて―」（答申）でも，大学院で養成される人材の国際的な活躍を期待して，大学院教育の国際的な通用性，信頼性を確保すべき専門分野別評価の導入の必要性が提言されることとなった。

　さらに中教審は2008（平成20）年12月の「学士課程教育の構築に向けて」（答申）では，学士課程教育の共通の学習成果を達成する目的で，学士課程教育の方針を明確化し質の保証枠組み作りを促進するとして，以下の4点にわたる「学士力」をあげた。すなわち，(1)知識・理解，(2)汎用的技能，(3)態度・志向性，(4)統合的な学習経験と創造的思考力である。重要なのは，わが国の学士課程教育が，従来から専門学部体制を採っていることを踏まえ，こうした「学士力」（学士課程共通の学習成果）は「各専攻分野を通じて培われる」としている点である。それには，「将来的な分野別評価の実施を視野に入れて，大学間の連携，学協会を含む大学団体等を積極的に支援し，日本学術会議との連携を図りつつ，分野別の質保証の枠組みづくりを促進する」とし，その具体的な方策として，「学習成果や到達目標の設定」や，「OECDの高等教育における学習成果の評価（AHELO）」など「国際的な通用性に留意しつつ，分野別のコア・カリキュラム（コアカリ）を作成する等

の取り組みを促進する」としたのである．中教審・文科省は，学士課程教育共通の学習成果やその質保証のためのコアカリ策定，到達目標の設定などが必須としながらも，学士課程は大学の各専門学部がコントロールする学部体制を採っていることから，まずは改革の主体と設定を大学界・学術界側（日本学術会議）に委託するという手順を踏んだわけである．しかしながら，その一方で政府・文科省は，後述するように医学教育でのコアカリなどを事例に出すとともに，すでに57分野ごとに分野別評価を実施しているイギリスの高等教育質保証機構（QAA）を参考に工学や経済学など4分野での学習成果評価のフィージビリティ・スタディに参加する意思を表明するなど，学士課程段階での専門分野別の質保証システムの推進を宣言したものと理解してよいだろう．

こうして，当初導入されていた専門職大学院だけではなく，学士課程段階ならびに既存の大学院教育においても専門分野別評価の方向性が示されたこと，またこれまで教育活動に関する認証評価は制度面の整備状況に関する事項が中心で，またカリキュラムの評価についても，その編成理念や定員・学位授与数といった外形的な数値評価がメインであったものが，教育の目標，達成度，コア・カリキュラム，学習成果などの具体的な内容面にまで踏み込んだものとなっている．

さて，こうした動きと並行する形で，大学基準協会では2006（平成18）年1月「今後の活動方針」の中で，これまで機関別評価の中で行ってきた専門分野別評価を新たな評価システムとして独立することを提言，全国の大学院研究科に対するアンケート調査を実施するなど，専門分野ごとの特性分析を行っている[3]．また上記の中教審答申「学士課程教育の構築に向けて」ならびに文科省からの委託を受け，日本学術会議は学士課程における専門分野別質保証の在り方を探ることとなり，2010（平成22）年7月「大学教育の分野別質保証の在り方について」を報告した．この報告は今後の専門分野の質保証システムの政策論議の契機となるものと思われるので，次項で専門職の質保証との相違に焦点を絞りながら触れておきたい．

(2) 日本学術会議報告

　学術会議は，上記の中教審答申にある「各専攻分野を通じて培う学士力」というスタンスを踏まえて，すべての専門学部でのコアカリ編成や教育目標設定を回避しつつ，① 各学問分野に固有の特性，② すべての学生が身に付けるべき基本的な素養，③ 学習方法及び学習成果の評価方法に関する基本的な考え方，などの点を重視した「教育課程編成上の参照基準」を提示した（同4頁）。

　その「参照基準」とは，「規制的な性格を有するものでない」とした上で（同 4-5 頁），「あくまで一つの「出発点」として，分野の理念・哲学並びに中核的要素の同定に留まるものであり，それにどのように肉付けをし，具体化を図っていくかは各大学の手に委ねられるものでなければならない」（同5頁）とした。

　また「参照基準の作成の手引き」として，

「1. 当該学問分野の定義
  2. 当該学問分野に固有の特性
  3. 当該学問分野を学ぶすべての学生が身に付けることを目指すべき基本的な素養
　　(1) 当該分野の学びを通じて獲得すべき基本的な知識と理解
　　(2) 当該分野の学びを通じて獲得すべき基本的な能力
　　　　a 分野に固有の能力
　　　　b ジェネリックスキル
  4. 学習方法及び学習成果の評価方法に関する基本的な考え方
  5. 市民性の涵養をめぐる専門教育と教養教育との関わり」

を「付録」の形で参考資料として各大学での作成の際の方針案を示し，A4何枚という形での基準をあげている（同, 17-20 頁）。

　学術会議は，この専門分野別の参照基準の策定に関わって，すでに先行している工学系，医療系学部との比較をしているが，「ひと言で言えば，特定の専門職の養成課程に関する質保証と，学士課程教育の一般的な質保証との

違い」(同10頁) があるとして，工学・医療の専門学部で行われている認証評価やコア・カリキュラム・統一試験とは，一線を画している。つまり，専門職の質保証では，「確立された専門職業資格は，当然のことながら当該資格を担う者が具備すべき知識・理解・能力の内容に対する具体的な要求水準が明確であり，社会に対して直接的な質保証の責任を負っている。こうした分野については，一定の基準に基づいてその適格性を認定したり，コア・カリキュラムによって一定の標準化を図ったりする必要性があることはよく理解できる」とし，そうではない専門学部では，「学生の進路も多様であり，大学によって教育の重点の置き方も多様であって然るべきである。しかしそのような分野においても共通して言えるのは，学生が自身にとって意義あるものを身に付けることが重要であり，なおかつそれは，分野の特性に根差したものであるべきことである」(同9-10頁) として，大きな相違があるとしたのである。

(3) 専門（職）教育の質保証

このように，専門分野別の質保証は専門大学院の認証評価として始まり，近年では学士段階の専門学部にも及んでいる。その双方において，医師と法曹という専門職の2つのプロトタイプの養成は，他の分野に先駆ける形で，質保証のシステムと法令が整備されてきたとも言える。

専門職大学院の制度を牽引してきた法科大学院（構想）は，大学院ごとに逐次認証評価が実施され，2010（平成22）年3月の段階ですべての大学院の評価が終了している。不適格認定された大学院も少なくなく，法曹養成の質保証が厳しく問われる結果となっている。こうした認証評価に応答・併行する形で，文科省・中教審も法科大学院の教育課程の改革と改善に乗り出しているが，そこでは法曹養成を司法試験という「点」による保証から大学院教育という「プロセス」へと転換した理念と制度を踏まえて，大学院における教育課程の在り方と「質」をどのように保証するかが，法曹教育・養成を取りまく法曹界の様々なアクター（ステークホルダー）らによって集中的に論議されている。したがって，その議論から質保証の方策と課題を探ることは，法曹養成の質保証の在り方に留まらず，他の専門職大学院での専門

(職）教育の質保証の今後を見極める上でも重要である。

　また一方で，学士課程段階の専門分野別の質保証については，学術会議は他の専門教育とは異なる特質を有している（ので他の分野にはその方法論は援用できない）としながらも，先行する事例として医学教育をあげて議論の参照としている。実際，医学部ではすでに2001（平成13）年度からモデル・コアカリの全国の医学部・医大への導入が図られ，またそれに基づいた共用試験が実施されるようになっており，教育課程における質保証の仕組みが整備されていると言えよう。たしかに医療行為という医師の役割が社会から一定の「合意」が取りやすくコアカリなども策定しやすいとは言えるが，しかし医学教育を取り巻くアクター（ステークホルダー）がどのようにその合意に適応しようとしたのか，言い換えれば，医学教育の抜本的な改革につながるコアカリや共用試験を導入・実施することになった（できた）ロジックと戦略はどのようなものであったのか，については必ずしも自明ではない。したがって，モデル・コアカリなどの導入を決定づけた議論を丹念に跡づけることが必要となる。

　そこで次章以下では，大学教育のモデルカリキュラム・成果試験を導入・実施している医師（医学部における教育課程）と，教育内容に関して専門分野別の認証評価が実施されている法曹（法科大学院における教育課程）を取り上げ，その養成プロセスにおける専門職の質保証の「仕掛け」と，それを支える医学界・法曹界のロジックと戦略を分析する。まず両者の教育課程における質保証に関する政策背景を概観し，実際にどのような具体的な「仕掛け」（モデル・コアカリの内容・方法論，教育目標の設定方法，共用試験などでの測定手法など）が設置されてきた（いる）のか，について考察する。そして，そうした教育課程の改革を決定づけた政策論議の「議事録」を題材に，質保証の在り方や「仕掛け」導入の可否に関する議論を分析する。この作業によって，医師と法曹双方の各教育界のアクター（ステークホルダー）らによる「質」の定義の仕方とその保証システムを支えるロジックと戦略が浮き彫りにできるであろう。確かに，ここで取り上げる医師や法曹での質保証の仕掛けは，学術会議が指摘するように，全く同じ形で他の専門分野に導入・実施されることは考えにくいだろう。しかし，一方で学術会議はその報

告書の中で「当面 3 年間で 30 程度の主要な分野を取り上げ，参照基準を策定することを目標としたい」（13 頁）とも提言しており，今後，各専門職大学院ならびに各専門学部に何らかの仕掛けが導入される際に，本章で取り上げる 2 つの先行事例の質保証システムの在り方は，他の分野においても参考になるものと思われる。

3. 医師養成の質保証システム

　医師の養成プロセスは，医学部入学から現場での医療活動に就くまで様々な段階を踏んだ質保証のシステムが働いていると言っていい。入学試験，医学教育，卒業試験，国家試験，臨床研修，専門医制度など，一連の養成プロセスの各段階での質保証の在り方があり得るが，しかしここ 10 年来，その質保証システムの改革は 6 年間にわたる医学教育課程と臨床研修制度に収斂し，抜本的かつ急速に推進されてきている。以下では，その教育課程の段階の改革に焦点を絞り，その政策背景を跡づけた上で，どのようなシステムが導入されたのか，またその改革を支える医学界のロジックと戦略を考察しておきたい。

(1) 政策背景

　1995（平成 7）年 11 月，文部省は「21 世紀医学・医療懇談会」（会長：浅田敏雄，東邦大学名誉学長）を設置，「21 世紀における我が国の医学・医療の姿を見据えた教育・研究・診療の進展を図る上で必要な諸方策について検討」を開始した。同懇談会は 1999（平成 11）年までに，4 次にわたって医学・医療全般にわたる改革課題を報告した。第 1 次報告「21 世紀の命と健康を守る医療人の育成を目指して」（1996 年 6 月），第 2 次報告「21 世紀に向けた介護関係人材の育成の在り方について」（1997 年 2 月），第 3 次報告「21 世紀に向けた大学病院の在り方について」（1997 年 7 月）であるが，2000 年代以降の医学教育の大改革につながったのは，第 4 次報告「21 世紀に向けた医師・歯科医師の育成体制の在り方について 」（1999 年 2 月）で

ある。この報告の中で同懇談会は,「各大学において医学・歯学教育改革に係る様々な取組が始められていること,大学審議会から具体的な改革方策が提言されたこと,医療提供体制の改革の一環として,……育成・確保体制の適正化の必要性が指摘されている」ことなどを踏まえて,医学教育全般にわたってかなり踏み込んだ提言を行った。

その中で「学部教育の改善」に関しては,「面接の充実,適性検査の活用など,入学者選抜方法の一層の改善。学士編入学制度の導入の拡大と充実。病院への体験入院,介護福祉施設等での実習や,豊かな人間性を育む教養教育,コミュニケーション教育,生命の尊厳や死に関する教育等の充実。少人数教育やチュートリアル教育の導入等による問題発見解決能力の育成。クリニカル・クラークシップ(医療チームの一員として医療行為に携わる臨床実習の形態),地域の医療機関の優れた人材に教育に協力いただく「臨床教授」制度の導入等による臨床実習の充実。精選された基本的内容を重点的に履修させるコア・カリキュラムの確立及び選択履修科目の拡充多様化。適切な進級認定の実施,特に臨床実習に臨む学生に対する共通評価システムの構築に向け具体的検討を要望。プライマリケア,高齢者医療,末期医療,救急医療,医薬品の適正使用,効果的,合理的な医療提供等,今日の医療の課題に応じた諸分野の教育の充実」などである。報告から10年経った現在から見ると,それらのほとんどはこの10年間で導入施行されており,この第4次報告がその後の医師養成・医学教育改革の布石となっていたことがわかる。

この第4次報告を受け,文部省は2000(平成12)年3月,「医学・歯学教育の在り方に関する調査研究協力者会議」(座長:高久史麿,自治医科大学長。以下,「在り方会議」と略記)を設置,報告書の内容を実施する具体的な方策の案出に乗り出すこととなった。同調査研究協力者会議は,それ以降13回にわたる審議を経て,2001(平成13)年3月に「21世紀における医学・歯学教育の改善方策について―学部教育の再構築の為に―」と題した報告結果をまとめた。またその別冊として「医学における教育プログラムの研究・開発事業委員会」(以下,「教育プログラム事業委員会」と略記))の名で「医学教育モデル・コア・カリキュラム―教育内容ガイドライン―」が提示された。ただし,上記懇談会での議論と並行して,実際にはこの「教育プ

ログラム事業委員会」(佐藤達夫東京医科歯科大学医学部長)の他に,「効果的な臨床実習の導入・実施に関する調査研究委員会」(福井次矢京都大学医学部教授),「歯学教育プログラム調査研究会」(江藤一洋東京医科歯科大学歯学部長),「教育の教育業績評価方法に関するワーキンググループ」(吉田洋二山梨医科大学学長)が設置されており,具体的な方策についてはこれらの委員会でなされており,「教育プログラム事業委員会」では1998(平成10)年あたりからすでにモデル・コア・カリキュラムの作成を開始していたようである[4]。1998～99年に全国医大・医学部にアンケート調査を行い,コアとなるべき医学教育内容をガイドラインとして提示することが望ましいと回答した医科大学・医学部が70%以上を占めるなどの結果を得ていたが[5],懇談会の第4次報告の時点では具体的なモデルカリキュラムは案出されておらず,その後この委員会をメインに長時間の協議・作業を経て策定されていった。ただし,この委員会を含め上記の委員会は「在り方会議」に統括される形にあり[6],「在り方会議」の毎月1回の例会で「教育プログラム事業委員会」のカリキュラム作成の進捗状況が報告され,問題点などについて議論され,オーソライズされていくという経過をたどっている。

さて,この報告書では,(1)これまでの医学・歯学教育の内容を整理,精選したカリキュラムの提示,(2)臨床実習をこれまでの見学型から診療参加型とした臨床実習カリキュラムの提示,(3)臨床実習開始前の学生の評価システムの導入の提案,(4)教える側(教員,教育組織)の能力及び機能向上のための提案をアウトラインとしており,望ましいカリキュラムの在り方やカリキュラム改革の推進体制に触れ,「モデル・コア・カリキュラム」を提唱,また「臨床実習開始前の学生の適切な評価システム」の必要性から「大学間の共用試験システム」の開発と導入,「今後の臨床実習の在り方」として「診療参加型臨床実習の実施」,教員については研究業績だけではなく適切な「教育業績評価」,さらにそのための「教育組織の機能開発(FD)」など,きわめて具体的な教育内容の改革案が提起され,この報告に基づいて,2002(平成14)年から「共用試験システム(CBTとOSCE)」のトライアルが開始され,2005(平成17)年には全国の医大・医学部でCBT,OSCEが正式に実施開始されるに至るなど,現在につながる医学教育課程の抜本的

改革につながったのである。

　なお，このモデル・コアカリについては，文部科学省は 2005（平成 17）年 5 月に「医学教育の改善・充実に関する調査研究協力者会議」（座長高久史麿）を発足させ，その中に「医学教育モデル・コア・カリキュラム」の改訂に関するワーキンググループを設置し，早急に対応すべき事項の検討を行い，モデル・コアカリ定着までには今しばらく様子を見る必要などから，必要最小限の改訂がなされている。さらに，2007（平成 19）年 4 月，医学教育モデル・コア・カリキュラム改訂に関する恒常的な組織として，モデル・コア・カリキュラムの改訂・作成を行う専門研究委員会ならびにモデル・コア・カリキュラムの改訂等を決定する連絡調整委員会が設置されている。

　さて，いずれにしても，現在の医師養成の教育課程は，このモデル・コアカリによって大きく改編されたと言ってよい。次節では，この「モデル・コアカリ」「共用試験」「診療参加型臨床実習」の各項目について概観した上で[7]，3 節ではその導入と方向性を決定づけた上記「在り方会議」の議事録を分析し，質保証の改革を進めたロジックと戦略を考察する。

(2) 改革の現状

(a) モデル・コア・カリキュラム

　上述のように，2001（平成 13）年 3 月に提出されたモデル・コアカリの「教育内容ガイドライン」では，あくまでも「各大学が編成するカリキュラムの参考」として，「どの程度の時間数（または，単位数）で，また，どのような授業科目の中で履修させ，どのような授業形態で実施するかは，各医科大学（医学部）の責任において教育理念に基づき決定すべきもの」との但し書きが添えられているが，「現時点で修得すべきと考えられる必須の基本となる教育内容」が提示されており，「およそ従来の 3 分の 2 程度の時間数（単位数）で履修させることが妥当」とされている[8]。こうして，カリキュラム全体の 3 分の 2 程度が必修（コア）となり，残り 3 分の 1 が各大学・医学部の選択的なカリキュラムとなった。これまで，各科・各講座単位の系統講義（講座別カリキュラム＝○○ logy）から，重複を避けるとともに，基礎・臨床を含めた器官別・臓器別の統合学習（system-based curriculum）

が目指されるようになり，それに対応したAからGまでの項目区分[9]，具体的な教育内容と到達目標，単位数が作成されたのである。

　たとえば，「A．基礎項目の3．コミュニケーションとチーム医療」には，「(2) 患者と医師の関係」が設定されており，「一般目標」として，「患者と医師の良好な関係を築くために，患者の個別的背景を理解し，問題点を把握する能力を身につける」。またその「到達目標」には，「1) 患者と家族の精神的・身体的苦痛に十分配慮できる。2) 患者に分かりやすい言葉で対話できる。3) 患者の心理的および社会的背景を把握し，抱える問題点を抽出・整理できる。4) 医療行為が患者と医師の契約的な信頼関係にもとづいていることを説明できる。5) 患者の要望（診察・転医・紹介）への対処の仕方を説明できる。6) カウンセリングの重要性を概説できる」などの項目が明示されている。こうした項目で重要なのは，医学の専門的知識や手技だけではなく，医師としての資質，態度，マインドなどまで項目化され，また目標が設定され，さらにそれらについて後述する共用試験で考査することとなった点である。

(b) 臨床実習開始前の共用試験

　2005年度から，共用試験としてCBTならびにOSCEが，それまでの試行期間を経て正式に全国の医学部・医大が参加することとなった。この共用試験は，4年次終わりから5年次の初めに実施されるもので，「モデル・コア・カリキュラムの目玉のひとつ」であるともされており（佐藤2002，195頁），コンピュータを用いて知識・問題解決能力を評価する客観試験（CBT：Computer Based Testing）と，診察技能や患者への態度など，医師としての基本的な臨床能力を評価するOSCE（客観的臨床技能試験：Objective Structured Clinical Examination）から構成されており，現在では「社団法人 医療系大学間共用試験実施評価機構」（CATO）がその運営に携わっている。

　CBTは，上記のモデル・コアカリに基づいて作成された問題が約1万題以上プールされており，それがコンピュータによって各受験生に出題される。試験問題は多肢選択式（multiple choice question）であるが，問題は一人ひ

とり異なり，試験時間は約6時間に及ぶ。

OSCEは，複数のステーション（小部屋の試験場）を多数準備・使用し，1ステーション5分から10分程度の時間内に，模擬患者を相手に医療面接や診察などいくつかの課題について学生の臨床能力（態度・技能）を評価するものである。ステーションの構成例としては，医療面接（10分）→頭頸部診察（5分）→胸部診察（5分）→腹部診察（5分）→神経診察（5分）→救急（5分）などとなっている。CBTとは異なり，OSCEは同一課題，同一条件での試験であり，評価者はあらかじめ準備された評価表（基準）に沿って学生の評価を行う。そのため，評価者の評価に差が出ないように，評価者自身の外部評価認定（講習会）や，大学間での相互乗り入れが実施されている。

また，共用試験の合格基準は各大学に任されているが，基本的にはこれに合格しないと臨床実習に入れない（進級できない）のが原則である。これは，後述する診療型実習であるクリニカル・クラークシップに学生が参加するに当たって，医師免許を持っていない学生に医療行為を行わせる違法性を回避するとともに，患者に対する説明責任の役割も果たしている。

OSCEは欧米で開発が進み，わが国では1994（平成6）年から川崎医科大学で導入され，それ以降大学間に普及してきたものだが，重要なのは上述のモデル・コアカリの「A」における態度や資質の内容・目標の設定などにも関連するが，医療現場での診断「技能」はもちろんのこと，患者への挨拶や説明，マナーや身だしなみ，患者との良好な（共感的）コミュニケーションなどといった「態度」についても実地に測定するという方策が，全国統一的に導入・実施されるようになったことである[10]。

(c) **診療参加型臨床実習（クリニカル・クラークシップ）**

学生は共用試験に合格すると臨床実習へと進むことになるが，モデル・コアカリでは，これまでの見学型から，診療参加型（医療行為を行う）「クリクラ」(Clinical Clerkship) を求めている。モデル・コアカリの「教育内容ガイドライン」には，学生はチームの一員として患者の診療に参加し，診断・治療計画の策定，カルテへの記載，医療スタッフへの情報の伝達などを

行いつつ，個々の学生の態度・技能・知識の到達度に合わせてチーム内での役割を与え，能力が向上すればより進んだ役割へと移行させるべきであり，そのためには指導医は学生を評価し，形成的フィードバックを行うことが重要である，とその概要と目的が述べられている[11]。

このように，従来の見学形態から実際に診療に参加する臨床実習では，学生は診療チームの一員として診療に携わることが期待されており，このためにも，こうした実習に入る前に共用試験によって，その知識・技能・態度が考査されることとなったとも言える。

以上のように，医学教育課程における医師としてのコンピテンシーの質保証として，多段的・重層的で統一的なコア・カリキュラムと考査システムが導入されてきたわけだが，では，これまで各大学・医学部もしくは講座単位で行われてきた医師養成（医学教育）に，このようなラディカルとも言える改革が実現し得たのか。次項では，そうした質保証への改革を支える医学界のロジックと戦略を，モデル・コアカリ実施を決定づけた「在り方会議」の議事録から探る。

(3) 議事録分析

以下では，「医学・歯学教育の在り方に関する調査研究協力者会議」（2000（平成12）年3月10日～2001（平成13）年3月16日）の議事録を取り上げる[12]。この「在り方会議」はすでに述べてきたように，2001（平成13）年3月に最終報告書を公表しており，その報告内容を分析するアプローチは他の政策（過程）分析の場合と同じように正統的だが，しかし議論の中から浮かび上がってくる医学界のロジックや戦略は答申・報告類では形式的に丸められることが多いため，対立点や問題点を浮かび上がらせるために，本章では議事録に着目している[13]。

議事録の分析方法とプロセスは以下の通りである。まず議事録のテキスト全文をMAXQDA10[14]に読み込み[15]，文脈に注意しながらデータをセグメント化（切片化）し，それに対応するラベルをつけていった。ラベルは100個できたが，次にデータが充実したラベルを中心に比較継続分析を行い，その結果，概念が22個抽出できた[16]。そして，概念間の関係に言及した結果，

第9章 専門職養成の「質」保証システム

6つのカテゴリーにまとめられた。またそれぞれの概念を構成するセグメント量を文書全体のセグメント量で除してその比率を割り出した。なお概念ごとの関連については分析していない（表9-1, 参照）。

さて，概念，カテゴリー，またそれぞれの文書比率を見てみると，「教育課程・内容・方法」に関する議論が過半を占め，特に「コアカリ」については4分の1に達しており，それぞれの議論がこの委員会の審議の中心であったことは明らかである。モデル・コアカリの理念や各大学での判断・自律性，量や範囲，学体系とのバランス，また具体的な科目の採択・順序，さらに導入への理解・実施体制，標準化への志向などが中心的に論じられている（注16のラベルを参照）。そして，このコアカリ導入に関して，特に臨床実習との関連，また準備教育との関連，到達目標の設定や測定が議題に乗せられている。

この委員会が医学教育の改革に関わる委員会であり，モデル・コアカリが中心的なテーマであったことは当然ではあるが，しかし議事録の分析から浮かび上がってくるのは，医師の「国家試験」（以下「国試」）と「アメリカとの比較」というカテゴリーである。これらは最終報告書にはほとんど言及されていない。

わが国の医学教育の改革，特に教育課程半ばで，医師として必要な知識・技能・態度について実施される共用試験・統一試験について，審議全般を通して参照されているのは，アメリカのメディカルスクールでの医師国家試験USMLE（United States Medical Licensing Examination）や実習体制などである。特にUSMLEのステップ1（3段階で構成される国家試験の第1段階目に当たる全国統一試験で，メディカルスクールの学生は一般的に臨床実習に入る前の2年次末に受験する。基礎医学分野から出題される）についての言及が多い。

このステップ1の実施がアメリカにおける医師養成の質保証になっているという認識が述べられている。「アメリカでステップ1が行われることになった理由は，非常に格差の大きかったメディカルスクールのレベルを全国一定のレベルにすることと，これをやることによって，先生も学生もある程度意識してレベルをキープしなければならなくなり，全体的なレベルアップに

表 9-1 「在り方会議」議事録におけるカテゴリー・概念とセグメント量の比率

カテゴリー	比率	概念	比率
専門課程の前後	8.7	準備・教養・素養	4.3
		基礎研究者・大学院教育	2.9
		臨床研修	1.5
実施体制・対応	10.7	学内の実施体制	1.6
		学生側の対応・課題	2.3
		改革の進め方	1.8
		医学教育全般の改革	2.7
		国民・社会・患者からの理解	2.4
教育評価・目標・達成度	4.6	基準と評価	1.1
		教育目標・達成度	3.4
教育課程・内容・方法	53.1	基礎と臨床の統合	5.1
		コア・カリキュラム	26.4
		共用試験	9.7
		臨床実習	10.2
		PBL・チュートリアル	1.6
教員の教育体制	7.7	FD	2.0
		臨床実習の指導	3.3
		教員・教育評価	2.4
国家試験	5.2	国試による質保証	1.0
		試験内容とコアカリ	3.7
		制度自体の改善	0.5
アメリカとの比較	10.0	実施体制・制度面	2.4
		教員と学生	2.0
		教育課程	5.6
	100(%)		100(%)

つながるということもあった」(第5回)。またその統一化,標準化という点でも,「アメリカでは現に90%以上の人が通るわけで,問題の設定の仕方によっては,最初はあまり意味のない試験かもしれないが,ストラテジーとして何年で全国レベルの基準にするかを考えると,各大学が勝手にやるのではなく,全国的にやらないと意味がない」(第5回)といった意見が出されている。わが国の戦後占領期における医学教育がアメリカをモデルに抜本的に改革されたことはよく知られているが,共用試験の在り方をめぐっても同じようにアメリカが参照されている。

次に、アメリカの国家試験と同様に、「質の担保が国家試験だけに任されている現状を何とかしなければいけない」（第5回）と、わが国の国試が医学教育の質保証において、実質的には唯一のゲートキーパーになっている現状を踏まえて、「最終学年まで引っ張って、国家試験に通らないというのでは、本人にとっても国家的にも無駄」（第5回）、「統一試験をすると、途中でやめさせるのに良い」（第5回）、といったように、6年間における教育課程の各段階で選抜を行うという形の質保証へとシフトしていこうとする意向が見て取れる。

ただその一方で、モデル・コアカリの内容と国試の内容を連動させるという期待や方策も浮かび上がっている。「国家試験とコア・カリキュラムは連動していないと、どちらを基準にするかが非常に問題になる」（第6回）ため、「国家試験の出題基準との整合性を考慮する必要はないのか。国家試験の出題基準はかなり詳しく、現在作成中のコア・カリキュラムと必ずしも整合性が取れない。今後、コア・カリキュラムと医師国家試験出題基準の整合性をとるくらいの意気込みでやりたい」（第6回）。そして、「実際に問題を作るのは大学の先生だから、このコア・カリキュラム案のような方針で問題を作成すれば、国家試験と整合性をとっていける」（第6回）。

このように、この委員会では、コアカリの導入が既定路線となり、またその具体的な策定が論じられているが、そうした議論の共通認識には、アメリカのメディカルスクールの教育課程とUSMLEを参照点としながら、国家試験を基幹としてコアカリ―共用試験という各段階を連動させつつそれぞれバルブを設けて、教育課程の質を保証していくという戦略が基盤にあることがわかるのである。

4. 法曹養成の質保証システム

次に、法曹について考察してみよう。

法曹養成の量と質のコントロールは、明治以来、司法試験のみによって行われてきたと言っても過言ではない。試験免除などの特権が存続していた時

代もあったが，戦後の司法試験はきわめて開放的であり学歴要件などは求められてはいなかった。そうした制度の成立と発展，変容，さらに養成数という「量」に関する政策については石井（2009）などに詳しいが，以下では「質」に関する政策と動向を考察していきたい。司法試験という「点」から，法科大学院の教育課程と認証評価という「プロセス」による質保証にシステムが大きく転換したものの，その制度的定着が不透明な中，法曹の質についても様々な議論がたたかわされている。以下ではその質をめぐる法曹界のロジックと戦略を浮かび上がらせたい。

(1) 政策背景

　すでに述べてきたように，現在のわが国の法曹養成は法科大学院の教育課程において制度化されていると言っていい。専門職大学院の枠組みでの法科大学院構想の登場と，司法試験という「点」のみによる選抜ではなく教育「プロセス」を重視した法曹養成の在り方については，すでに様々な角度からの論考が蓄積されている。ここでは「司法制度改革審議会」（1999（平成11）年7月〜2001（平成13）年6月）での議論ならびにその答申を中心に，その教育課程と認証評価についての政策議論を跡づけておきたい。

　さて，90年代に入ってからの司法制度の改革論議の一環として，法曹養成数とその現状について，大学法学部の間に予備校に奪われた法曹のための準備教育を大学院における専門職業教育を整備することで取り戻そうとする動きが生まれてきた（天野2004, 32頁）。1998（平成10）年の大学審議会答申「21世紀の大学像と今後の改革方策について」で，「法曹実務」を「専門大学院」の目指すべき分野の一つにあげると，大学側は大学院レベルでの法曹養成への改革の動きを加速させた。1999（平成11）年に内閣に司法制度改革審議会が設置され，また文部省内にも「法学教育の在り方等に関する調査協力者会議」が設置，大学を含めた様々な団体から「ロースクール」構想が提示されたが，司法制度改革審議会は2年余り63回の審議を経て，2001（平成13）年6月，最終的な意見書「21世紀の日本を支える司法制度」を提出，その中に，法科大学院制度の構想が盛り込まれた。

　同年，中央教育審議会に大学分科会が置かれ，法曹養成問題は大学分科会

の「法科大学院部会」と「大学院部会」で議論されることになったが，現在の法科大学院の基礎となっているのは，上記司法制度改革審議会「意見書」であり，中教審での議論はむしろこの「意見書」に摺り合わせる形で制度設計が進められていった。

「意見書」では，「司法（法曹）が21世紀の我が国社会において期待される役割を十全に果たすための人的基盤を確立するためには，法曹人口の拡大や弁護士制度の改革など，法曹の在り方に関する基本的な問題との関連に十分に留意しつつ，司法試験という『点』のみによる選抜ではなく，法学教育，司法試験，司法修習を有機的に連携させた『プロセス』としての法曹養成制度を新たに整備することが不可欠である。そして，その中核を成すものとして，……法曹養成に特化した教育を行うプロフェッショナル・スクールである法科大学院を設けることが必要かつ有効であると考えられる」（62頁）と，具体的な教育課程を掲げている。法科大学院教育の基本となったものであるので，長い引用ではあるが再掲しておこう。

「(2) 法科大学院制度の要点
 イ 標準修業年限
 標準修業年限は3年とし，短縮型として2年での修了を認めることとすべきである。
 ウ 入学者選抜
  ○ 入学者選抜は，公平性，開放性，多様性の確保を旨とし，入学試験のほか，学部成績や活動実績等を総合的に考慮して合否を判定すべきである。
  ○ 多様性の拡大を図るため，法学部以外の学部の出身者や社会人等を一定割合以上入学させるべきである。
 エ 教育内容及び教育方法
  ○ 法科大学院では，法理論教育を中心としつつ，実務教育の導入部分（例えば，要件事実や事実認定に関する基礎的部分）をも併せて実施することとし，実務との架橋を強く意識した教育を行うべきである。

○ 教育方法は，少人数教育を基本とし，双方向的・多方向的で密度の濃いものとすべきである。
○ 法科大学院では，その課程を修了した者のうち相当程度（例えば約7～8割）の者が新司法試験に合格できるよう，充実した教育を行うべきである。
○ 厳格な成績評価及び修了認定の実効性を担保する仕組みを具体的に講じるべきである。

オ 教員組織

○ 法科大学院では，少人数で密度の濃い教育を行うのにふさわしい数の教員を確保すべきである。
○ 実務家教員の数及び比率については，カリキュラムの内容や新司法試験実施後の司法修習との役割分担等を考慮して，適正な基準を定めるべきである。
○ 弁護士法や公務員法等に見られる兼職・兼業の制限等について所要の見直し及び整備を行うべきである。
○ 教員資格に関する基準は，教育実績や教育能力，実務家としての能力・経験を大幅に加味したものとすべきである。

カ 学位

法科大学院独自の学位（専門職学位）の新設を検討すべきである。

(3) 公平性，開放性，多様性の確保

○ 地域を考慮した全国的な適正配置に配慮すべきである。
○ 夜間大学院や通信制大学院を整備すべきである。
○ 奨学金，教育ローン，授業料免除制度等の各種の支援制度を十分に整備・活用すべきである。

(4) 設立手続及び第三者評価（適格認定）

○ 法科大学院の設置は，関係者の自発的創意を基本としつつ，基準を満たしたものを認可することとし，広く参入を認める仕組みとすべきである。
○ 入学者選抜の公平性・開放性・多様性や法曹養成機関としての教育水準，成績評価・修了認定の厳格性を確保するため，適切な機構

を設けて,第三者評価(適格認定)を継続的に実施すべきである。
○ 第三者評価を実施する機関の構成については,法曹関係者や大学関係者等のほかに外部有識者の参加によって客観性・公平性・透明性を確保すべきである。」[17]

　こうした「法科大学院」構想は,当時の「専門大学院」制度の枠内では収まらず,結果的にその全面的な修正が求められることとなり,新たに「専門職大学院」の制度設計へと動いていった。2004(平成16)年4月の発足時点での法科大学院は,国立21大学(入学定員1,690名),公立2大学(140名),私立46大学(3,770名)の総計69大学(5,600名)に達した。現在では(2009(平成21)年度),74大学(5,765名)に上っている。明らかに当初想定されていた養成数を大幅に上回るものであり,様々な対策が論じられているが,本章ではそうした「量」の政策過程は扱わない[18]。

(2) 改革の現状

　さて,審議過程の中では,法曹の依頼者層,活動分野,業務方針に対応してその養成形態も多様にならざるを得ないため,各大学院の教育内容も個性的な選択が認められるべきである,同時にコア・カリキュラムの共通化が一定の水準において行われるべきであり,ミニマム・スタンダードともいうべきものを設定することが望ましい,また教育方法も判例など具体的な素材を用いて主体的に試行錯誤の中で思索を深めていくソクラティック・メソッド,実務家と学者の共同によるティーム・ティーチングなどの導入,などに関する議論がされているが[19],上記「意見書」の法科大学院の「教育内容及び教育方法」には,特に詳細な内容は言及されてはいない。

　また上述のように,「意見書」では「法理論教育を中心としつつ,実務教育の導入部分」を実施するとされ,従来の司法研修所における司法修習の実務教育の一部を行うことが期待されている(これまでの司法研修所での1年4カ月の司法修習は1年に短縮された)。しかしその具体的な教育内容や教育方法は,これまで大学法学部教育では行われてこなかったこともあって,一部の大学で「臨床法学教育」として行われてはいるものの,現在も模索段

階にあると言ってよい。また法学未修者の3年コースと既習者の2年コースを併存させる制度設計もまた，カリキュラム編成を困難にしている（田中 2001）。

ところで，法科大学院の教育課程については，設置基準には以下のような規定がある。

「（法科大学院の教育課程）
　　第五条　法科大学院は，次の各号に掲げる授業科目を開設するものとする。
　　　一　法律基本科目（憲法，行政法，民法，商法，民事訴訟法，刑法，刑事訴訟法に関する分野の科目をいう。）
　　　二　法律実務基礎科目（法曹としての技能及び責任その他の法律実務に関する基礎的な分野の科目をいう。）
　　　三　基礎法学・隣接科目（基礎法学に関する分野又は法学と関連を有する分野の科目をいう。）
　　　四　展開・先端科目（先端的な法領域に関する科目その他の実定法に関する多様な分野の科目であって，法律基本科目以外のものをいう。）
　　　2　法科大学院は，前項各号のすべてにわたって授業科目を開設するとともに，学生の授業科目の履修が同項各号のいずれかに過度に偏ることのないよう配慮するものとする。」[20]

ただし専門職大学院である法科大学院の場合，それらのカリキュラム編成などについては各大学に任されており，すでに本章でも述べてきたように，その認証評価は認証評価機関によって行われる仕組みとなっている。表9-2は，認証評価機関の授業科目群ごとの単位数の評価基準を見たものであるが，各機関ごとに差異が見られ，実際に大学によってそれぞれの科目配分や単位数設定は大きく異なっているようである[21]。

さらに，各大学院の教育課程の調査結果を見てみると[22]，入学定員やその選抜基準をはじめ，上記の法律基本科目などの科目群ごとに配置された専任教員数やその研究科教員と実務家教員の割合，年間担当授業単位数，到達

第9章 専門職養成の「質」保証システム

表9-2 認証評価機関の評価基準と授業科目群ごとの単位数の状況

法科大学院の教育内容・方法等に関する中間まとめ《平成14年1月22日法科大学院の教育内容・方法等に関する研究会》	認証評価機関				
	大学評価・学位授与機構	日弁連法務研究財団		大学基準協会	
法律基本科目 54単位 ※必修単位数の加重は15%以内	法律基本科目,法律実務基礎科目,基礎法学・隣接科目,展開・先端科目のすべてにわたって教育上の目的に応じて適当と認められる単位数以上の授業科目が開設されているとともに,学生の授業科目の履修がいずれかに過度に偏ることがないように配慮されていること。	（修了要件）42単位以上,（開設）54単位標準,上限62単位(54単位の加重15%に相当する8単位増)	修了要件単位数の3分の1以上	授業科目が法律基本科目,法律実務基礎科目,基礎法学・隣接科目,展開・先端科目の全てにわたって設定され,学生の履修が各科目のいずれかに過度に偏ることのないように配慮されていること。	33単位以上の履修	学生の履修が,法律基本科目,法律実務基礎科目,基礎法学・隣接科目,展開・先端科目のいずれかに過度に偏らないよう規定するなど,適切に配慮されているか。
法律実務基礎科目 9単位		6単位以上（上記のほか,平成23年度までに4単位相当を必修又は選択必修）			6単位以上	
基礎法学・隣接科目 4単位		4単位以上			4単位以上	
展開・先端科目 26単位程度（総単位数の1/4から1/3程度）		12単位以上			─	

（中央教育審議会大学分科会法科大学院特別委員会,2009年4月,「法科大学院教育の質の向上のための改善方策について（報告）」（資料）より抜粋）

225

目標等の設定状況，各科目の成績評価（成績分布の基準の設定），各科目の単位認定方法，法学未修者と既修者のカリキュラム上での取り扱い方，修了要件の単位数など，70校以上ある法科大学院は，それぞれ驚くほど多様であることがわかる。

　このように，新しい時代の法曹養成は司法試験という点による選抜から法科大学院での教育プロセスへと大きく転換されたわけだが，しかし具体的な教育課程については各大学に委ねられた結果，それぞれの大学院の教育課程の科目配分や単位数は，設置基準や認証評価機関の評価基準があるものの，大学ごとに相当な幅があることが明らかとなってきた。それ故にこそ，こうした専門職大学院の制度のもとでの多様性は認証評価機関による評価が必要なわけだが，専門職としての法曹の養成に一定の質を求める観点からすれば，その保証システムは十全に機能しているかどうかは不分明であることが浮かび上がってきている。また法科大学院修了者の質が十分ではないとの指摘が一部でなされるようになり，実際に2010（平成22）年3月末までに各認証評価機関による全74校の評価結果が出そろったが，約3分の1の24校が不適合との認定を受けている[23]。こうした現状に鑑みて，中教審は大学分科会法科大学院特別委員会で法科大学院の教育課程についての審議ならびに今後の教育改善のための抜本的な「報告」を行っている。次節では，その議事録を分析し，法曹養成の質保証に関する議論を跡づけつつ，法曹界における「質」をめぐるロジックと戦略を考察しよう。

(3) 議事録分析

　中央教育審議会大学分科会法科大学院特別委員会は，法科大学院の教育の在り方について問われる中で，各法科大学院に対する実態調査，関係機関の見解等の検討や法曹関係者からのヒアリングなどを行うとともに，第19回（2008（平成20）年3月27日）～30回（2009（平成21）年4月17日）の1年余り12回にわたる審議を経て，2009（平成21）年4月17日に「法科大学院教育の質の向上のための改善方策について（報告）」を公表した。現時点（2010（平成22）年8月）で法曹養成の質保証に関する報告としては最も新しく，また包括的なものである。以下で分析するのは，その議事録であ

る[24]。

　分析方法とプロセスは前章の「医師」の場合と同様であり，分析結果は表9-3の通りである。ラベルは全部で185個，概念は38個抽出できた。そして，概念間の関係に言及した結果，10のカテゴリーにまとめられた[25]。

　まず概念，カテゴリー，またそれぞれの文書比率を見てみると，「教育内容・プロセス・試験」に関する議論が4分の1ほどであり，中でも「法律基本科目」の在り方について多くの議論がさされていることがわかる。しかし医学教育とは異なり，コア・カリキュラムについてはほとんど議論がされておらず，また「実務基礎科目」や実務教育を一部肩代わりするという「修習制度」との関係には言及があまりされていない。

　またこの委員会では法科大学院の教育の質向上が審議のメインであるはずだが，法科大学院の教育課程に特化することなく，その入学段階の選抜から教員・学生に関する問題，修了者の進路，司法試験との関係，認証評価の在り方など，一連の法曹養成全般にわたる課題が幅広く審議されていることがわかる。法科大学院制度が依然として制度的な定着を成さず，認証評価機関からの不適格認定に表れているように，入学から司法試験合格までのプロセスにわたる全般的な制度の見直しが大きな課題であることが示唆されている。それは「制度面での課題・問題・確認」というカテゴリーの割合が低くないことにも顕著に表れている。言い換えれば，法曹養成の質保証はよくも悪くも司法試験という「点」でコントロールされてきたものが，法科大学院の「プロセス」へと転換されたため，質の維持・管理をどの時点で行うかが養成プロセス全体に拡散していることを裏書きしている。

　では，その養成プロセスの質保証の「仕掛け」をどの段階に設置するかと言えば，「入学段階」カテゴリーの比率が「教育内容・プロセス・試験」とほぼ同率となっているように，大学院の定員制限と入学時点での選抜に期待が寄せられ，また議論が成されている。法科大学院の多様な人材確保を目指すという理念は重視されるべきではあるが，各大学による選抜や適性試験の利用の在り方はバラバラで，入学定員自体が多すぎることなどがまず問題とされている。定員の「設置認可については，規制緩和の時代で……一定の要件を満たすところについては，設置を認めざるを得ない。その結果として現

在の入学定員になって」(第8回)しまった結果，全体としての「適正規模」を超えるなど「そもそも定員のほうが多すぎる」(第10回)。そのため，「たくさんの修了生を出せば合格するだろうというような問題のある大学」(第7回)が出てきて，「悪貨が良貨を駆逐するといった現象」(第7回)が起こり，司法試験合格率が落ちている。その現状を見て，「志願者が減少して質の高い入学者を確保することが困難になっている」(第6回)という悪循環が続いている，というのが共通認識となっている。こうした認識を踏まえて，委員会では，「見直しは基本的に削減の方向だという前提だということ」(第11回)が最終的に確認されている。

　こうした意見に表されているように，法曹養成の質保証には，大学院での教育課程に依拠するよりも入口管理に期待する，といった認識が基盤にあることが示唆されている。こうした入口での質保証の志向性とともに，医師の場合と同じく，国家試験である司法試験との関係も問われており，またその比率も低くない。ただその内容を見てみると，上に引いたように定員一杯に入学させているために司法試験の合格率が低下しているという認識は共有されているものの，「司法試験の合格率だけを至上命題にして予備校化することは絶対に避けなければいけない」(第5回)，「司法試験の合格率や科目の優劣，成績で法科大学院の教育や入学者選抜の質をはかるという単純な議論になる。逆に，法科大学院の教育のほうから見て司法試験のあり方やその後の司法修習のあり方が適切なのか」(第1回)，したがって合格者が少ないのは，「司法試験自体に何か問題があるのではないかと発想したほうが素直」(第6回)であり，「全くの未修者が3年で到達できる水準をふまえた出題が必要」(第5回)で，「司法試験のほうでどういう出題のあり方がその能力を試すのに適切かということをご検討いただく」(第6回)，といった議論に見られるように，司法試験側が法科大学院の理念に合わせて問題や内容を変更し合格者を増やすべきである，といった論調となっている。したがって，医師養成の場合とは異なって，国家試験でコントロールするというよりは，司法試験の問題や内容を法科大学院の教育課程に合わせるべきだとの意見が強く，法科大学院の制度・理念を優先させるべき，といった議論となっている。

　また，認証評価において合格率は考慮されていないのが現状で，「これを

第9章　専門職養成の「質」保証システム

表9-3　「中教審大学分科会法科大学院特別委員会」議事録における
　　　　カテゴリー・概念とセグメント量の比率

カテゴリー	比率	概念	比率
入学段階	21.4	多様な人材確保	4.1
		削減の方向性	2.2
		入学定員と教育レベル	3.5
		適性試験	6.8
		既修者と未修者	4.9
教育内容・プロセス・試験	23.9	科目配置・単位配分	1.4
		修了要件	1.7
		修習制度との関連	0.9
		法律基本科目	13.0
		法律実務基礎科目	2.5
		到達目標	3.0
		コアカリキュラム	1.4
教員の在り方	4.0	教員の担当役割	0.6
		教員負担	0.7
		教員を確保	2.6
学生関連	3.3	生活面	2.9
		進学面	0.4
修了者の問題・課題	5.4	質保証の方策	0.3
		進路の多様性	2.3
		修了者の評価	1.6
		修了後の進路・活躍	1.2
司法試験	6.4	はかられる能力	1.1
		合格率・合格点	2.1
		大学院教育との関係	3.3
認証評価	14.3	制度面での必要性	2.2
		評価項目	1.6
		認証機関	8.7
		適格認定	1.8
制度面での課題・問題・確認	7.2	改善する問題点があるわけではない	1.3
		改善すべき問題点がある	3.0
		制度改革の理念・方向性の重要性確認	3.0
大学外部との関連	4.3	他分野ならびに国際基準との比較	2.7
		法曹界との関連	1.6
委員会の役割・報告書の在り方	9.8	委員会の使命	0.9
		データ・情報公開	2.9
		報告書のまとめ方	6.0
	100(%)		100(%)

229

見ない理由は，本来の法科大学院教育に我々が求めたものとは全く逆の方向へのドライブがかかるということを恐れるため」(第6回)であると説明されており，今後は「司法試験の合格率も取り入れていかなければならないのではないか」(第5回)とする意見も出されているが，上述の論理からすれば，「満足な結果が得られないからと言って，合格実績を上げることだけを考えて教育内容をどうしたらいいのかということを問題にするのはおかしい」(第10回)のであり，「合格率が著しく低い法科大学院については，教育内容や入学定員の見直しという方向に導いていく必要がある」(第5回)が，合格率を認証評価の項目化するなど全体に網をかけるようなことはすべきではないというのが基調であった。そして，この2009(平成21)年4月の委員会の「報告」では，「認証評価の基準においては，法科大学院教育の質の保証の観点から，例えば，……修了者の進路(司法試験の合格状況を含む)などを重点評価項目とする必要がある。」[26]というような曖昧な表現にとどまり，認証評価に司法試験合格率を項目に入れることはしなかった。

　ちなみに委員会の審議内容とは直結しないが，この委員会が公表する報告(書)の在り方をめぐって議論がたたかわされており，1割弱の比率を示している。特に，「報告書」の文言や表記，データ公表の影響などに議論が集中していることがわかる。逆に言えば，この委員会(報告)が，今後の法曹養成の方向性を決定し，法曹界に多大な影響をもたらすことになるため，そのデータ公表や表現をめぐって慎重にならざるを得なかったためであろう。

　以上のように，法曹養成の質保証は，入学定員を制限する方策が議論されて，その教育内容，特に実務教育関連はほとんどなされていない。司法試験の「点」から法科大学院の教育「プロセス」へという転換は，むしろ法科大学院への「入学」(時点での適正な選抜)という点の議論へと包摂されてしまった印象がある。また「理論と実務の架橋」を目指し一部の大学院で「臨床法学教育」が試行されているものの，この審議過程を見る限りほとんど言及されておらず，むしろ司法試験に関連する基本科目に焦点が絞られている。これらの点で，法科大学院の理論と実務を架橋するという教育課程への視点は希薄となっていると言えよう。

5. 考察

　専門職の養成は，一連のプロセスから成り立っていることは冒頭で触れたとおりだが，本章ではその内の教育課程に焦点を絞り，医師と法曹を対比的に取り上げながら，その質保証の在り方を考察してきた。特に医師の場合，入学時点から卒業まで，モデル・コアカリ，CBT，OSCE といった共用試験など，いくつかの「仕掛け」が段階的に設けられ，それぞれが有機的に関連づけられている。そして試行が開始されてからすでに 10 年近くを経ており，部分的な改訂はあるものの，医師養成における教育段階における質保証は制度的には定着していると言っていい。しかし，他の専門教育でこうした仕掛けが未だに導入・実施されていないことを考え合わせれば，同じような仕掛けがどの分野にも適用できるわけではないだろう[27]。医師養成だからこそ，その「成功」を支えるロジックと戦略がかみ合っていたと考える方が理に適っている。

　そこで，医師と法曹の議論を対比させながら，こうした質保証の在り方が十全に機能する条件，そしてそれにまつわる問題点を整理しておきたい。

(1) 国家試験と国際基準

　すでに見てきたように，医学教育におけるモデル・コアカリや共用試験などの議論から垣間見られるのは，その内容を医師国家試験のそれとどのように連関させるかといった論点であり，それは逆に国家試験の重要性を浮かび上がらせている。医師養成の一連のプロセスにおいて大学教育の質保証が求められるとは言っても，医学教育が医師養成を目的とするものである限り，学生が卒業試験―国家試験にパスして医療実務に就くことができなければ，その専門教育の意味はゼロに等しいことになる。こうした教育課程の持つ非弾力的な特性，そして国家資格付与という強力なスクリーニング機能は，現場実務に就くための最終的な質保証システムとして，これまできわめて効果的に作動し続けてきたわけである[28]。こうした事情は，法科大学院の入学定員の制限問題の議論に，象徴的に表れている。以前の「点」としての司法

試験というバルブによって，質保証を曲がりなりにも機能させていた在り方に比べて，現実的には法曹以外の進路を取らざるを得ない学生が過半を占めているような現状では，その教育課程はむしろ弾力的であると言わざるを得ず，教育課程に質保証の仕掛けを設けたとしても，それが有効に機能するかは疑わしい．そこでまずは入学者選抜度を高めて学生数を絞り司法試験の合格率を高めるという方策，つまり教育課程のある程度の非弾力化を進めるのが法曹養成（法科大学院）の質を保証する最も近道である，というロジックと戦略が看取できるのである．

　また，質保証の仕掛けを機能させる大学外部の基準がある．それは，欧米の，特に医学の場合，アメリカにおける医学教育の在り方である．世界のトップレベルを行くアメリカのメディカルスクールの在り方が，モデル・コアカリや共用試験のモデルになっていることはすでに見たとおりである．その事情の背景には，医学ならびに医師の医療行為が持つ，国際的な水準へのキャッチアップあるいはグローバルな変化・動向への適応といったものが想定できる．こうした国際基準ないし国際モデルという圧力が，大学内部の教育課程の改革にもつながっているのである．その一方で，法曹に関する議事録では，こうした国際基準についてはほとんど議論されていない．また議論されていても，アメリカの他に欧州各国の事例が引き合いに出されたり，また企業関係者から国際的な活躍を期待するといった文脈においてである．つまり法曹の場合には，国ごとに法体系・慣習が異なる中で，それぞれの国内・地域で実務に携わることが基本的な形態であり，その養成も各国独自のモデルがあることが前提とされていると考えられる．

　こうした国家試験と国際的な参照基準という2つの大学外部の装置は，どの専門（職）教育にも存在するわけではない．まず，国家試験とそれに支えられたモデル・コアカリや共用試験は，非弾力的な教育課程と国家資格（試験）が存在する分野，たとえば医療・保健・福祉といった領域の各専門（職）教育では実効性があるものと考えられ，実際に薬学や看護学などでそうした動きは着実に進んでいる．その一方で，特定の専門職養成を目的とせず，国家試験とリンクしていない「専門」教育では，教育課程での質保証の仕掛けをいくら施そうとも十分に機能しない，ということになる．そしてま

た，現代のわが国の大学の「専門」教育は，そうした国家試験と連関していない分野がほとんどである。したがって，大学側だけが参照基準などのミニマム・スタンダードを決めても，外部のリジッドな質保証の基準と対応・連関ができない限りあまり意味をなさない，ということになりかねない。また国際的な基準に関して言えば，たとえば政府・文科省がOECDのフィージビリティ・スタディへの参加を予定している「経済学」では，研究レベルでは国際化が進み，また教育内容も世界各国とも共通した項目が想定・設定しやすいとも言える。しかし，人文・社会系の専門（職）教育は世界への発信・対応などが重要な課題となっているものの，基本的にナショナルないしローカルな性格・志向を持つものが少なくない。

したがって，このような大学外部の2つの装置が大学教育の質保証の仕掛けを有効に作動させるという仮説に立つとすると，そうした装置を有している専門（職）教育は，医療系以外にはそれほど多くなく，またそれらの学部では教育課程での質保証のシステムは効果的には働かないことが推論できる。しかし，より根本的な問題は，専門職のコンピテンシーとその「質」に関する定義についてである。

(2) 専門職コンピテンシーとその「質」の定義

医師養成の場合，OSCEによって医師としての基本的な資質，マインド，態度までも統一的に測定することまで行っている。専門職コンピテンシーが「定義」されており，それを測ることがその「質」を保証するという合意も成されていると言える。たしかに，医師は専門職のプロトタイプであり，その愛他的要件などから一定の態度・マインドが想定され，また医科学に依拠して医療現場で不可欠な知識とスキルも同定しやすい。ただし，他の専門（職）教育で，専門職コンピテンシー，そしてさらにその「質」について明確に定義できるかは，非常に難しいのが現実であろう。

コンピテンシー（コンピテンス）については，これまでにも様々な調査・研究の蓄積があり，また中教審答申に掲げられた4つの要件からなる「学士力」の提言も，そうしたコンピテンシーの流れに沿うものであろう。ただし，全般的な大学教育で養成されるコンピテンシーの要件・項目は，総花的・包

括的・抽象的になりがちで，実際の教育現場あるいはカリキュラムとして落とし込むには非常に困難である。専門職といった特定の人材養成に限っても，現場で必要とされるコンピテンシーの在り方は，きわめて個別的・文脈依存的であり，それを様々な専門職を横断する共通項として措定するのは難しい。さらにそうしたコンピテンシーの「質」を定義し保証しようとすれば，なお一層の困難が待ち受けていよう。

　「コンピテンシー」や「質」は実体ではなく一種の社会的（政治的）構成物であるとするなら，そこには様々なアクター群（ステークホルダー）の思惑と恣意が入り込む可能性がある。したがって，その定義をめぐっては，養成に関わる様々なアクター群の調整が不可欠となろう。今や医学教育では一連の質保証システムが構築されているが，その「合意」までの調整は平坦な道程ではなかったようである。医師としてのマインドや態度項目なども含み込んだモデル・コアカリの場合，その選定と調整には2年間にわたって東京医科歯科大学を中心としたワーキンググループに30名余りの教員が投入され，43回の会合，延べ200時間にわたるコストを払って策定までこぎ着けている[29]。またその策定過程で全医科大学・医学部教員にアンケートを繰り返し，約1,400の項目を記録集計して，その中から必要項目を詰めていく作業を行うなどして，教員間での合意を取り付けていった。専門分野ごとの特性を考慮し，またそれに携わる大学教員の合意を調整するためにはこうした方法以外には考えにくいが，しかし他の分野でこうしたアプローチがコスト的にも可能であろうか。

　しかし，より重要な問題が潜んでいる。一つには，「コンピテンシー」や「質」の定義は多様であるため，影響力の強いアクターの一義的な定義によって，その内容や改革の方向性が決定されてしまう可能性があることである。たとえば，医師のモデル・コアカリは，各大学の個性や特長を生かす余地も確かに残されてはいるものの，いわゆる「基礎」系の諸科目が「臨床」系に飲み込まれる形で統合されていったという側面もあり，今後，さらなる共通化，統一化が進む可能性もある。

　また逆に，「質」などの問題を取り上げることになると，これまで教育課程に関わってきたアクター群の対立を引き起こし葛藤が顕在化する可能性が

ある。カリキュラムがこれまで設置基準・審査によってある意味コントロールされてきた状況とは異なり，法科大学院に見られるように，第三者による事後の認証評価に任されるとなれば，これまで予定調和されていた法曹界の各アクターの思惑と恣意がそこに入り込み，その対立と葛藤が露呈する契機ともなりうる。事実，法曹養成に関する議事録では，法科大学院側と日弁連側の対立が鋭い形で露わとなっている。

このようにコンピテンシーや「質」には，その定義をめぐって本質的なアポリアがある。専門職養成の「量（養成数）」については，各アクター間で様々な政治的葛藤があるにせよ，最終的には一定の「数」として可視的な形で調整と妥結が図られる（橋本2008）。しかしコンピテンシーや「質」については，各アクターの定義が多種多様であるため，その落としどころを探るのは容易なことではないのである。

6. おわりに

本章は，医師と法曹それぞれの養成プロセスの中で，大学（院）の教育課程における質保証に関する議事録分析を通じて，それぞれの養成にまつわるロジックと戦略を分析してきた。

残された課題はもちろん多い。まず，本章の内容・方法論に関して言えば，議事録の内容分析を試みたが，いくつかのカテゴリーや概念における議論を取り残しており，カテゴリー・概念間の関係性なども十分に分析できていない。また，それぞれの会議・委員会における議事録分析と答申・報告とのつきあわせを十分に行っておらず，議事録で議論されたイシューが答申・報告にまとめられる過程で，どの項目がいかに取捨選択されていくか，といった視点は新たな政策（過程）分析につながる可能性があるが，本章では扱いきれなかった。

また本章では，教育課程に焦点を絞ったが，専門職の場合，質保証のシステムは大学卒業後にも様々な段階での方策があり得る。特に，医師の場合では臨床研修制度，法曹では司法修習制度が，現在大きな政治的イシューとな

っている。これらの制度の議論には，養成をめぐるアクター群の葛藤と対立がより鮮明な形で表れている。今後はこうした卒後研修についても分析の範囲を広げていく必要がある。その際，医師や法曹といったプロトタイプに限らず，他の専門（職）教育との対比を行いつつ，「質」の定義のメカニズムを考察して，それぞれの政治的なヘゲモニーや附置構造をプロットしていく必要がある。また QAA などの海外の動向を考慮に入れた上で，各国における専門（職）教育の質保証の取り組みもカバーしていかなくてはならないだろう。これらの課題は他日を期したい。

［注］

1) 本章では，すでに橋本編（2009）でも指摘したように，専門職をベン＝デーヴィッドにならって，「高度に専門化した分野を基盤とする職業に限定するよりも，はるかに幅広」な視野の下に，「その職への就職が高等教育機関からの卒業証書を有する者に限られている職業のすべてを指す」という，ゆるやかな意味で捉えている（Ben=David, 1977＝1982, 49頁）。その意味で，本研究が目指す方向性は，いわゆるリジッドな定義による「専門職」の養成に限定するものではなく，特定の専門的人材養成を目的としていない専門教育を排除するものではない。
2) なお，2004年度から発足した国立大学法人について言えば，6年ごとの法人評価が課されており，法人ごとに定めた中期目標などに対する業績評価を通じて，大学の個性の伸長や教育研究の質的充実，また公共的な機関としての社会に対する説明責任を果たすことが目的とされており，その中で「教育研究の状況」として，各研究科・学部単位ごとの評価が行われている。
3) 2008年3月「専門分野別評価システムの構築―学位の質保証から見た専門分野別評価のあるべき方向性について」（2007年度文部科学省大学評価研究委託事業）
4) 佐藤1991, 6頁。
5) 「在り方会議」2001「あとがき」。
6) 医学における教育プログラム研究・開発事業委員会2001, 最終頁。
7) なお，これまでの一斉講義を中心とした「知識伝授型」の教育から，少人数討論による「Problem-based learning（PBL）チュートリアル」と呼ばれる，学生が生涯にわたって課題を探究し，問題を解決していく能力を身につける自己開発型学習が取り入れられてきているが，特に「在り方会議」報告やモ

デル・コアカリに特記されているわけではないので省略した。
8) 医学における教育プログラム研究・開発事業委員会 2001,「教育内容ガイドライン作成の背景と考え方」。
9) A. 基礎項目（1. 医の原則, 2. 医療における安全性への配慮と危機管理, 3. コミュニケーションとチーム医療, 4. 課題探求・解決と論理的思考）
B. 医学一般（1. 個体の構成と機能, 2. 個体の反応, 3. 病因と病態）（18単位）
C. 人体各器官の正常構造と機能, 病態, 診断, 治療（31単位）
D. 全身におよぶ生理的変化, 病態, 診断, 治療（7単位）
E. 診療の基礎（1. 症候・病態からのアプローチ, 2. 基礎的診療知識, 3. 基礎的診療技能）（7単位）
F. 医学・医療と社会（6単位）
G. 臨床実習（1. 全期間を通じて学ぶべき事, 2. 内科系臨床実習, 3. 外科系臨床実習, 4. 救急医療臨床実習）（25単位）
10)「医学系の学習・評価項目（第21版）」によれば，そうした「態度」部分の評価については，「Ⅰ. 診察に関する共通の学習・評価項目」として，(1)医療安全, (2)プライバシー・羞恥心・苦痛への配慮, (3)マナー・身だしなみ, (4)言葉遣い, (5)挨拶や説明，「Ⅱ. 医療面接」として，(1)診察時の配慮（Ⅰ.を参照), (2)導入部分：オープニング, (3)患者さんとの良好な（共感的）コミュニケーション, (4)患者さんに聞く（話を聴く）：医学的情報, (5)患者さんに聞く（話を聴く）：心理・社会的情報, (6)患者さんに話を伝える, (7)締めくくり部分：診察への移行／クロージング, (8)全体をとおして, (9)報告などから構成されている。医療系大学間共用試験実施評価機構の「医学系OSCE 学習・評価項目」による。http://www.cato.umin.jp/09/1905_2qa.html 2010年9月取得。
11) 医学における教育プログラム研究・開発事業委員会 2001,「3 臨床実習 1)臨床実習の考え方」
12) 全13回。ただし，10～13回の議事録が未入手のため，分析に入れていない。http://www.mext.go.jp/b_menu/shingi/chousa/koutou/010/gijiroku/000301.htm などから。2010年9月取得。
13) ただし，「在り方会議」の議事録は正確には「会議録」ではなく抄録であり，文科省による手が加えられている可能性があり，また委員名も伏されている。また審議会の委員はあくまでも管轄する省庁によって選出され，その議論も「隠れ蓑」的な機能にとどまるという批判はあるものの，いわばガス抜き的な委員も選出されることが多く，したがって，議事録を分析対象とすることはその意味でも答申類などを扱うよりもより対立点や課題が抽出できると期待

14) MAXQDA10は，文書データの編集およびコーディング，コード間関係に対応した分析モデルの構築，特定のコードに対応する複数の文書セグメント（テキストの断片）の抽出，などの機能を持っている。佐藤（2008）などを参照のこと。
15) ただし「歯学」に関する部分，文部科学省，厚生労働省等のコメントや式次第などは省略している。
16) 以下に各「概念」に分類された「ラベル」を掲載しておく。
　　「準備・教養・素養」：アーリーエクスポージャー，実技の準備教育，準備教育とコアカリの重複，準備教育，教養教育，素養教育と準備教育，素養教育，準備教育としての生物学
　　「基礎研究者・大学院教育」：生命科学研究者養成の必要性，基礎研究の必要性，基礎・研究者志望者の減少，基礎・大学院教育の工夫
　　「学内の実施体制」：学部長のリーダーシップ，教務委員長の重責
　　「学生側の対応・課題」：学士編入とコアカリ，学生側の受け止め方，学生の勉強量の負担
　　「改革の進め方」：実施体制，文科省による教育内容のチェック必要，大学ごとの改革の多様性必要
　　「医学教育全般の改革」：技能訓練の弱さ，現在の授業の無駄・重複，思考プロセスの重要性，社会医学の必要性，卒前教育の範囲，医学教育改革，人間学に立った医学教育，コミュニケーション能力アップの方策
　　「国民・社会・患者からの理解」：疾病と社会ニーズの反映，医療行為の社会的な視線，患者・国民に理解が必要
　　「基準と評価」：医学と歯学との間の標準化，国際基準との整合性
　　「教育目標・達成度」：EBM，標準的治療はない，教育達成判定の標準化，教育目標の設定
　　「基礎と臨床の統合」：統合カリキュラムの志向性，統合カリの不具合・困難さ，基礎と臨床の統合，基礎と臨床の教員乗り入れ
　　「コアカリ」：コアの理念，コアカリの量・範囲，コアカリの内容，コアカリと学体系とのバランス，コアカリと医師・研究者養成のバランス，コアと選択制，各論（採択・順序・内容など），臨床実習との関係，導入への理解・実施体制，標準化への指向，各大学の判断・自律性
　　「共用試験」：オスキーの概要と問題点，CBTの概要と問題点，共用試験の課題・限界，共用試験の標準化，共用試験の時期，共用試験の意義，共用試験の合格率，共用試験の各大学での利用，共用試験の内容，共用試験の公平性，共用試験のコストパフォーマンス，共用試験でのふ

るい分けの可否

「臨床実習」：臨床実習入門の内容・量，臨床実習入門の時期，クリクラへの変化，クリクラの課題，臨床実習の時間数，具体的な指針・評価作成，学生の医行為の範囲，医療事故対応・求償権，臨床実習の大学差が問題，院外実習

「PBL・チュートリアル」：チュートリアル教育の課題，チュートリアルの現状・改善

「FD」：富士研の概要，富士研の内容改善必要，FDの工夫・改善

「臨床実習の指導」：指導医の在り方，臨床教授制の導入

「教員・教育評価」：教育評価の方法，教育評価の低さ，教員評価の問題

「国試による質保証」：質の担保が国家試験だけに任されている，国試合格率の大学間格差

「試験内容とコアカリ」：コアカリとの整合性，国試の現状，大学教員がコアカリに見合ったものを作る

「制度自体の改善」：国家試験の出題方法，国試の受験回数制限すべし，実施主体

「実施体制・制度面」：全国レベル，大学院との連関，ステップ1

「教員と学生」：教員の教育指導，学生の負担・勉強

「教育課程」：カリキュラム，達成度判定，準備教育，臨床実習

17) 「Ⅲ 司法制度を支える法曹の在り方 第2 法曹養成制度の改革 2. 法科大学院 (2) 法科大学院制度の要点」65-70頁。

18) 戦後の「量」に関する政策については，石井（2009）を参照のこと。

19) たとえば，「法科大学院構想について」司法制度改革審議会（第15回）2000年3月14日小島武司，配付資料（別紙5）
http://www.kantei.go.jp/jp/shihouseido/dai15/15bessi5.html （2010年9月取得）。

20) 文部科学省告示第五十三号（抜粋）専門職大学院設置基準第五条第一項等の規定に基づく専門職大学院に関して必要な事項。

21) 「法科大学院教育の質の向上のための改善方策について（報告）」（中教審2009年4月），資料2, 32頁。

22) 「法科大学院教育の質の向上のための改善方策について（報告）」（中教審2009年4月），資料。

23) 『読売新聞』2010年3月30日付。

24) http://www.mext.go.jp/b_menu/shingi/chukyo/chukyo4/012/gijiroku/08033113.htm などから。

25) 以下に各「概念」に分類された「ラベル」を掲載しておく。

「多様な人材確保」：他学部・社会人へのアピール方策，社会人・他学部3割割当の可否，受験者層の多様化，受験生減少一途，制度の理念
「削減の方向性」：大学の対応は多様，各大学へのケア，経営に直結，基本的に削減
「入学定員と教育レベル」：教育の質のレベルを維持，競争性確保，適正規模，規制緩和の影響，定員割れ，定員が多くて司法試験合格率低下，養成数3,000人との関連
「適性試験」：入学選抜機能の可否，大学ごとに多様な選抜，下位15％と法曹の資質，適性試験の成績とロースクールでの成績の関連，入学後の追跡調査データ，適性試験の改善，統一化の方向性，統一的な既習者認定試験，司法試験との連関の有無，認証評価での評価
「既修者と未修者」：入学定員の割り当て，統一的な既習者認定試験，学力のばらつき，修得単位数の相違，未修者のケア，既修者認定の厳格化，既習者のレベルダウン，既修者の単位認定
「科目配置・単位配分」：基本と実務の配分，93単位を超える分
「修了要件」：進級厳格化，修了要件の厳格化，再試験制度の運用，修了率の定義・理解，学内滞留の取り扱い
「修習制度との関連」：修習サイドとの連携・切り分け，修習サイド側の実務教育への要望，実務技能と修習の在り方
「法律基本科目」：双方向型の授業法，学生の自主学修量，展開・先端科目との関係，既習者の学修，未修学者の学修・進級，学説と判例，主要な物の考え方，科目のバランス・単位配分，法曹には基礎科目が必要，到達目標は見えやすい，必修単位数の設定，司法試験との関連，認証評価との関連
「法律実務基礎科目」：理論的教育の上に積み上げ，2，3年次配置の可否，必修科目として，前期修習肩代わり論，到達目標の共通認識，実務教育の改善が質保証に，統一的なカリキュラム提示が必要，実務家教員にお任せ状態，大学ごとに個性
「到達目標」：可能な範囲で具体的な項目，知識偏重を避ける，認証評価との関連，法曹としてのコンピテンシーの明確化，標準化・共通化の方法，周知・施策の方策，目標基準の設定作成，教員・大学の自律性，日弁連の提言
「コアカリキュラム」：コアを示すことは意味がある，定量化にならないように重点化，必要以上の枠（コアカリ）不要，現場から学習指導要領との批判，実務教育をどう扱うか，範囲と量，理念・方針
「教員の担当役割」：教員の教育能力，基準改正，実務家教員と研究者教員

「教員負担」：国立と私立の相違，教育のバックアップ資源不足，教育負担が重圧

「教員を確保」：分野ごとの相違，教員（数）確保，次世代養成，ダブルカウント，年齢の配慮，調査必要

「生活面」：授業料・奨学金と問題，働きながら通学する環境

「進学面」：博士課程進学問題，学生側からの視点

「質保証の方策」：各大学の自己規律・努力，様々な観点，内容の範囲

「進路の多様性」：修了者の企業での扱い，法曹以外の実務の分野

「修了者の評価」：修了者の質が悪いことのデータ確認，従来に比べて遜色ない，質低下は一般化すべきでない，評価は時期尚早，第1期生は優秀，基本がわかっていない，質が低下したという指摘

「修了後の進路・活躍」：ロースクールの法曹養成だけではない機能の可否，修了生が多様な分野で活躍

「はかられる能力」：2011年からの予備試験との関係，選抜方法と内容，司法試験だけで締める，はかれる能力（フィルタリング）

「合格率・合格点」：養成数抑制との関係，最低点の推移，未習者と既習者の相違，合格率の考え方・評価

「大学院教育との関係」：未習者対応を希望，司法試験合格かスクールの教育が先か，到達目標との関連，大学院の予備校化，大学院教育と合格率は関連がない，大学院教育と連関している，司法試験の方を考えるべき

「制度面での必要性」：理念・方法，自己点検へのフィードバック，国際的基準，設置基準と事後規制

「評価項目」：教員審査，学生成績の評価，司法試験合格率による評価

「認証機関」：大学評価・学位授与機構，大学基準協会，日弁連法務研究財団，3つの実施機関のズレ，3機関の調整

「適格認定」：実施状況・認定結果，文科省の役割，ケアの必要，マスコミの扱い

「改善する問題点があるわけではない」：きちんとやることはやっている，見直しは時期尚早，重大な問題は存在しない，従来より進展した点

「改善すべき問題点ある」：一部だけでなく全体改善，法曹養成制度自体の見直し，国民の権利擁護に支障を来す，法科大学院協会の役割，専門職大学院の枠でいいか，問題がある大学院のみ見直し，制度すべてではない部分的改善，教育課程の共同実施・統合等，統廃合の可能性，規模の問題

「制度改革の理念・方向性の重要性確認」：量と質の関係，司法制度改革審

　　　　議会の答申・理念重視，各大学の教育の多様性と裁量の確保，プロセスとしての教育重視，法曹人口との関連，国立・私立，地域バランス，複線化
　　　「他分野ならびに国際基準との比較」：職業資格の質保証，医学教育との比較，国際競争に勝てる法曹養成，国際基準との関連，フランスとの比較，アメリカとの比較
　　　「法曹界との関連，日弁連の意見の可否と対応，日弁連の支援体制，法曹三者の関与
　　　「委員会の使命」：法科大学院の機能定着に重責，質保証を重点審議，不適格大学院の排除検討の場ではない，ワーキング・グループでの議論
　　　「データ・情報公開」：一部分だけが取り上げられがち・データ一人歩き，データの公表の取り扱い，調査・データの必要性，大学側からの発信必要
　　　「報告書のまとめ方」：報告内容の周知・施策，データの出し方，中間報告との異同，慎重なスタンス・漸進的な書き方，細かい文言修正，様々な立場を盛り込む，具体的な提案とメッセージを出す，言葉の並べ方・表現の工夫・明確な意味
26）中央教育審議会大学分科会法科大学院特別委員会 2009「第4　質を重視した評価システムの構築 1．教育水準と教員の質に重点を置いた認証評価」26頁。
27）コアカリはその後も改訂作業が続いており，共用試験についても全国共同機関を中心として内容や実施の改善が試みられており，またそれらを経た医学生も実務についてまだ間もない状況である。したがって，教員・学生をはじめ実務現場での医療関係者などへの包括的なフォローアップ調査が必要であろう。
28）ただし医師，法曹養成ともに，上記の議事録分析からは，不思議なことに，卒業試験に関する言及はほとんどない。これは卒業試験時点（にまで至って）のふるい落としという質保証は現実的には機能していないか，もしくは大学側が卒業試験をパスさせず国試受験をさせないケースがあっても公にはしないか，などのためと思われる。
29）医学における教育プログラム研究・開発事業委員会 2001，あとがき。

おわりに――あとがきにかえて

　本書では，まず第1部において，高等教育研究の制度化の中で高等教育政策研究の位置づけとその動向を探り，さらにそれらの実証的研究の一分野として「政策過程」研究に焦点を絞って，その方法論と国内外の研究成果について概観した。その知見を踏まえた上で，第2部では，戦後わが国の高等教育政策に関わるアクターとイシューについて国会会議録を利用しながらデータベースを構築し，計量テキスト分析による内容分析を行って主要な政治家とイシューを抽出・考察した。さらに第3部において，これまで政策過程研究に手薄だった，実施段階までを包摂した過程全体とブラックボックス視されてきた審議会における審議過程を取り上げ，異なる4つのイシュー・政策を対象としたケーススタディによって，それぞれの政策プロセスの分析を試みた。
　残された，あるいはあえて問わなかった課題は数多い。第3章でも言及したように，わが国の高等教育領域において政策過程論に載せられるイシューや政策は多いことは確かだが，しかしそのどれもが既存のモデルや理論を援用できるわけではない。モデルや理論のための検証だけにイシューや政策を選んでしまっては本末転倒である。それらのアイディアを借りつつ，多くのモノグラフやケーススタディを蓄積し，その上で様々なモデルの援用可能性を見定めるという往還がやはり必要だろう。本書はその意味で，モデルの適用度合いを測ることをせず，素朴なイシュー・アクター論の考察にとどめている。しかし高等教育研究における政策過程論の現況に鑑みれば，まずはそうしたモノグラフ的なケーススタディ自体を蓄積していくことが求められよう。
　そのイシューやアクターについても，分析の視野を広げる必要がある。政策過程論で一般的に利用されるのは，イシューに焦点を絞りその過程を追いかけるというイシュー・アプローチであるが，これは特定のイシュー・政策

おわりに

が明確である（と考えられる）場合には特に効果を発揮する。しかし逆に言えば，すでに政策として決定・結実しているイシューを事後的に跡づけることになるため，イシューとして認識されなかったり，アジェンダセッティングには至らないような問題群は把握できない。つまり様々ある問題群の中からどのようなものがイシューとして認知・統合されるのか（あるいは他のものがなぜイシューとされないのか）といったメカニズムはブラックボックスのまま残されてしまう。また政策に関与するアクターについても，彼らがリジッドな政治的輪郭を持ち可視的である（と考えられる）場合（たとえばイデオロギー対立する陣営，鉄の三角形，政策コミュニティなど）には有効である。しかし影響力のあるアクターだけに目が奪われて，潜在的に重要ではあるが周辺的な参加者やその役割については看過されがちである。したがって政策（過程）を幅広く掬い上げようとする場合，こうした点を勘案しつつ，イシュー化される以前の「問題群（problems）」，ならびにアクターとして影響力が顕在化していない「参加者（participants）」にまで視野を広げる必要があろう。

　この「問題群」と「参加者群」の両者は，一つの政治的領域を形成しているわけだが，これは「界」や「業界」などとも理解できよう[1]。「界」や「業界」については，これまでにも明確な定義をせずともある独自の輪郭を持った社会集団として捉えられ，財界，産業界，官界，学界（学問界）などについて様々な研究が蓄積されてきた[2]。そこで，この（業）界を多元的な参加者と様々な問題群の両者から構成され，ある特定の選択をめぐって闘争が繰り広げられる政治的空間・領域として把握するとするなら，たとえば「高等教育界」とは高等教育に関与する多様な参加者（たとえば文教関連議員，文部官僚，大学団体，経済団体，教職員，保護者，マスコミ・教育ジャーナリズムなど）が様々な問題群（カリキュラムや教科書といったレベルから財務財政，ガバナンス，国際化などマクロに至る諸問題）の中からある選択肢をめぐって，各々のロジックと戦略のもとに，葛藤，調整，妥協を展開する政治的領域であるとも想定できよう[3]。

　このように（業）界を措定すると，（業）界を構成する問題群と参加者群，またそれぞれ内部ならびに相互の関係を包括的に把握することが，政策（過程）分析のダイナミズムをより説得的に理解する仕掛けともなる。さらに

様々な（業）界は，比較的長期にわたって生成・発展・変容を遂げてきたものであり，そこには歴史的・文化的・社会的な制約が密接に絡んでいる，すなわち制度的な経路依存性を有していることは疑いがない。したがって，わが国の高等教育（業）界を扱う場合，それが胚胎・形成されてきた歴史的な経緯や変容から解き起こす必要もあろう。

本書の第2部は特にそうした目論見を持ちつつ，計量テキスト分析などの新しい手法によって分析を試みたものだが，国会議事録という公式（表）のアリーナに限定してしまっており，政治家以外の多様な参加者や隠れた問題群の発掘には結びついていない。今後，様々な史資料を利用しつつより幅広な視点に立って，高等教育界の参加者のネットワーク構造と潜在的な問題群を，さらに洗練された手法によって析出させる必要があろう。

以上のように，高等教育界の政策過程研究には，この界の問題群と参加者群を幅広く拾い上げつつ，より詳細な政策過程のケーススタディを蓄積し，理論モデルとのフィードバックとその精緻化を図る，そうした課題が山積みのまま取り残されている。この難問へのさらなる試みは他日を期したい。

なお本書は，以下の拙稿をもとに構成されている。政策過程に関する論考の中から，政策全般をカバーしたもの，あるいは審議過程を考察したものを所収した。また，ほぼそのままの形で転載した論文もあれば，大幅な修訂や追補を行ったものもある。また論文のごく一部分を引き写している箇所もある。煩雑をおそれず，各章の出典を記載しておきたい。

はじめに：「高等教育政策の過程分析——日米における最近の研究動向を中心として」『東京大学大学院教育学研究科紀要』第53巻，67-79頁，2014，の一部を修正。

第1章：「高等教育学会の10年——組織編成と知識形成」『高等教育研究』第10集，7-29頁，2007。「高等教育研究の知識変容とネットワーク——関連3学会の比較を通して」『高等教育研究』第16集，183-201頁（丸山和昭との共著），2013。

第2章：書き下ろし。なお，一部は以下の拙稿から転載。「戦後高等教育政策におけるイシューとアクター——国会・文教委員会会議録の計

おわりに

　　　　　　量テキスト分析」『東北大学大学院教育学研究科年報』第56第1号，
　　　　　　71-87頁，2007。
　　第3章：　「高等教育政策の過程分析——日米における最近の研究動向を
　　　　　　中心として」『東京大学大学院教育学研究科紀要』第53巻，67-79頁，
　　　　　　2014。
　　第4章：　「戦後日本における高等教育関連議員の構造分析」『大学論集』
　　　　　　第44集，163-178頁，2013。
　　第5章：　「戦後日本の高等教育関連議員と政策課題——国会における発
　　　　　　言量と内容分析」『名古屋高等教育研究』第13号，235-256頁，2013。
　　第6章：　「高等教育政策と私立大学の拡大行動——池正勧告を中心とし
　　　　　　て」『学習社会におけるマス高等教育の構造と機能に関する研究−放
　　　　　　送教育開発センター研究報告　91』106-120頁，1996。
　　第7章：　『専門職養成の政策過程——戦後日本の医師数をめぐって』の
　　　　　　第7章，学術出版会，2008を大幅に修正・加筆。
　　第8章：　「高等教育懇談会による『昭和50年代前期計画』の審議過程
　　　　　　——抑制政策のロジック・アクター・構造」『東京大学大学院教育学
　　　　　　研究科紀要』第51巻，117-134頁，2012。
　　第9章：　「専門職養成の『質』保証システム——医師と法曹の教育課程
　　　　　　を中心に」『東京大学大学院教育学研究科紀要』第50巻，45-65頁，
　　　　　　2011。
　　おわりに：「近代日本における教育界の構造分析——イシュー・アクタ
　　　　　　ー・ネットワーク」『東京大学大学院教育学研究科紀要』第49巻，
　　　　　　85-104頁，（丸山和昭との共著），2010，の一部を修正。

　どのような研究論文も，研究者集団の中での議論や批判，また様々な方々
のお力添えを通して生まれるものである。本書をまとめることができたのも，
そうした有形無形の支援の賜物である。お一人おひとりのお名前をあげるこ
とはできないが，お礼を申し上げたい。
　最後になるが，本書の刊行に当たっては玉川大学出版部編集課の成田隆昌
氏と森貴志氏にお手数とご心配をおかけした。特に成田氏には，ペンペルの
翻訳『日本の高等教育政策—決定のメカニズム』（橋本訳2004）以来，『専

門職養成の日本的構造』（橋本編 2009），『リーディングス 日本の高等教育』8 巻本の編集（橋本・阿曽沼共編 2010-2011）など，再三にわたってお世話になった。政策過程についての論考をまとめてみませんかとお声をかけていただいてから，すでに 3 年近くになる。ひとえに筆者の怠慢のせいである。衷心より感謝の意を表したい。

[注]

1) 「界」については，ブルデューによる界（場）の概念（champ, field）が有名である（Bourdieu, 1990, 1995）。磯（2008）は，スワーツの議論を引きながら，ブルデューの言う「界」とは，①価値を付与された資源の制御をめぐる闘争の場であり，各々の界において力を持つ資本をどれだけ有しているかが闘争の結果（経緯）を左右する，②界とは，資本の総量と形態に基づく支配的あるいは従属的な位置＝地位の構造的空間であり，そこでの資本は闘争の掛け金として界内部における行為者の位置関係を規定する，③各々の界はそれぞれの内部に固有のルールを有し，アクターに特定の形態の闘争を行わせる，④各々の界は，固有な内的発展のメカニズムによる有意な範囲として構造化されて境界を有するようになり，外部環境から自律性を確保する，という 4 点の特性を整理している。
2) なお，社会史などでのプロソポグラフィや，（教育）社会学の歴史的アプローチにおける卒業者名簿・興信録などのソーシャルインデックスを利用した社会集団研究も，様々な下位界に関する研究として位置づけることも可能である。また教育（社会学）分野における「界」に関する先行研究としては，竹内（2001, 2005），末冨（2002），永谷（2007）などを参照のこと。
3) 末冨（2002）も政治的機能に着目し，教育界を「教育をめぐる多元的権力の世界」と定義している。なお，古くは藤原（1913）において，教育行政界，教育議政界，教育思想界それぞれが論じられ，また藤原（1943）では教育界における思想・学説・主要問題の他，中核的なアクターの人物評が赤裸々に綴られている。

参考文献

はじめに
濱中淳子 2009「〈高等教育政策〉の研究と〈高等教育〉の政策研究」『大学論集』40，145-161頁。
橋本鉱市 2008『専門職養成の政策過程―戦後日本の医師数をめぐって』学術出版会。
市川昭午 2000「高等教育政策研究の課題と方法」喜多村和之編『高等教育と政策評価』玉川大学出版部，18-39頁。
金子元久 2006「政策と制度に関する研究の展開」『大学論集』36，221-235頁。
村澤昌崇 2010「戦後日本の大学・高等教育政策・制度の諸研究に学ぶ」「解説　高等教育の量的・質的展開と政策・制度」村澤昌崇編『大学と国家』(リーディングス日本の高等教育第6巻)，玉川大学出版部，5-20頁。
大桃敏行 2013「教育行政学と高等教育研究」『高等教育研究』16，47-63頁。
大森弥 1981「政策」日本政治会編『年報政治学の基礎概念』岩波書店、130-142頁。
大嶽秀夫 1990『政策過程』東大出版会。
塚原修一 2007「大学改革と政策過程」『高等教育研究』10，151-163頁。

第1章　高等教育研究の制度化と変容
天城勲 1998「二足のわらじ」『高等教育研究』1，101-105頁。
天野郁夫 1998「日本の高等教育研究」『高等教育研究』1，7-27頁。
天野郁夫・新井郁男 1971「高等教育に関する文献改題」『教育社会学研究』26，122-136頁。
有本章 2006「高等教育研究30年」『大学論集』36，1-29頁。
有本章他 1989「高等教育研究の動向」『教育社会学研究』45，67-106頁。
阿曽沼明裕 2006「研究の研究」『大学論集』36，107-126頁。
バーンバウム，ロバート（舘昭・森利枝訳）1998「アメリカにおける高等教育研究の展開と日本への示唆」『高等教育研究』1，81-97頁。
藤垣裕子 2003『専門知と公共性』東京大学出版会。
ギボンズ，M.（小林信一監訳）1994＝1997『現代社会と知の創造』丸善。
Gumport, Patrica J. 2007, Reflection on a hybrid field: Growth and prospects. In P. J. Gumport (Eds.), *Sociology of higher education*, Baltimore, MD: The Johns Hopkins University Press.

参考文献

橋本鉱市 2007「高等教育学会の10年」『高等教育研究』10，7-29頁。
橋本鉱市・伊藤彰浩 1999「教育社会学の制度化過程」『教育社会学研究』64，55-74頁。
橋本鉱市・丸山和昭 2013「高等教育3学会の比較分析結果」矢野眞和他『高等教育学会会員調査（15周年記念事業）—分析結果報告』。
広島大学高等教育研究開発センター 2006『大学論集』36，1-329頁。
黒羽亮一 1998「研究の分野と人を限定することなく」『高等教育研究』1，113-119頁。
丸山和昭 2005「『科学者コミュニティ』の成長と内部格差」『平成16年度東北大学大学院教育学研究科課題研究』。
日本学術会議 2006「日本学術会議協力学術研究団体」。（http://www.scj.go.jp/ja/info/dantai/index.html，2006年12月25日取得）。
日本高等教育学会 1997「設立趣意書」『高等教育研究』1，215頁。
高倉翔 1998「2つの感慨」『高等教育研究』1，111-113頁。
山内乾史 1993「高等教育研究の量的分析」『大学論集』22，209-224頁。

第2章　高等教育研究における政策分析

橋本鉱市 2007「戦後高等教育政策におけるイシューとアクター—国会・文教委員会会議録の計量テキスト分析」『東北大学大学院教育学研究科年報』第56第1号，71-87頁。
樋口耕一 2014『社会調査のための計量テキスト分析—内容分析の継承と発展を目指して—』ナカニシヤ出版。

第3章　高等教育政策の過程分析

［邦文］
縣公一郎・藤井浩司編 2007『コレーク政策研究』成文堂。
天野郁夫 2004「専門職業教育と大学院政策」『大学財務経営研究』1，3-49頁。
天野郁夫 2008『国立大学・法人化の行方』東信堂。
青木栄一 2013『地方分権と教育行政—少人数学級編制の政策過程』勁草書房。
荒井英治郎 2006a「『私立学校振興助成法』の制定と諸アクターの行動」結城忠監修『戦後教育法制の形成過程に関する実証的調査研究最終報告書』国立教育政策研究所，27-36頁。
荒井英治郎 2006b「私立学校振興助成法の制定をめぐる政治過程—自民党文教族の動きに着目して」『日本教育行政学会年報』32，76-93頁。
荒井英治郎 2007「戦後私学の条件整備法制の形成—『私立学校振興法』の制定をめぐる政策過程に着目して」『〈教育と社会〉研究』17，10-18頁。
荒井英治郎 2008a「占領下の教育改革期における学校法人構想論議」『日本教育政策学会年報』15，138-152頁。
荒井英治郎 2008b「私学助成の制度化をめぐる政策過程—人件費補助の制度化と日

本私学振興財団法の制定に着目して」『国立教育政策研究所紀要』137，199-215頁。

荒井英治郎 2008c「中央政府における教育政策決定構造の変容—『教育の供給主体の多元化』をめぐる政策過程に着目して」『教育学研究』75（1），34-45頁。

荒井英治郎 2008d『教育行政の戦後三十年—安嶋彌オーラル・ヒストリー』。

荒井英治郎 2009a「『領域内政治』と『領域間政治』の合流—戦後私学共済制度の政策過程に着目して」中央大学総合政策学部編『総合政策研究』中央大学出版部，63-80頁。

荒井英治郎 2009b「1950年代における私学政策と私学助成制度の展開—「私立大学研究設備補助法」の制定過程に着目して」橋本鉱市編『高等教育政策の形成・決定メカニズムの定性的・定量的分析（課題番号18530646）』（2006～2008年度科学研究費補助金・基盤研究（C）研究成果報告書）79-97頁。

荒井英治郎 2009c「オーラル・ヒストリーと教育研究（教育行政の戦後30年—安嶋彌オーラル・ヒストリー1）」『教職研修』37（9），121-123頁。

荒井英治郎 2011a「教育制度研究における制度概念と対象・視角—『教育制度』の概念規定をめぐる議論に着目して」『信州大学人文社会科学研究』5，201-222頁。

荒井英治郎 2011b「教育法制研究の課題と方法—静態的法制研究から動態的法制研究へ」『教職研究』4，25-81頁。

荒井英治郎 2012「歴史的制度論の分析アプローチと制度研究の展望—制度の形成・維持・変化をめぐって」『信州大学人文社会科学研究』6，129-147頁。

江原武一 2002「アメリカの大学政策」『大学評価研究』2，9-17頁。

合田哲雄 2009「文部科学省の政策形成過程に関する一考察—『アイディア』と『知識』に着目して」『日本教育行政学会年報』35，2-21頁。

濱中淳子 2009「〈高等教育政策〉の研究と〈高等教育〉の政策研究」『大学論集』40，145-161頁。

橋本鉱市 2008『専門職養成の政策過程—戦後日本の医師数をめぐって』学術出版会。

橋本将志 2013「高等教育の政策過程についての一考察—インターンシップの導入を事例として」『早稲田政治公法研究』103，63-76頁。

広田照幸・武石典史 2009「教育改革を誰がどう進めてきたのか—1990年代以降の対立軸の変容」『教育学研究』76（4）。

朴澤泰男 2000「政策実現手段としての設置認可行政—高等教育計画の実施過程における機能を中心に」『日本教育行政学会年報』26，137-149頁。

市川昭午 2000「高等教育政策研究の課題と方法」喜多村和之編『高等教育と政策評価』玉川大学出版部，18-39頁。

伊藤彰浩 2008「戦時期私立大学の経営と財務—『苦難の日』だったのか？」『名古屋大学大学院教育発達科学研究科紀要　教育科学』55（2），47-66頁。

伊藤彰浩 2009「戦時期と進学熱—高等教育をめぐって」『名古屋大学大学院教育発

参考文献

達科学研究科紀要　教育科学』56（2），79-96頁。
伊藤彰浩 2013「戦争と私立大学—戦時期・戦後改革期の私大財政を中心に」『大学論集』44，97-113頁。
岩崎正洋編 2012『政策過程の理論分析』三和書籍。
金子元久 2006「政策と制度に関する研究の展開」『大学論集』36，221-235頁。
森川泉 2006a「戦前における単科大学制度の創設—私立大学政策問題史研究（1）」『広島修大論集人文編』46（2），71-95頁。
森川泉 2006b「戦前における私立大学の設置認可—私立大学政策問題史研究（2）」『広島修大論集人文編』47（1），113-139頁。
森川泉 2007「戦前私立大学行政における国の姿勢—私立大学政策問題史研究（3）」『広島修大論集人文編』47（2），221-246頁。
両角亜希子 2010『私立大学の経営と拡大・再編—1980年代後半以降の動態』東信堂。
村上祐介 2009「教育改革の政治過程」岡田浩・松田憲忠編『現代日本の政治』ミネルヴァ書房，240-255頁。
村上祐介 2011『教育行政の政治学—教育委員会制度の改革と実態に関する実証的研究』木鐸社。
村澤昌崇 2009a「高等教育における政策波及と機関の意思決定に関する研究序説—大学設置基準大綱化以降の自己点検・評価活動の波及に関するイベント・ヒストリー分析」『大学論集』40，69-85頁。
村澤昌崇 2009b「日本の大学組織—構造・機能と変容に関する定量分析」『高等教育研究』12，7-28頁。
村澤昌崇 2010a「戦後日本の大学・高等教育政策・制度の諸研究に学ぶ」「解説　高等教育の量的・質的展開と政策・制度」村澤昌崇編『大学と国家』（リーディングス　日本の高等教育　第6巻），玉川大学出版部，5-20頁。
村澤昌崇 2010b「高等教育機関の変遷と存続に関する探索的研究—高等教育研究への計量分析の応用（4）— Survival Analysis を用いて」『大学論集』41，79-95頁。
村澤昌崇 2011「公立大学設置改廃の定量的分析—試行的分析」広島大学高等教育研究開発センター編『特別教育研究経費「21世紀知識基盤社会における大学・大学院改革の具体的方策に関する研究」（平成20年度—24年度）：国立大学の機能に関する実証的研究：地方国立大学に注目して』22章，229-237頁。
村澤昌崇・大場淳 2011「高等教育政策の浸透・波及に関する計量分析—ボローニャ・プロセスを事例として」広島大学高等教育研究開発センター編『特別教育研究経費「21世紀知識基盤社会における大学・大学院改革の具体的方策に関する研究」（平成20年度—24年度）：知識基盤社会と大学・大学院改革』211-223頁。
中澤渉 2002「高校入試改革普及の規定要因—イヴェント・ヒストリー分析を用いて」『教育制度学研究』9，116-129頁。
二宮祐 2005「教育政策研究における政策過程アプローチの検討—『政策の窓』モデ

ルの可能性」『〈教育と社会〉研究』15, 80-88 頁。
二宮祐 2006「産学連携の政策過程―技術科学大学の設立を事例として」『公共政策研究』6, 136-146 頁。
二宮祐 2007a「『高学歴化』問題の政策過程―高等教育後期計画と雇用問題」『一橋研究』32 (3), 27-40 頁。
二宮祐 2007b「産業医科大学設立の政策過程―専門医, 卒前教育をめぐる対立に着目して」『〈教育と社会〉研究』17, 28-36 頁。
二宮祐 2009「『受託研究』の政策過程―産学連携前史における漸増主義による慣行の制度化」『人文・自然研究』3, 156-176 頁。
二宮祐 2013「高等教育政策における『非決定』― 1970 年代「産業大学」構想を事例として」『人文・自然研究』7, 243-271 頁。
小川正人 2010『教育改革のゆくえ―国から地方へ』ちくま新書。
岡田浩・松田憲忠編 2009『現代日本の政治』ミネルヴァ書房。
大桃敏行 2013「教育行政学と高等教育研究」『高等教育研究』16, 47-63 頁。
大森弥 1981「政策」日本政治会編『年報政治学の基礎概念』岩波書店, 130-142 頁。
大﨑仁 2011『国立大学法人の形成』東信堂。
朴炫貞 2011「韓国高等教育政策の分析―『政策の窓モデル』の適用可能性」『東京大学大学院教育学研究科』51, 93-101 頁。
朴炫貞 2014 (近刊)『韓国型ロースクールの誕生―法曹養成にみる高等教育と政治体制』大学教育出版。
ショッパ, L. J.（小川正人監訳）1991 = 2005『日本の教育政策過程― 1970〜80 年代教育改革の政治システム』三省堂。
德久恭子 2008『日本型教育システムの誕生』木鐸社。
塚原修一 2007「大学改革と政策過程」『高等教育研究』10, 151-163 頁。
渡部蓊 2007「私立学校振興助成法の成立の政治的ダイナミズム」『日本教育行政学会年報』33, 81-97 頁。
山田礼子 1997「アメリカの高等教育政策とコミュニティ・カレッジ」『高等教育ジャーナル』2, 267-282 頁。
米澤彰純 2010『高等教育の大衆化と私立大学経営―「助成と規制」は何をもたらしたのか』東北大学出版会。
吉田文 2012「2000 年代の高等教育政策における産業界と行政府のポリティックス―新自由主義・グローバリゼーション・少子化」『日本労働研究雑誌』629, 55-66 頁。

［英文］

Bachrach, P., & Baratz, M.S. 1962, Two faces of power. *American Political Science Review*, 56, 947-952.

参考文献

Bachrach, P., & Baratz, M.S. 1963, Decisions and nondecisions: An analytical framework. *American Political Science Review*, 57, 632-642.

Bastedo, M. N. 2007, Sociological frameworks for higher education policy research. In P. Gumport (Ed.), *Sociology of higher education* (pp. 295-316). Baltimore, MD: The Johns Hopkins University Press.

Baumgartner, F. R., & Jones, B. D. 1991, Agenda dynamics and policy subsystems. *Journal of Politics*, 53, 1044-1074.

Baumgartner, F. R., & Jones, B. D. 1993, *Agendas and instability in American politics*. Chicago: University of Chicago Press.

Berry, F. S., & Berry, W. D. 1990, State lottery adoptions as policy innovations: An event history analysis. *American Political Science Review*, 84 (2) , 395-416.

Berry, F. S., & Berry, W. D. 1992, Tax innovation in the states: Capitalizing on political opportunity. *American Journal of Political Science*, 36 (3) , 715-742.

Berry, F. S., & Berry, W. D. 2007, Innovation and diffusion models in policy research. In P. Sabatier (Ed.), *Theories of the policy process* (2nd ed.). Boulder, CO: Westview Press.

Cohen, M., March, J., & Olsen, J. 1972, A garbage can model of organizational choice. *Administrative Science Quarterly*, 17, 1-25.

Cohen-Vogel, L., & Ingle, K. 2007, When neighbors matter most: Innovation, diffusion and state policy adoption in tertiary education. *Journal of Education Policy*, 22 (3) , 241-262.

Cohen-Vogel, L., Ingle, W. K., Levine, A. A., & Spence, M. 2008, The "spread" of merit-based college aid: Politics, policy consortia and interstate competition. *Educational Policy*, 22 (3) , 339-362.

Cook, C. E. 1998, *Lobbying for higher education: How colleges and university influence federal policy*. Nashville: Vanderbilt University Press.

deGive, M. L., & Olswang, S. 1998, The making of a branch campus system: A statewide strategy of coalition building. *The Review of Higher Education*, 22, 287-313.

Doyle, W. R. 2006, Adoption of merit-based student grant programs: An event history analysis. *Educational Evaluation and Policy Analysis*, 28 (3) , 259-285.

Doyle, W. R., McLendon, M.K., & Hearn, J. C. 2010, The adoption of prepaid tuition and savings plans in the American states: An event history analysis. *Research in Higher Education*, 51 (7) , 659-686.

Easton, D. 1965, *A systems analysis of political life*. New York: Wiley.

Florestano, P., & Boyd, S. 1989, The governors and higher education. *Policy Studies Journal*, 17 (4) , 124-145.

Gladieux, L. E. & Wolanin, T. R. 1976, *Congress and the colleges: The national politics of higher education*. Lexington, Mass.: Lexington Books.

Gray, V. 1973, Innovation in the states: A diffusion study. *American Political Science Review*, 67, 1174-1185.

Hannah, S. B. 1996, The higher education act of 1992: Skills, constraints, and the politics of higher education. *Journal of Higher Education*, 67 (5), 498-527.

Hearn, J. C. 1993, The paradox of growth in federal aid for college students, 1965-1990. In J. Smart (Ed.), *Higher education: Handbook of theory and research* (Vol. IX, pp. 94-153). Edison, NJ: Agathon Press.

Hearn, J. C., & Griswold, C. P. 1994, State-level centralization and policy innovation in U. S. postsecondary education. *Educational Evaluation and Policy Analysis*, 16 (2), 161-190.

Hearn, J. C., McLendon, M. K., & Mokher., C. G. 2008, Accounting for student success: An empirical analysis of the origins and spread of state student unit-record systems. *Research in Higher Education*, 50 (1), 665-683.

Jenkins-Smith, H., & Sabatier, P. 1994, Evaluating the advocacy coalition framework. *Journal of Public Policy*, 14, 175-203.

Kerr, J. C. 1984, From Truman to Johnson: Ad hoc policy formulation in higher education. *Review of Higher Education*, 8, 15-54.

King, L. R. 1975, *The Washington lobbyists for higher education*. Lexington, Mass.: Lexington Books.

Kingdon, J. W. 1984, *Agendas, alternatives, and public policies*. NY: Harper Collins.

Kingdon, J. W. 1994, Agendas, ideas, and policy change. In L. Dodd & C. Jillson (Eds.), *New perspectives on American politics*. Washington, DC: Congressional Quarterly.

Kingdon, J. W. 1995, *Agendas, alternatives, and public policies* (2nd ed.). NewYork: Harper.

Kivisto, J. A. 2005, The government-higher education institution relationship: Theoretical considerations from the perspective of agency theory. *Tertiary Education and Management*, 11 (1), 1-17.

Lane, J. E. 2007, Spider web of oversight: An analysis of external oversight of higher education. *Journal of Higher Education*, 78 (6), 615-644.

Lane, J. E., & Kivisto, J. A. 2008, Interests, information, and incentives in higher education: Principal-agent theory and its potential applications to the study of higher education governance. In J. C. Smart (Ed.), *Higher education: Handbook of theory and research* (Vol. XVIII, pp. 141-179). New York: Agathon Press.

Leslie, D. W., & Berdahl, R. O. 2008, The politics of restructuring higher education

参考文献

in Virginia: A case study. *Review of Higher Education*, 31, 309-328.
Leslie, D.W., & Novak, R. J. 2003, Substance versus politics: Through the dark mirror of governance reform. *Educational Policy*, 17, 98-120.
Lindblom, C. E. 1968, *The policymaking process*. Englewood Cliffs, NJ: Prentice Hall.
Mayhew, D. R. 2004, *Congress: The electoral connection* (2nd ed.). New Haven, CT: Yale University Press.（=2013，岡山裕訳『アメリカ連邦議会──選挙とのつながりで』勁草書房）
McLendon, M. K. 2003a, Setting the governmental agenda for state decentralization of higher education. *Journal of Higher Education*, 74 (5), 479-515.
McLendon, M. K. 2003b, State governance reform of higher education: Patterns, trends, and theories of the public policy process. In J. C. Smart (Ed.), *Higher education: handbook of theory and research* (Vol. 18, pp. 57-144). London: Kluwer.
McLendon, M. K. 2003c, The politics of higher education: Toward an expanded research agenda. *Educational Policy*, 17 (1), 165-191.
McLendon, M. K., & Cohen-Vogel, L. 2008, Understanding education policy change in the American states: Lessons from contemporary political science. *Understanding the politics of education: AERA handbook of theory and research* (pp. 66-112). Washington, DC: American Educational Research Association & Lawrence Erlbaum.
McLendon, M. K., & Eddings, A. S. 2002, Direct democracy and higher education: The state ballot as an instrument of higher education policymaking. *Educational Policy*, 16 (1), 193-218.
McLendon, M.K., & Hearn, J. C. 2006a, Mandated openness and higher education governance: Policy, theoretical, and analytic perspectives. In J. C. Smart (Ed.), *Higher education: Handbook of theory and research* (Vol. XXI, pp. 39-97). New York: Springer.
McLendon, M. K., & Hearn, J. C. 2006b, Mandated openness in higher education: A field study of sunshine laws and institutional governance. *The Journal of Higher Education*, 77 (4), 645-683.
McLendon, M. K., Deaton, R., & Hearn, J. C. 2007, The enactment of state-level governance reforms for higher education: A test of the political-instability hypothesis. *The Journal of Higher Education*, 78 (6), 645-675.
McLendon, M. K., Hearn, J. C., & Deaton, R. 2006, Called to account: Analyzing the origins and spread of state performance-accountability policies for higher

education. *Educational Evaluation and Policy Analysis*, 28（1），1-24.

McLendon, M. K., Hearn, J. C., & Mokher, C. 2009, Partisans, professionals, and power: The role of political factors in state higher education funding. *The Journal of Higher Education*, 80（6），686-713.

McLendon, M. K., Heller, D. E., & Lee, S. 2009, High school to college transition policies in the states: Conceptual and analytic perspectives on conducting across-state study. *Educational Policy*, 23（3），385-418.

McLendon, M. K. Heller, D. E., & Young, S. P. 2005, State postsecondary education policy innovation: Politics, competition, and the interstate migration of policy ideas. *Journal of Higher Education*, 76（4），363-400.

Mills, M. R. 2007, Stories of politics and policy: Florida's higher education governance reorganization. *Journal of Higher Education*, 78（2），162-187.

Mintrom, M. 1997, Policy entrepreneurs and the diffusion of innovation. *American Journal of Political Science*, 41（3），738-770.

Mintrom, M., & Vergari, S. 1998, Policy networks and innovation diffusion: The case of state education reforms. *The Journal of Politics*, 60（1），126-148.

Mucciaroni, G. 1992, The garbage can model and the study of policy making: A critique. *Polity*, 24, 460-482.

Ness, E. C. 2008, *Merit aid and the politics of education*. New York: Routledge.

Ness, E. C. 2010a, The politics of determining merit aid eligibility criteria: An analysis of the policy process. *The Journal of Higher Education*, 81, (1)，33-50.

Ness, E. C. 2010b, The role of information in the policy process: Implication for the examination of research utilization in higher education policy. In J. C. Smart (Ed.), *Higher education: Handbook of theory and research*（Vol. XXV, pp. 1-49）. New York: Springer.

Ness, E. C., & Mistretta, M. A. 2009, Policy adoption in North Carolina and Tennessee: A comparative case study of lottery beneficiaries. *The Review of Higher Education*, 32（4），489-514.

Ness, E. C., & Mistretta, M. A. 2010, Merit aid in North Carolina: A case study of a "Nonevent". *Educational Policy*, 24（5），703-734.

Nicholson-Crotty, J., & Meier, K. J. 2003, Politics, structure, and public policy: The case of higher education. *Educational Policy*, 17, 80-97.

Nitta, A. K. 2008, *The Politics of Structural Education Reform*. NY: Routledge.

Parsons, M. D. 1997, *Power and politics: Federal higher education policy making in the 1990s*. Albany: State University of New York Press.

Portz, J. 1996, Problem definitions and policy agendas: Shaping the educational agenda in Boston. *Policy Studies Journal*, 24（3），371-386.

参考文献

Robinson, S. E. 2004, Punctuated equilibrium, bureaucratization, and budgetary changes in schools. *Policy Studies Journal*, 32 (1) , 25-39.

Rogers, E. M. 2003, *Diffusion of innovations*. New York: Free Press.

Sabatier, P. A. 1988, An advocacy coalition framework of policy change and the role of policyoriented learning therein. *Policy Sciences*, 21, 129-168.

Sabatier, P. A., & Jenkins-Smith, H. 1988, Policy change and policy-oriented learning: Exploring an advocacy coalition framework. *Policy Sciences*, 21, 123-278.

Sabatier, P. A., & Jenkins-Smith, H. 1993, *Policy change and learning: An advocacy coalition approach*. Boulder, CO: Westview.

Sabatier, P. A., & Jenkins-Smith, H. 1999, The advocacy coalition framework: An assessment. In P. Sabatier (Ed.), *Theories of the policy process* (pp. 117-166). Boulder, CO: Westview.

Shakespeare. C. 2008, Uncovering information's role in the state higher education policy-making process. *Educational Policy*, 22 (6) , 875-899.

Sims, C. H., & Miskel, C. G. 2003, The punctuated equilibrium of national reading policy: Literacy's changing images and venues. In W. Hoy & C. G. Miskel(Eds.), *Studies in leading and organizing schools* (pp. 1-26). Greenwich, CT: Information Age.

Stout, K., & Stevens, B. 2000, The case of the failed diversity rule: A multiple streams analysis. *Educational Evaluation and Policy Analysis*, 22 (4) , 341-355.

Tandberg, D. A. 2010, Politics, interest groups and state funding of public higher education. *Research in Higher Education*, 51, 416-450.

Tandberg, D. A., & Anderson, C. K. 2012, Where politics is a blood sport: Restructuring state higher education governance in Massachusetts. *Educational Policy*, 26 (4) , 564-591.

True, J. L., Jones, B. D., & Baumgartner, F. R. 1999. Punctuated-equilibrium theory. In P. A. Sabatier (Ed.), *Theories of the policy process* (pp. 97-115). Boulder, CO: Westview Press.

Walker, J. L. 1969, The diffusion of innovations among the American states. *American Political Science Review*, 63, 880-899.

Wildavsky, A. 1984, *The politics of the budgetary process* (4th ed.). Boston: Little, Brown.

Wolanin, T. R. & Gladieux, L. E. 1975, The political culture of a policy arena, In M. Holden Jr. and D. L. Dresang (Eds.), *What government does* (pp. 177-207). Calif.: Sage.

Wong, K. K., & Shen, F. X. 2002, Politics of state-led reform in education: Market

competition and electoral dynamics. *Educational Policy*, 16, 161-192.
Zahariadis, N., 1999, Ambiguity, time, and multiple streams. In P. A. Sabatier (Ed.), *Theories of the policy process*（pp. 73-93）. Boulder, CO: Westview.
Zahariadis, N., 2003, *Ambiguity and choice in public policy: Political decision making in modern democracies*. Washington, DC: Georgetown University Press.

第4章　戦後日本における高等教育関連議員の構造分析
藤原弘達 1959『国会議員選挙要覧』弘文堂。
福元健太郎 2004「国会議員の入場と退場—1947〜1990」『選挙研究』19，101-110頁。
福元健太郎 2007『立法の制度と過程』木鐸社。
福元健太郎・脇坂明 2004「国会議員の人材ポートフォリオ分析」『学習院大学経済経営研究所年報』18，71-86頁。
橋本鉱市 2007「戦後高等教育政策における政治課題とアクター—国会・文教委員会会議録の計量テキスト分析」『東北大学大学院教育学研究科年報』56（1），71-87頁。
橋本鉱市 2011「戦後の高等教育政策をふりかえる」『旧制高等学校記念館第15回夏期教育セミナー　講演記録』松本市教育委員会・旧制高等学校記念館友の会，5-40頁。
伊中義明 2000「政治家の出身母体の特徴と問題点」『ジュリスト』No.1177，133-138頁，有斐閣。
猪口孝・岩井奉信 1987『族議員の研究』日本経済新聞社。
居安正 1987「国会議員の社会的構成」『近代』63，257-271頁。
川人貞史 2011「衆議院議員経歴の長期的分析 1890-2009」『國家學會雜誌』124（5・6），527-493頁。
熊谷一乗 1973「教育政策の形成過程に関する研究：与党の事例を中心に」『社会学評論』24（3），38-58頁。
向大野新治 1994「衆議院の委員会・発言順位と時間」『議会政治研究』30，1-15頁。
中久郎編 1980『国会議員の構成と変化』政治広報センター。
日本政経新聞社『国会便覧』（各年度版）。
野中尚人 1995『自民党政権下における政治エリート』東京大学出版会。
大蔵省印刷局 1990『議会制度百年史（資料編）』。
Pempel, T. J.（橋本鉱市訳）1978＝2004『日本の高等教育政策—決定のメカニズム』玉川大学出版部。
笠京子 2006「日本官僚制—日本型からウエストミンスター型へ」村松岐夫・久米郁男編著『日本政治変動の30年—政治家・官僚・団体調査に見る構造変容』東洋経済新報社。
佐藤誠三郎・松崎哲久 1986『自民党政権』中央公論社。

参考文献

Schoppa, L. J.（小川正人監訳）1991 = 2005『日本の教育政策過程』三省堂。
政治広報センター『政治ハンドブック』（各年度版）。
社会学研究会編 1976「特集：日本の国会議員─衆議院議員の構成と変化」『ソシオロジ』21 (1), 1-123 頁。
東大法・第 5 期蒲島郁夫ゼミ編 2004『参議院の研究　第 1 巻』木鐸社。
東大法・第 5 期蒲島郁夫ゼミ編 2005『参議院の研究　第 2 巻』木鐸社。
東大法・蒲島郁夫ゼミ編 2000『現代日本の政治家像（第 1・2 巻）』木鐸社。
吉野孝・今村浩・谷藤悦史編 2001『誰が政治家となるのか』早稲田大学出版部。

第 5 章　戦後日本の高等教育関連議員と政策課題

藤村逸子・滝沢直宏 2011『言語研究の技法─データの収集と分析』ひつじ書房。
藤末健三 2011「自由貿易協定に関する民主党国会議員発言の政権交代前後の変化─データマイニング手法を用いた国会議事録の分析」『アジア太平洋研究科論集』22, 1-20 頁。
福元健太郎 2000『日本の国会政治─全政府立法の分析』東京大学出版会。
福元健太郎 2007『立法の制度と過程』木鐸社。
濱本真輔 2007「選挙制度改革と自民党議員の政策選好─政策決定過程変容の背景」（特集　現代日本社会と政治参加）『レヴァイアサン』41, 4-96 頁。
河世憲 2000「国会審議過程の変容とその原因」『レヴァイアサン』27, 125-154 頁。
橋本鉱市 2007「戦後高等教育政策における政治課題とアクター─国会・文教委員会会議録の計量テキスト分析」『東北大学大学院教育学研究科年報』56 (1), 1-87 頁。
橋本鉱市・丸山和昭 2010「近代日本における教育界の構造分析─政治課題・アクター・ネットワーク」『東京大学大学院教育学研究科紀要』49, 85-104 頁。
橋本鉱市 2011「戦後の高等教育政策をふりかえる」『旧制高等学校記念館第 15 回夏期教育セミナー　講演記録』松本市教育委員会・旧制高等学校記念館友の会, 5-40 頁。
橋本鉱市 2013「戦後日本における高等教育関連議員の構造分析」『大学論集』44, 163-178 頁。
橋本武 2011「議会会議録に見る都道府県の国土計画に対する関心の変化」『計画行政』34 (2), 2-69 頁。
服部匡 2010「『全く』と『全然』の使用傾向の変遷─国会会議録のデータより」『総合文化研究所紀要』27, 162-176 頁。
服部匡 2011a「言語資料としての国会会議録の特徴 (1)─本会議と委員会等との比較」『同志社女子大学日本語日本文学』23, 39-49 頁。
服部匡 2011b「名詞と尺度的形容詞類の共起傾向の推移─国会会議録のデータから」『同志社女子大学学術研究年報』62, 113-141 頁。

参考文献

服部匡 2012「名詞と尺度的形容詞類の共起頻度の推移―国会会議録のデータから」『同志社女子大学大学院文学研究科紀要』12, 1-11頁。
東照二 2006『歴代首相の言語力を診断する』研究社。
細貝亮 2008「マスメディアの評価が内閣支持率に与える影響―「文末モダリティ」を媒介として」『早稲田政治公法研究』87, 1-14頁。
細貝亮 2009「政治学におけるテキスト分析の適用」『早稲田政治公法研究』91, 3-23頁。
李洪千 2009「政治家の言動の一貫性に関する研究―選挙公報と国会発言の比較―2007年参議院選挙の事例」『国際開発学研究』9(1), 9-36頁。
伊土耕平 2011a「国会討論におけるノダとワケダ―政権交代後の変化」『岡山大学大学院教育学研究科研究集録』147, 11-18頁。
伊土耕平 2011b「ノダとワケダから見た国会議員の語り方について」『岡山大学大学院教育学研究科研究集録』148, 77-85頁。
稲増一憲 2011「メディアの計量的内容分析」(特集・政治現象の計量分析)『オペレーションズ・リサーチ―経営の科学』56(4), 32-236頁。
伊中義明 2000「政治家の出身母体の特徴と問題点」『ジュリスト』1177, 133-138頁, 有斐閣。
猪口孝・岩井奉信 1987『族議員の研究』日本経済新聞社。
石川慎一郎ほか編 2010『言語研究のための統計入門』くろしお出版。
岩井奉信 1988『立法過程』(現代政治学叢書12)東京大学出版会。
居安正 1987「国会議員の社会的構成」『近代』63, 257-271頁。
川人貞史 2005『日本の国会制度と政党政治』東京大学出版会。
川人貞史 2011「衆議院議員経歴の長期的分析 1890-2009」『國家學會雜誌』124(5・6), 527-493頁。
清野正哉 2010『国会とは何か―立法・政策の決定プロセスと国会運営』中央経済社。
小西敦 2007a「二〇〇一年経済財政諮問会議の分析(上)―議員等の発言状況を中心に」『自治研究』83(11), 7-117頁。
小西敦 2007b「二〇〇一年経済財政諮問会議の分析(下)―議員等の発言状況を中心に」『自治研究』83(12), 3-86頁。
熊谷一乗 1973「教育政策の形成過程に関する研究―与党の事例を中心に」『社会学評論』24(3), 38-58頁。
待鳥聡史 2001「国会研究の新展開」『レヴァイアサン』28, 134-143頁。
丸山和昭 2008「戦後の国会会議録における『カウンセリング』のテキスト分析」『東北大学大学院教育学研究科研究年報』57(1), 5-86頁。
丸山和昭・山崎尚也・橋本鉱市 2009「国会会議録における『専門職』概念の分布と構造」『東北大学大学院教育学研究科研究年報』57(2), 9-63頁。
増田正 2010「フランス地方議会の審議項目のテキストマイニング分析」『地域政策

研究』13（2・3），7-30 頁。
増田正 2012「地方議会の会議録に関するテキストマイニング分析―高崎市議会を事例として」『地域政策研究』15（1），7-31 頁。
増山幹高 2003『議会制度と日本政治―議事運営の計量政治学』木鐸社。
増山幹高 2007「方法的研究例　議会研究―権力の集中と分散」（特集　政治分析・日本政治研究におけるアプローチのフロンティア）『レヴァイアサン』40，212-223 頁。
松田謙次郎編 2008『国会会議録を使った日本語研究』ひつじ書房。
松本俊太・松尾晃孝 2010「国会議員はなぜ委員会で発言するのか？―政党・議員・選挙制度」『選挙研究』26（2），4-103 頁。
茂木俊伸 2012「国会会議録を使ったことばの分析（特集　政治とことば）」『日本語学』31（4），2-63 頁。
中村秩祥子 2004「内閣総理大臣演説の文体分析―鳩山首相から大平首相について」『龍谷大学国際センター研究年報』13，37-68 頁。
中村秩祥子 2006「内閣総理大臣演説の文体分析 2―明治時代の伊藤首相から西園寺首相について」『龍谷大学国際センター研究年報』15，79-92 頁。
中村秩祥子 2007「内閣総理大臣演説の文体分析 3―大正時代の山本首相から加藤首相について」『龍谷大学国際センター研究年報』16，95-108 頁。
野中尚人 1995『自民党政権下の政治エリート』東京大学出版会。
大井啓資 1988「党首・族議員の発言特性」『議会政治研究』6，7-37 頁。
大山礼子 2003『国会学入門　第 2 版』三省堂。
Reinem, Monika 2005「Japanese Political Thought as Seen from Prime Minister's Speech：Koizumi's Singularity」『公共政策研究』5，179-198 頁。
Reinem, Monika 2007「Content Analysis of Japanese Prime Ministers' Policy Speeches：The political thought of Murayama and Koizumi」『論叢現在文化・公共政策』5，165-201 頁。
佐野浩祥・十代田朗 2003「過去 20 年間におけるわが国の国土計画に関する言説の変遷―国会議事録と雑誌記事を対象として」『都市計画（別冊）都市計画論文集』38（3），87-192 頁。
孫斉庸 2007「ポスト保革イデオロギー時代における日本政治の対立軸―『保革溶解』の逸脱事例としての沖縄を中心に」『国家学会雑誌』120（9・10），26-192 頁。
鈴木崇史・影浦峡 2008「総理大臣国会演説における基本的文体特徴量の探索的分析」『計量国語学』26（4），13-122 頁。
鈴木崇史・影浦峡 2011「名詞の分布特徴量を用いた政治テキスト分析」『行動計量学』38（1），3-92 頁。
田村紘・北澤尚 2011「丁寧表現『ますです』の変遷について―国会会議録 63 年間の記録から」『東京学芸大学紀要人文社会科学系』62，1-12 頁。

建林正彦 2004『議員行動の政治経済学』有斐閣。
都築勉 2004『政治家の日本語：ずらす・ぼかす・かわす』平凡社。
山本冴里 2011「国会における日本語教育関係議論のアクターと論点—国会会議録の計量テキスト分析からの概観」『日本語教育』149, 1-15 頁。

第 6 章　高等教育政策と私立大学の拡大行動
天城勲他 1993「戦後大学政策の展開」『IDE　現代の高等教育』351, 5-43 頁。
荒井克弘 1994「マンパワー計画の破綻」（中山茂・吉岡斉他編）『戦後科学技術の社会史』朝日新聞社, 134-138 頁。
Cummings, W. K.（佐野正周訳）1975「日本の私立大学」『大学論集』3, 109-121 頁。
江藤淳 1961「日本大学会頭古田重二良」『中央公論』76（5）, 251-252 頁。
黒羽亮一 1977「設置基準の省令化と高等教育行政」天城勲・慶伊富長編『大学設置基準の研究』東京大学出版会, 125-144 頁。
黒羽亮一 1990「日本の大学設置基準運用の経緯と課題」飯島宗一・西原春夫・戸田修三編『大学設置・評価の研究』東信堂, 41-68 頁。
丸山高央 1992『大学改革と私立大学』柏書房。
永澤邦男 1972「裏ばなしあれこれ」『日本私立大学連盟二十年史』, 553-560 頁。
日本大学編 1976『古田重二良伝』。
日本私立大学連盟 1972『日本私立大学連盟二十年史』。
Pempel, T. J.（養祖京子訳）1975「日本における戦後高等教育拡大政策」『大学論集』3, 96-108 頁。
山崎政人 1986『自民党と教育政策』岩波書店。

［大学史・学園史］
青山学院編 1965『青山学院九十年史』。
千葉工業大学 1967『千葉工業大学二十五年史』。
同志社々史々料編集所編 1965『同志社九十年小史』。
福岡大学三十五年史編纂委員会編 1969『福岡大学三十五年史』。
学習院百年史編纂委員会編集 1987『学習院百年史』第三編。
法政大学編 1980『法政大学百年史』。
上智大学編 1963『上智大学五十年史』。
神奈川大学編 1982『神奈川大学五十年史』。
関西大学百年史編纂委員会編 1992『關西大學百年史』通史編（下）。
慶應義塾編 1963『慶應義塾大学百年史』（下巻）。
工学院大学編 1964『工学院大学学園 75 年史』。
工学院大学学園百年史編纂委員会編 1993『工学院大学学園百年史』。
甲南大学創立 30 周年記念事業委員会編 1984『甲南大学の 30 年：研究・教育の歩

み―甲南大学創立30周年記念誌』。
明治大学百年史編纂委員会編1994『明治大学百年史』第四巻通史編2。
武蔵工業大学五十年史編さん委員会編1980『武蔵工業大学五十年史』。
名古屋電気学園1992『名古屋電気学園80年の歩み』。
日本大学編1982『日本大学九十年史』（下）。
大阪工業大学年誌編纂委員会編1972『大阪工業大学学園五十年史』。
立教学院百年史編纂委員会編1974『立教学院百年史』。
成蹊学園1973『成蹊学園六十年史』。
玉川学園五十年史編纂委員会編1980『玉川学園五十年史』。
東北学院百年史編集委員会編1989『東北学院百年史』。
東海大学五十年史編集委員会編1993『東海大学五十年史』通史編，部局編。
東京電機大学1983『学校法人東京電機大学75年史』。
東京理科大学編1981『東京理科大学百年史』。
東洋大学創立100年史編纂委員会編1987『図録東洋大学100年―1887-1987』。
早稲田大学大学史編集所編1989『早稲田大学百年史』別巻2。
柳生直行編1984『関東学院百年史』。

第7章　1980年代における抑制・削減政策
橋本鉱市2008「1980年代における抑制・削減への政策過程」『専門職養成の政策過程―戦後日本の医師数をめぐって』（第7章），学術出版会，333-371頁。
金子雅彦2005「医療資源と政策的コントロール―医師の地域分布の現状」宝月誠・進藤雄三編『社会的コントロールの現在』世界思想社，126-138頁。
小林廉毅1994「医療供給の観点から―医師数と医師の分布」山岡和枝・小林廉毅『医療と社会の計量学』朝倉書店，120-138頁。
厚生省健康政策局医事課1984『医師数を考える―将来の医師需給に関する検討委員会中間意見』日本医事新報社。
全国医学部長病院長会議1995『わが国の大学医学部（医科大学）白書95』。

第8章　高等教育懇談会による「昭和50年代前期計画」の審議過程
天城勲2002『天城勲　オーラルヒストリー（上・下）』政策研究大学院大学（COEオーラル・政策研究プロジェクト）。
天野郁夫2003『日本の高等教育システム』東京大学出版会。
江幡清1965「これが政府審議会だ」『自由』131-141頁。
羽田貴史他1999『中央教育審議会と大学改革』（高等教育研究叢書55号），広島大学大学教育研究センター。
自民党文教部会・文教制度調査会1974『高等教育の刷新と入試制度の改善及び私学の振興について』。

川崎政司 1999「審議会制度の功罪と展望―政策形成過程における審議会の役割と限界」『議会政策研究会年報』4, 121-155 頁。
小林雅之 2009『大学進学の機会―均等化政策の検証』東京大学出版会。
高等教育懇談会 1973『高等教育の拡充整備について』(昭和 48 年 3 月 1 日)。
高等教育懇談会 1974『高等教育の拡充整備計画について』(昭和 49 年 3 月 29 日)。
高等教育懇談会 1975『昭和 49 年度における審議のまとめ』(昭和 50 年 3 月)。
高等教育懇談会 1976『高等教育の計画的整備について―昭和 50 年度高等教育懇談会』(昭和 51 年 3 月 15 日)。
熊谷一乗 1974「教育政策の形成過程に関する研究―与党の事例を中心に」『社会学評論』24 (3), 38-58 頁。
熊谷一乗 1976「教育政策決定の力学」潮木守一・田村栄一郎編『現代社会の教育政策』東京大学出版会, 91-119 頁。
黒羽亮一 2001『新版 戦後大学政策の展開』玉川大学出版部。
黒羽亮一 2002『大学政策 改革への軌跡』玉川大学出版部。
三輪定宜 1972「文部行政における審議会の動向」『法律時報』527, 86-91 頁。
三輪定宜 1986「教育関係審議会の役割」『季刊教育法』65, エイデル研究所, 112-115 頁。
荻田保 1969「審議会の実態」『年報行政研究』7, 21-71 頁。
岡部史郎 1969「政策形成における審議会の役割と責任」『年報行政研究』7, 1-19 頁。
Pempel, T. J.(橋本鉱市訳)1978＝2004『日本の高等教育政策―決定のメカニズム』玉川大学出版部。
齋藤諦淳 1984『文教行政に見る政策形成過程の研究』ぎょうせい。
篠田徹 1986「審議会」中野実編『日本型政策決定の変容』東洋経済新報社, 79-110 頁。
清水俊彦編 1989『教育審議会の総合的研究』多賀出版。
山田博幸 1972「審議会制度の現状について」『ジュリスト』510, 14-17 頁。
山崎政人 1986『自民党と教育政策』岩波新書。

第 9 章　専門職養成の「質」保証システム

天野郁夫 2004「専門職業教育と大学院政策」『大学財務経営研究』1, 3-49 頁。
Ben=David, J. 1977, *Center of learning: Britain, France, Germany, United States.* New York: McGraw-Hill.（＝1982, 天城勲監訳『学問の府―原点としての英仏独米の大学』サイマル出版会。）
中央教育審議会大学分科会法科大学院特別委員会 2009『法科大学院教育の質の向上のための改善方策について(報告)』。
橋本鉱市 2008『専門職養成の政策過程』学術出版会。
橋本鉱市編 2009『専門職養成の日本的構造』玉川大学出版部。

参考文献

医学における教育プログラム研究・開発事業委員会 2001『医学教育モデル・コア・カリキュラム―教育内容ガイドライン』。
医学・歯学教育の在り方に関する調査研究協力者会議 2001『21世紀における医学・歯学教育の改善方策について―学部教育の再構築の為に』。
石井美和 2009「法曹―拡大と抑制をめぐるポリティクス」橋本鉱市編『専門職養成の日本的構造』玉川大学出版部, 44-63頁。
21世紀医学・医療懇談会 1999『21世紀に向けた医師・歯科医師の育成体制の在り方について(第4次報告)』。
日本学術会議 2010『大学教育の分野別質保証の在り方について』。
佐藤郁哉 2008『QDAソフトを活用する実践質的データ分析入門』新曜社。
佐藤達夫 1991「医学教育モデル・コア・カリキュラムを策定して」『大学と学生』438, 6-11頁。
佐藤達夫 2002「モデル・コア・カリキュラム構想について」『リハビリテーション医学』39 (4), 191-196頁。
司法制度改革審議会 2001『21世紀の日本を支える司法制度(意見書)』。
田中成明 2001「法曹人口の拡大と法曹養成制度の改革について」『法律のひろば』54 (8), 42-47頁。

おわりに

Bourdieu, P.(石井洋二郎訳)1990『ディスタンクシオン』Ⅰ, Ⅱ, 藤原書店。
Bourdieu, P.(石崎晴己・東松秀雄訳)1995『ホモ・アカデミクス』藤原書店。
藤原喜代蔵 1913『人物評論―学界の賢人愚人』大野書店。
藤原喜代蔵 1943『明治・大正・昭和教育思想學説人物史』東亜政経社。
橋本鉱市編 2009『専門職養成の日本的構造』玉川大学出版部。
橋本鉱市・阿曽沼明裕共編 2010-2011『リーディングス 日本の高等教育』全8巻。
磯直樹 2008「ブルデューにおける界概念」『ソシオロジ』162, 37-53頁。
永谷健 2007『富豪の時代―実業エリートと近代日本』新曜社。
Pempel, T. J.(橋本鉱市訳)1978=2004『日本の高等教育政策―決定のメカニズム』玉川大学出版部。
末冨芳 2002「『教育界』の構造分析(1)―昭和40年代教育改革体制のイデオロギー構造」『京都大学大学院教育学研究科紀要』48, 121-133頁。
竹内洋 2001『大学という病』中央公論新社。
竹内洋 2005『丸山真男の時代』中央公論新社。

著者
──────────────────────────

橋本鉱市（はしもと・こういち）

1965年，名古屋市生まれ。東京大学大学院教育学研究科博士課程修了。専攻は教育社会学（高等教育論）。東京大学大学総合教育研究センター助手，学位授与機構審査研究部助教授，東北大学大学院教育学研究科准教授を経て，現在，東京大学大学院教育学研究科比較教育社会学コース（高等教育論）教授。主な著書に『専門職養成の政策過程―戦後日本の医師数をめぐって』（学術出版会，2008年），『リーディングス　日本の高等教育』（全8巻，企画編集，玉川大学出版部，2010-2011年），訳書にT. J. ペンペル『日本の高等教育政策―決定のメカニズム』（玉川大学出版部，2004年）など。

高等教育シリーズ 165

高等教育の政策過程
アクター・イシュー・プロセス

2014年7月20日　初版第1刷発行

著　者―――― 橋本鉱市（はしもとこういち）
発行者―――― 小原芳明
発行所―――― 玉川大学出版部
　　　　　〒194-8610　東京都町田市玉川学園6-1-1
　　　　　TEL 042-739-8935　FAX 042-739-8940
　　　　　http://www.tamagawa.jp/up
　　　　　振替 00180-7-26665
装　幀―――― 渡辺澪子
印刷・製本―― モリモト印刷株式会社

乱丁本・落丁本はお取り替え致します。
©Koichi Hashimoto 2014　Printed in Japan
ISBN978-4-472-40496-2 C3037 ／ NDC377

玉川大学出版部の本　　　　　　　　　　　　　　　　　　　表示価格は税別

リーディングス　日本の高等教育（全8巻）

企画編集　橋本鉱市・阿曽沼明裕

高等教育がいま直面している問題群の全貌を，文献とその解説から明らかにする。

A5判上製・平均376頁　本体各4,500円

第1巻　大学への進学　選抜と接続
　　中村高康 編
第2巻　大学の学び　教育内容と方法
　　杉谷裕美子 編
第3巻　大学生　キャンパスの生態史
　　橋本鉱市 編
第4巻　大学から社会へ　人材育成と知の還元
　　小方直幸 編
第5巻　大学と学問　知の共同体の変貌
　　阿曽沼明裕 編
第6巻　大学と国家　制度と政策
　　村澤昌崇 編
第7巻　大学のマネジメント　市場と組織
　　米澤彰純 編
第8巻　大学とマネー　経済と財政
　　島　一則 編

*

日本の高等教育政策　決定のメカニズム

T. J. ペンペル 著／橋本鉱市 訳

戦後日本の様々な状況下で，政治的に重要な高等教育政策はいかに策定され，いかなる政治的・教育的結果をもたらしたか。日本の高等教育の政策決定過程を分析した先駆的研究。

A5判上製・248頁　本体4,500円

*

専門職養成の日本的構造

橋本鉱市 編著

日本の専門職教育は大きな転換期を迎えている。専門職養成に影響を与えてきた大学・国家・市場のパワーバランスとその変容を分析し，今後の専門職養成のあり方を展望する。

A5判上製・260頁　本体4,200円